信托法

TRUST LAW

□主编 赵万一　□副主编 王涌 倪受彬

□撰稿人（按撰写章节顺序排列）

赵万一　倪受彬　林少伟　王涌

季奎明　朱大明

高等教育出版社·北京

内容简介

本书依据我国《信托法》的立法体例,分为信托法概述、信托设立、信托财产、委托人的法律地位、受托人的法律地位、受益人与受益权、信托的变更与终止、公益信托以及信托业的法律规制九章,全面覆盖信托法学的重点内容。本书基于法条又不限于法条,适当增加信托基本原理与学术理论,以全面丰富学生对于信托法的基本认知。

在结构上,每章设置了"导语""相关案例""思考题"等栏目,并以二维码的形式提供了参考答案,强化了教材应有的导学与助学功能。全书编写形式新颖,内容全面,在阐释理论知识的同时,结合实践中发生的真实案例,引导学生向更深层次思考,使学生巩固所学知识点的同时,进一步将知识点运用于实践,有利于提高学生对知识点的灵活运用能力。

本书既可供高校法学专业及其他相关专业学生学习,也可供实务界人士参考使用。

图书在版编目(C I P)数据

信托法学 / 赵万一主编;王涌,倪受彬副主编. --
北京 : 高等教育出版社,2022.8
中国特色法学教材. 商法学系列
ISBN 978-7-04-058894-1

Ⅰ. ①信… Ⅱ. ①赵… ②王… ③倪… Ⅲ. ①信托法
-中国-教材 Ⅳ. ①D922.282.4

中国版本图书馆CIP数据核字(2022)第116460号

Xintuo Faxue

策划编辑	姜 洁 于 明	责任编辑	程传省	封面设计	张申申	版式设计 马 云
责任绘图	李沛蓉	责任校对	张慧玉 窦丽娜	责任印制	刁 毅	

出版发行	高等教育出版社	网　　址	http://www.hep.edu.cn	
社　　址	北京市西城区德外大街 4 号		http://www.hep.com.cn	
邮政编码	100120	网上订购	http://www.hepmall.com.cn	
印　　刷	山东百润本色印刷有限公司		http://www.hepmall.com	
开　　本	787 mm×1092 mm 1/16		http://www.hepmall.cn	
印　　张	13.5			
字　　数	310 千字	版　　次	2022 年 8 月第 1 版	
购书热线	010-58581118	印　　次	2022 年 8 月第 1 次印刷	
咨询电话	400-810-0598	定　　价	36.00 元	

本书如有缺页、倒页、脱页等质量问题,请到所购图书销售部门联系调换

作者简介

（以撰写章节先后排序）

赵万一 西南政法大学教授、博士生导师。西南政法大学市场交易法律制度研究基地主任，《现代法学》主编。曾任西南政法大学民商法学院院长。兼任中国法学会商法学研究会副会长、中国法学会民法学研究会学术委员会副主任。主要从事民商法基础理论方面的教学与研究工作。先后出版专著、教材70余种，在中国、日本、韩国等发表论文180余篇。2002年获"第三届全国十大杰出青年法学家提名奖"，2005年获"第四届全国十大杰出青年法学家提名奖"，2006年获重庆市首届"十大优秀中青年法学、法律专家"称号。著作《民法的伦理分析》于2003年出版后，2005年在我国台湾地区出版繁体字版，2018年在日本出版日文版，英文版被列入国家社科基金中华学术外译资助项目并即将出版。

倪受彬 法学博士，同济大学教授、博士生导师。兼任中国法学会商法学研究会常务理事、上海市法学会金融法研究会副会长兼信托法专业委员会主任委员。研究领域为信托法、绿色金融法。著有《国有商业银行资本信托运营法律问题研究》《结构金融：资产证券化基本原则》（译著）等。在《法学》《政治与法律》等刊物上发表学术论文30余篇，主持国家社科基金项目《慈善信托财产保值增值投资法律问题研究》。

林少伟 法学博士，西南政法大学教授、博士生导师。西南政法大学党内法规研究中心副主任，公司治理法律研究中心主任。兼任中国法学会商法学研究会理事、中国法学会证券法学研究会理事。2018年入选重庆市高层次人才特殊支持计划青年拔尖人才，2020年获得教育部霍英东教育基金奖，2020年入选中国法学会优秀青年人才。主要研究领域为民商法。主持国家社科基金2项、其他省部级项目11项，出版专（译）著11本，发表论（译）文近60篇。

王涌 中国政法大学教授，博士生导师。兼任中国商业法研究会副会长、洪范法律与经济研究所所长、中国证券投资基金业协会法制与自律监察委员会委员。代表性著作为《私权的分析与建构——民法的分析法学基础》。

季奎明 法学博士，华东政法大学教授、博士生导师。华东政法大学人事处副处长。兼任中国法学会商法学研究会理事、中国法学会银行法学研究会理事、上海市法学会破产法学研究会副秘书长。入选国家"万人计划"青年拔尖人才。主要研究领域为商法基础理论（营商环境）、金融法（信托法、基础设施法治）、企业法（公司法、破产法）。著有《组织法视角下的商事信托法律问题研究》《金融创新视野中的商事法变革》等，在《中国法学》《中外法学》《法学》《环球法律评论》《政治与法律》等刊物上发表学术论文多篇。

朱大明 法学博士，东京大学教授。主要研究领域为公司法、信托法、证券法、比较法、企业并购法等。出版《控制股东规制研究》《中国电子商务法研究》《控制股东法律规制的路径与法理》《日本金融商品交易法要论》《公司法的精神》《日本公司法精解》《信托与信托法》《日本商事信托立法研究》等中外文学术著作 10 余部。在《日本商事法务》《东京大学金融商事法研究》《清华法学》《法学》《比较法研究》等中外刊物上发表论文 50 余篇。

总　序

十九年前,我对商法曾有过这样的感慨和评论:"商法的内容是朦胧的,商法的边界是模糊的。在中国二十年的法学史上,这样的情况的确少见:我们在念叨着商法,却不确定商法为何物;我们在呼喊着商法的理论和学说,却说不清商法的概念和范围。面对着古老、成熟的民法,商法的位置在哪里? 我们教着商法,我们写着商法,我们眼观商法的兴旺和繁荣,我们热衷商法的事业和发展,同时我们也在怀疑着商法。我们知道它的过去,却说不清它的现在,也看不透它的未来,我们似乎被笼罩在商法的烟雾之中,我们感到难以名状的困惑。"

十九年过去了,中国商法实践取得了举世瞩目的辉煌成就。俯瞰中国商法的整个领域,许多法律制度得以建立和形成,无数法律问题被不断地探索和解决。中国的商法体系在逐步地充实和完善,中国的商法学也在不断地丰富和发展。虽然我们对商法的某些问题依然还有困惑,但我们对中国商法的认识已经有了质的飞跃,我们对中国商法的性质、使命和结构体系有了深刻的理解和科学的安排。尤其是中国商法历经几十年的快速发展,已经形成并展现出其鲜明的中国特色:

首先,追随和服务市场经济发展是中国商法的初心和使命。商法是调整市场经济关系的法,市场经济是商法的基础,没有市场经济就没有商法。商法与民法同为中国市场经济法律制度的重要组成部分,如同车之两轮、鸟之两翼,而商法对市场经济的作用尤为直接和突出。追随和服务市场经济发展,确立市场主体地位,规范市场活动,协调市场主体的利益冲突,保护市场主体的合法权益,是中国商法与生俱来的初心和使命。改革开放40年来,中国法律对市场经济的调整或市场经济法治化的重要途径是通过商事立法和商事法治实现的。中国市场经济的每一次重大发展和突破,都需要借助商法制度的设计,无不表现为商法制度相应的发展和突破。

其次,商法与民法有分有合、协同发展是中国民商法形成的特殊体例。商法与民法是密不可分、存在特殊联系的两个法律部门。按照民法与商法是否分别制定法典,通常将各国的立法体例分为民商分立与民商合一两种基本模式。在学理上,不论是民商合一还是民商分立,商法多被认为是民法的特别法。中国民商事立法一直采取单行法的立法方式,分别就民法和商法的各个具体制度进行单独立法,目前正在制定民法典,但并没有制定商法典的规划。因此,中国的民商法体例既非传统大陆法系典型的民商合一,亦非典型的民商分立,而是有分有合、统一民法典与单行商事法并立的特殊体系。这种统分结合的民商立法体例是在中国土生土长的立法体例,是融大陆法与英美法于一体、博采各国立法体例之长、真正本土化的中国创制,彰显了鲜明的中国特色。

再次,改革与创新是中国商法几十年发展的永恒主题。中国市场经济的高速发展和经济体制、市场机制的不断改革和创新直接驱动着商法制度的变革和创新。中国商法的几十年,也是商法制度不断改革创新的几十年。中国商法的创新性首先表现为商法体系结构鲜明的开放性和扩充性。与其他法律部门不同,商法是一个以不断发展创新为鲜明特质的法律部门,尤其是在整个商法体系的构成组合上,它表现出根据市场经济发展需要不断调整和扩充的开放性,逐渐成熟却总难定型、趋于稳定却总在变动,并未形成一个固定的、封闭性的所谓完整体系和结构。此外,中国商法的创新性还表现在商法体系内各商法领域法律制度和规范的不断突破和更新。几十年来,各商事单行法在首次颁布后,根据其所调整的商事关系的变化和社会对法律制度的需求,多次、不断地被修改,包括全局性的修订和部分条款的修正,这些修改本身不仅是法律条款的文字改变,许多更是重大法律制度的突破和创新,是对某些法律规范的重新设计。

最后,对境外商法的兼收并蓄和国际化是中国商法发展的重要路径。中国商法发展的历史也是其国际化程度不断提升的历史。中国在商事法律制度的发展方面,不仅是极富探索精神的创新者,也是先进商法理念制度十分理性的识别者和最虔诚的追随者、效仿者。改革开放后的商法制度几乎是在一穷二白的基础上建立的,如果说中国其他法律制度的建立主要是对原有法律制度的恢复重建和对自身实践经验的总结,那么中国商法制度的建立更主要的是倚重对境外现成制度的借鉴和引进。密切关注和跟踪各国商事法律的最新发展,深入分析和比较各国制度变革的优劣得失,吸收和采纳各国商事立法和理论发展的最新成果,是中国商法进取完善的不竭动力。作为市场经济制度的后来者,中国商法没有太多的传统束缚和历史包袱,反而获得了博采众家之长的后发优势。中国既有商法制度与各国先进商法规则的融合互补,使其成为现代先进商法制度的代表者和商法制度国际化的引领者。

“中国特色法学教材·商法学系列”正是在这样的背景下组织编写的。商法制度的中国特色本身已经决定了该系列教材自然具有中国特色。不仅如此,我国商法学教材特殊的发展过程和现状也使本系列教材的编写面临着承前启后的创新使命,无论是对本系列教材整体的组合安排,还是对每本教材自身体系结构的设计取舍和内容原理的理论阐述,本系列教材都进行了深入的思考研究和精心的设计策划,这使得本系列教材的中国特色得以显现和强化。

需要特别说明的是,如何设计商法学教材的体系结构,即商法学教材应包括哪些具体部分,恰是商法学原理最为复杂的专业问题,也是经常令人困惑的主要问题之一。几十年来,中国的商法学体系已经形成了这样的经典结构,即在商法总论的一般原理之后,设公司、票据、海商、保险、破产几个分论部分。近几年来,人们所做的就是在这个体系结构基础上的添加或减少。伴随着商法的兴起,商法教材和读物也呈现出空前的繁荣,但这些教材的体系内容尤其是商法分论的构成、组合相差甚大。较为全面和成熟的体系是将商法分论分为公司法、证券法、票据法、破产法、保险法、海商法六个部分。但有的教材将海商法剔除在外;有的则将破产法剔除在外;有的增设了信托法;有的还增设了企业法或合伙企业法;有的已完全突破既有的商法体系,将期货法、银行法、企业法、信托法、房地产法等一括在内;还有的走得更远,将商事代理法、合同法、买卖法、期货法、担保法、信托法、融资租赁法、商事仲裁与诉讼等全部纳入。

欧陆国家为商法之鼻祖,然而,习惯于从法国法和德国法等大陆法系国家商法中寻求制度渊源的学者却无法从这些国家的传统商法典中找到上述商法体系的统一根据。德国商法典规定了公司法和海商法的内容,却未涉及票据法、破产法、保险法。法国商法典规定了公司法、票据法、海商法和破产法的内容,却未涉及保险法。此外,日本和韩国的商法典规定了公司法、票据法、海商法的内容,却未涉及破产法。我国澳门特别行政区商法典的内容包含了公司法、票据法,却未对海商法和破产法作出规定。我们不敢肯定各国或地区的商法是否已发生实质的变革,也不甚知晓现今的欧陆各国是否还在固守着它们各自原有的体系,但至少早期各国或地区的商事立法的情况表明,商法从来就没有一个国际统一的经典体系和公认构成。

与许多其他法律部门不同,中国商法并未形成一个固定的、封闭性的完整体系和结构,相反,它的体系是开放性的,它的结构是动态变化的,是根据市场经济发展需要不断调整和扩充的。这一特点恰好使中国商法“体现出与市场经济运行的高度契合。正是商法的价值理性和技术理性使商法在保持相对稳定性的基础上,具有适时而变、不断创新的品质,从而使商法成为市场经济中最为活跃的法律”。① 几十年来,新的商事关系层出不穷,新的商法领域也在不断形成,中国商法的体系早已超越了传统商法的范围,证券法、投资基金法、信托法、期货法等先后成为商法体系的组成部分。随着新的业态和产业的不断创新和发展,新型商事关系不断孕育产生,新的商法领域也在逐渐形成,如正在蓬勃发展的电子商务关系及已经颁布的电子商务法。由此,本系列教材以传统商法体系为基础,根据中国商法的最新发展和中国多数高校商法学教学的课程安排和实际内容,确定了由8部教材组成的商法教材体系,即《商法总论》《公司法学》《证券法学》《破产法教程》《保险法学》《票据法学》《信托法学》《电子商务法学》。该特定组合和结构本身同样也是本系列教材呈现的又一中国特色。

法律科学的每个学科基于其特定的研究对象而具有不同的社会功能和任务,作为应用法学的商法学担当着以下特殊的功能和使命:(1) 推动商法制度发展与完善,指导商事立法;(2) 阐释商法规范与原理,促进商事执法与司法;(3) 培养商事法治观念和意识,引导商事经营和市场行为;(4) 丰富繁荣法学理论,培养造就法学人才。在这些任务中,人才培养当然是商法学更为直接和重要的使命。商法教育是法学教育中不可或缺、至关重要的一环。在人才素养上,现代市场经济条件下的法学人才不仅需要基本的法学理论修养,还需要明晰的商事法治意识和市场法治观念。在人才结构上,市场经济的发展不仅需要具备一般法律知识的通才,更需要大量的精通公司法、证券法、保险法、破产法、信托法等特定商事法律知识的专门人才。在人才技能上,以研究和阐述行为规则和技术规范为鲜明特点的商法学更强调对学生应用能力和操作能力的训练和培养。随着市场经济不断向纵深发展,社会对商法学人才的需求日愈广泛,商法学在法学知识结构中的分量日益凸显。在大众创业、万众创新成为经济发展新引擎的基本国策之下,商法学知识更成为社会成员谋生创业的重要法律工具和手段。我们期待并坚信,本系列教材的编写能够充分展现中国商法学发展的最新成就,能够进一步丰富和完善中国商法学的科学体系和学科原理,能够有力助推中国商法学的创新和发展,能够在践行中国商法学的功能和使命方面发挥独特的作用。

赵旭东

2019 年 5 月

① 赵万一、赵吟:《论商法在中国社会主义市场经济法律体系中的地位和作用》,《现代法学》2012 年第 4 期。

改革开放以后,我国经济实力大幅跃升,社会主义市场经济体系逐步建立,信托业浪潮也汹涌浩荡。20世纪八九十年代,信托业作为现代金融业的重要支柱之一,其发展既缺乏坚实的法律支撑,也欠缺明确的规范指引。为明确信托中的法律关系,校准市场地位,规范信托行为,保护信托当事人的合法权益,促进我国信托事业的健康发展,我国《信托法》呼之而出,应时问世。

《信托法》于2001年4月28日通过,2001年10月1日施行。《信托法》的颁布标志着信托作为一项法律制度在我国正式确立,在我国信托业发展史上具有里程碑意义。《信托法》是对信托法律制度的系统设计,是我国信托业健康发展的基础法律保障。其诞生于我国信托业亟待转型发展的关键时期,将源于西方的信托制度正式引入我国,为建立我国本土的信托制度奠定了坚实的法律基础,与《商业银行法》《证券法》《保险法》等共同构成我国金融法律体系,完善了中国特色社会主义法律体系,推动了信托业服务实体经济,对建立健全我国信托制度、促进信托业健康发展起到了重要作用。这不仅是《中共中央关于党的百年奋斗重大成就和历史经验的决议》中坚持以高质量发展为主题、建设现代化经济体系的要求,也契合我国经济更高质量、更有效率、更可持续的发展之路。可以说,《信托法》的颁布极大促进了我国各类基于信托关系的信托业务相继开展,当今信托已然成为金融市场和经济生活中的基础性法律工具。

《信托法》作为财产管理的基本法律制度,是一部跨商法、民法、经济法等法律部门的综合性立法。《信托法》所涉内容既有商事主体法规范,又有商事行为法规范,还有商事组织法规范与商事促进法规范。目前,我国开设信托法课程的高校相对不多,已出版的信托法教材相较以往有所增加,但绝对数量仍然较少,特别是与其他商事部门法相比,信托法可谓"小众"部门法。也正因如此,现有信托法教材缺少统一的体例和内容,涉及信托法律关系的定义、信托财产的归属以及信托行为的规范等理论也处于形成和发展之中。《中共中央关于党的百年奋斗重大成就和历史经验的决议》指出,必须坚持中国特色社会主义法治道路,贯彻中国特色社会主义法治理论,使法治固根本、稳预期、利长远的保障作用进一步发挥。《信托法》的颁布为信托法理论体系提供了最为直接和具体的立法依据和支持,也为信托法学教材的编写和教材体例与内容的确定提供了最为重要的条件。

本书正是在上述背景之下,为适应高校信托法学教学需要组织编写的。

结构设计的体系化与科学化是本书的首要任务。本书依照《信托法》的立法体例,分为信托法概述、信托设立、信托财产、委托人的法律地位、受托人的法律地位、受益人与受益权、信托的变更与终止、公益信托以及信托业的法律规制九章,全面覆盖信托法学的重点内容。

所涉基本理论与教学内容的详略得当也是本书的重要任务。《信托法》是一部综合性法律,所涉条款共74条。学习信托法不仅需要掌握法律条款的基本适用,更需要深刻理解信托法的基本原则与具体规范背后的法律原理与理论基础。为此,本书源于法条又不局限于法条,适当增加了信托基本原理与学术理论,以丰富学生对于信托法的基本认知。

本书在每章设置了"导语""相关案例""思考题"等栏目,强化了本书的导学与助学功能。

本书由赵万一教授任主编,王涌教授、倪受彬教授任副主编,各章撰写分工如下(按撰写章节顺序排列):

赵万一:第一章;

倪受彬:第二章、第九章;

林少伟:第三章;

王涌:第四章、第五章;

季奎明:第六章;

朱大明:第七章、第八章。

编者

2021 年 12 月

目　　录

第一章　信托法概述

[导语]

　　本章主要是对信托理论体系的阐释,从信托的内涵、信托的法律性质、信托的分类、信托的功能与价值等方面,揭示信托制度的概貌。在学习本章的过程中,应将重点放在信托制度的基本内涵、信托的运行机理、信托的功能价值与法律性质等内容上,以便掌握信托的基本知识及核心要旨。当然,学习本章亦有难点,如何充分理解信托的法律性质,如何厘清信托与其他类似法律制度之间的关系,以及如何掌握信托理论的发展动向,对初学者而言均不易理解和掌握,建议通过反复研究并阅读其他文献予以突破。

第一节　信托的内涵

一、信托的基本定义

　　信托制度源于中世纪的英国,后经发展壮大传播至英美法系及大部分大陆法系国家,目前世界上大部分国家已经或早或晚地建立起信托制度。由于各国法制环境迥异,更由于两大法系在法律制度方面具有根本性差异,英美法系不同国家之间、英美法系国家与大陆法系国家之间,对于信托的定义无法达成一致。我国《信托法》第 2 条规定:"本法所称信托,是指委托人基于对受托人的信任,将其财产权委托给受托人,由受托人按委托人的意愿以自己的名义,为受益人的利益或者特定目的,进行管理或者处分的行为。"质言之,在信托法律关系中,存在委托人、受托人、受益人三方法律主体。[①] 委托人将其财产权委托给受托人,并由受托人完全以自己的名义,根据法律规定与信托文件的指示,为受益人利益或特定目的对该等财产进行管理处分,受益人有权享有此等财产衍生之利益。

　　信托权利义务关系即围绕着信托财产的转移、管理以及信托利益的分配展开。信托制度是一种财产转移、管理制度。在委托人将其财产委托给受托人之时,信托即宣告成立。于委托人而言,信托成立产生的法律效果在于信托财产脱离于委托人的固有财产,除信托文件

---

① 　参见周小明:《信托制度:法理与实务》,中国法制出版社 2012 年版,第 37 页。

另有约定或法律另有规定以外,委托人不得对信托财产的转移、处分等管理性事项施加任何影响,唯享有对受托人的监督权。于受托人而言,信托成立之后有权以自己名义并根据其判断对信托财产进行管理处分,并将衍生利益依信托文件交付给受益人或用于特定目的。于受益人而言,信托成立后在其不丧失受益人资格的前提下,有权享有信托利益并监督受托人的履职行为。具体而言,信托的基本内涵可归结为以下几个方面。

(一) 信托以信义关系为依托

所谓信义关系,是指受托人基于委托人的信任和信赖,基于最大真诚、正直、公正和忠诚的态度,为受益人最大利益行事。受信人有义务为受益人最佳利益无私地实施行为,且不得利用其优势损害受益人的利益。信义关系体现为最大忠诚义务,其核心在于高度善意和高度利他性。在平等的合同关系中,当事人之间地位平等且利益对立,当事人之间所负义务多为合同义务及基于诚实信用原则的附随义务。纯粹的合同关系可基于诚实信用原则衍生出注意义务,但合同关系的核心要旨仍为利己性,且与一般注意义务相关联。但在信义关系中,受托人为受益人利益积极履行义务,在形式上表现出完全的利他性。虽然部分纯粹合同的缔结可导致信义关系的产生,但基于信义关系产生的信义义务严格区别于基于纯粹合同关系产生的一般注意义务。

信托虽可依据合同方式设立,但信托实际系以信义关系为依托,甚至可以说信托本身就是一种信义关系,此论断并非无中生有,乃信托的应有之义。一方面,就信托定义而言,《信托法》第2条即开门见山地指出,信托乃由“委托人基于对受托人的信任”展开。委托人对受托人的信任即产生信托的前提,委托人将其财产委托给受托人,一是信任受托人将根据信托文件约定及法律的规定诚实守信地为实现委托人意志而实施管理处分行为。[①]二是信任受托人有足够的专业储备技能对财产施加积极的管理处分,以便使其意愿具有实现可能。另一方面,受托人负有为受益人最大利益行事的义务,因此应恪守诚实信用原则并担负忠实义务。具体而言,受托人负担着信托财产分别管理义务、亲自管理义务、关联交易限制义务等。在受托人履职不当之时,委托人和受益人有权解任受托人。由此可知,信托中受托人管理信托财产至少在形式上必须呈现利他性,其所承担之义务亦为高度注意标准的积极义务。因此,信托依托于信义关系而存在,并实际在信托当事人之间建立起信义关系。

(二) 信托围绕信托财产展开

信托作为一种财产转移、管理制度,从设立到运作,再到信托当事人之间的权利义务配置,无一不是紧紧围绕信托财产展开的,可以说无财产便无信托。《信托法》在对信托的定义中指出“委托人……将其财产权委托给受托人,由受托人对……进行管理或者处分”。信托设立的条件之一为委托人必须将信托财产委托给受托人。此处的“委托给”意指委托人需将相关财产权转移至受托人名下,而并非表明委托人与受托人之间系委托代理关系。《信托法》所采“委托给”一词较为模糊,可产生两种理解:一是委托人仅需以信托的意思将财产委托给受托人而无须完成财产的转移;二是委托人不仅需有设立信托的意思,还需将信托财产转移至受托人名下。因法条未采“转移给”一词,刻意规避了信托财产是否需转移这一问题。

---

① 参见赵廉慧:《信托法解释论》,中国法制出版社2015年版,第44—46页。

"委托给"一词的模糊性,使得学界对立法的真实意旨存有争议。但本书认为,对该表述的理解应当采后者,原因有二:一方面,信托于肇始之初即内生性蕴涵着财产所有权与受益权相分离的特性,信托财产的名义所有权与实际受益权相分离亦为信托制度被称为特殊财产安排制度的核心原因。综观国际通行做法,无一例外地要求委托人将信托财产转移至受托人名下,由受托人以自己名义"独立自主"地对财产进行管理处分。仅因我国坚守一物一权的物权原则,就扼杀信托的生命力与活力实为不妥。另一方面,通过体系分析我国《信托法》其他条文可窥知第 2 条之真意。第 14 条第 1 款:"受托人因承诺信托而取得的财产是信托财产"的规定即表明受托人需以承诺信托的意思"取得"委托人的财产,方可成立信托。第41、55 条分别规定了受托人变更之时、信托终止之时,原受托人需办理信托财产转移手续,以将信托财产转移给新受托人或权利归属人。由此可见,若信托财产未在最初转移至受托人处,亦无须在受托人退出信托关系时对信托财产进行转移。此外,《信托法》第 2 条规定,受托人以自己名义管理处分信托财产,若未将财产转移至受托人,则其亦无权以自己名义对信托财产实施管理处分。由此可见,《信托法》的其他条文实则间接佐证并承认了受托人名义上享有信托财产所有权,即"委托给"之表述实有"转移给"之法律内涵。[1]

我国《信托法》亦明确规定设立信托时必须有明确的信托财产(第 7 条),信托财产不能确定的信托无效(第 11 条)。信托成立之后,即围绕着信托财产的管理处分及信托财产衍生之财产利益的分配问题运转。信托法之所以成为民事特别法的一种,很大程度上取决于信托财产特殊的独立性。我国《信托法》不但详尽地规定了信托财产的范围、独立性等,亦围绕信托财产对当事人之间的权利义务进行配置,委托人、受托人、受益人的权利义务大都与信托财产紧密相关。不但信托的设立、运作与财产紧密相关,信托的终止与否亦深受信托财产的牵动。信托设立后,若信托财产灭失,信托将因信托目的不能实现而自动终止。因此,信托的设立、存续、终止都始终紧紧围绕信托财产展开,掌握了信托财产的范围、性质等,无疑就掌握了整个信托制度的脉搏。

(三) 信托以受托人为核心

信托作为一种财产转移、管理制度,在完成设立行为之后,无疑会将重点聚焦于信托财产的管理处分及利益分配方面,故信托的运作亦是信托制度的核心部分,而在此过程中,委托人、受益人发挥的功能甚微。根据《信托法》第 2 条"由受托人以自己的名义进行管理和处分"的表述可知,在管理处分方面,受托人承担着完全的职责,可完全依其专业技能及判断能力履行上述职责。值得一提的是,受托人不但掌握着信托财产的"生杀大权",还以自己名义对信托财产进行管理处分。这与同作为外部财产管理制度的委托代理、行纪制度、有限合伙制度等不同。虽该等制度均将财产委托给外部第三人管理处分,但仅有信托法中的受托人得以自己名义管理处分财产。信托目的能否实现完全仰赖于受托人高度自主的行为,受托人仅受信托文件及法律规定的约束,在管理处分过程中拥有高度的意志自由。[2]

因此就信托的运作及信托目的的实现而言,受托人本身及其行为无疑处于核心地位。

---

[1] 参见何宝玉:《信托法原理研究》,中国法制出版社 2015 年版,第 1—10 页。

[2] 参见王志诚:《信托法》,五南图书出版公司 2016 年版,第 10—11 页。

此外,追溯信托起源及发展历程,从用益设计走向信托再到信托成文化的立法进程,亦可看出作为发源地的英国亦围绕受托人构建信托制度,其专门制定的《受托人法》即典型例证之一。反观我国信托立法,亦可得出此等结论。我国《信托法》在篇幅上可表现为就受托人的权限、权利、义务、责任进行的全面构建。对此可理解为,信托的核心在于经由受托人的行为促使信托目的的实现,而信托立法的核心则在于通过规范受托人的行为,促使其按信托文件行事,并朝着最有利于信托目的实现的方向发展。

(四) 信托旨在实现委托人意志

信托由生向死的整个过程中,只为达成其使命,即实现信托目的。委托人转移信托财产,受托人管理处分信托财产,受益人受领信托利益,均是为了实现信托目的。而抛去表面的信托目的,其背后所彰显的实际是委托人的意志。委托人在设立信托之后,看似完全退出了信托的运转,但委托人在信托设立之初便在信托文件中确定信托目的,故一项信托从设立开始到终止均背负着委托人的意志。委托人将其财产转移至受托人处,并非单纯令受托人获得财产,而是为了让受益人获益或实现其他特定目的,但无论如何,该等目的所彰显的均为委托人的意志。质言之,作为信托核心的受托人实际亦是实现委托人意志的“工具”。从我国《信托法》的整体来看,特别是其中大篇幅对受托人的规范,均致力于一个目的,即为实现委托人意志提供良好的法律环境与制度保障。在信托关系中,受托人通过其管理处分行为获得报酬,受益人纯粹获得报酬,而委托人则是单纯付出财产的一方,其付出财产之目的在于实现其特定意志。[①] 在转移信托财产之后,委托人完全丧失管领处分权限,保护处于弱势的委托人,促使其单纯信托目的的实现,是信托立法的应有之义,亦是信托制度保持不竭生命力的根本所在。

二、信托的构成要素

从信托的定义出发可初步揭示信托的内涵,并对信托的法律构造产生初步的感知。但欲更深层次地把握信托的内涵仍需从定义着手,对其进行深入剖析,进而得知信托制度的安排。对此,可用一般法律关系分析方法对信托进行解剖,即从主体、客体、法律行为、目的四个方面将信托解构为信托当事人、信托财产、信托行为、信托目的四个部分。

(一) 信托当事人

根据我国《信托法》的规定,信托当事人包括委托人、受托人和受益人。信托当事人系信托关系的主体要素,我国亦对信托当事人进行专章规定,并对其法律地位、权利义务进行较为详尽的规定。就信托当事人之间的关系而言,信托当事人各方可以不止一个人,即委托人、受托人、受益人均可为两人以上。信托当事人之间的身份亦允许一定程度的重合,即委托人可同时为受益人,且可为唯一受益人,此即所谓的自益信托。受托人亦可为受益人,但不得为同一信托的唯一受益人。至于委托人与受托人可否竞合,由于我国不承认宣言信托,故不允许两者身份的重合,但部分国家允许委托人与受托人为同一主体。

---

① 　参见何宝玉:《信托法原理与判例》,中国法制出版社 2013 年版,第 24—26 页。

1. 委托人

委托人是为实现信托目的而将其财产委托给受托人的信托发起者。其与受托人共同设立信托,甚至在遗嘱信托中系唯一信托设立人。信托的设立、存续、终止均体现了委托人的意志。就委托人资格而言,具有完全民事行为能力的自然人、具有主体资格的法人、非法人组织等民事主体均可成为委托人,以其合法持有且有权自由支配的财产设立信托。从权利义务角度而言,委托人的主要义务为将其合法持有的财产依信托文件转移至受托人名下,并不得任意干预受托人管理处分。委托人的主要权利为指定初始受托人、受益人,对信托事务享有知情权和监督权。但值得注意的是,除信托文件保留相关权利外,委托人不再享有除知情权、监督权等法定权利之外的其他权利。质言之,委托人有权自受托人处了解信托的有关情况、监督受托人的履职行为、甚至可撤销受托人违反信托文件或法律的处分行为。但无论如何,一般情况下委托人无权对信托财产的管理处分、信托的终止向受托人发号施令。①

2. 受托人

受托人即接受委托人财产并按照信托文件和法律规定管理处分信托财产并分配信托利益的信托当事人。受托人享有信托财产的名义所有权,以所有人身份掌控着信托财产。如前所述,受托人系整个信托关系的核心,因此对受托人的把握关系着对整个信托制度的把握。就受托人资格而言,具有完全民事行为能力的自然人及能以自己名义独立行事且独立担责的法人均可成为受托人。但在特殊领域,对受托人具有一定的资格要求,如营业信托和公益信托。就受托人所享有的权利而言,其享有从委托人处受领信托财产的权利,信托成立之后享有根据信托文件和法律规定独立自主对信托财产实施管理处分的权利,其可在不违反信托文件及法律规定的情形下实施包括出租、出售、抵押信托财产等行为,其亦可将处理信托事务所支付的费用以信托财产优先受偿。此外,受托人有权依信托文件或法律规定领取相应报酬。就受托人的义务而言,受托人所承担之义务可总结为忠实义务和高度注意义务,即一方面,受托人需依诚实信用原则忠于信托文件和法律,不得损害委托人及受益人利益;另一方面,受托人需依其专业技能尽相当的注意义务,以善良管理人的身份妥善管理信托事务。依我国《信托法》规定,受托人承担着谨慎义务、亲自管理义务、分别管理义务、忠实义务、记账说明义务、保密义务等。

3. 受益人

受益人为依据信托文件及法律规定接受信托利益的一方,看似在信托的设立、运作、终止过程中没有积极行为,仅充当着利益接受者的角色,但其功能远非如此,尤其于信托设立之时,受益人存在与否、范围是否确定甚至可影响信托能否成功设立。我国《信托法》第11条规定,设立信托时受益人或受益人范围不能确定的,信托无效。但值得注意的是,此处仅要求受益人范围确定而不要求受益人现实存在,即委托人完全可以在信托文件中规定受益人为自己的所有孙辈,即使此时其尚无孙辈,信托仍可成立。另外,在设立公益信托之时,不可有确定的受益人范围,否则该公益信托设立行为无效。

就受益人资格而言,受益人可为一切自然人、未出生胎儿、法人、非法人组织,而公益信托的受益人可为社会公众或一定范围内的公众。受益人仅享有权利而不承担任何信托法上的义务。具体而言,受益人享有受领信托利益的权利、监督受托人处理信托事务的权利、知

---

①　参见周小明:《信托制度:法理与实务》,中国法制出版社2012年版,第44—47页。

情权等,甚至受益人亦就受托人的辞任、报酬增减等事项享有同意权,在受托人处分信托财产不当时享有申请法院予以撤销的权利。但受益人的权利仅限于此,其无权干涉受托人正当的管理处分行为,亦无法决定信托的终止与否。

(二) 信托财产

信托财产并非一种独立的财产类型,而是自委托人处转移至受托人处的成立信托之财产及由此衍生之财产利益,即纳入特定信托关系的信托财产的总称。用通俗的话讲,信托作为一种财产转移、管理安排制度,其设立、运作、终止均紧紧围绕信托财产展开。就信托设立而言,必须具有独立可确定的信托财产,动产、不动产、财产性权利均可用以设立信托并成为信托财产,即一切法律规定的、无特殊限制的财产类型均可成为信托财产;就信托运作而言,始终围绕着信托财产的管理、处分、受益、利益分配而进行;就信托终止而言,信托财产系信托目的实现之载体,信托财产灭失之时,信托目的失去依托亦无从实现,故信托自动终止。

就信托财产的性质而言,其具有同一性和独立性。其与一般法律关系所涉财产的区别主要在于其独立性。信托财产的独立性体现为类似于独立法人的属性,即信托设立后,信托财产即脱离于委托人之固有财产,不再属于委托人的偿债财产和名义财产。受托人享有的信托财产的所有权仅限于名义所有权,信托财产独立于受托人的其他固有财产,不得将信托财产作为遗产,亦不得作为偿债财产。受益人虽享有信托利益,但其仅享有请求受托人支付信托利益的权利,信托财产并不属于受益人,其受益份额可作为遗产或偿债财产,但信托财产本身不属于其责任财产。综上所述,信托财产本身独立于三方信托当事人,这亦是信托破产隔离功能的体现。

(三) 信托行为

此处的信托行为应作狭义理解,即并非指信托当事人所实施的一切处理信托事务的行为,而仅限于设立信托的行为。在此概念上,信托行为并非单一行为,而是一系列设立信托行为的总称。具体包括:(1) 设立信托的意思表示行为,即委托人设立信托的意思表示及受托人接受信托的意思表示行为。一般而言,信托可通过合同、遗嘱及其他法律、行政法规规定的方式设立。值得注意的是,无论采何种方式,均需采书面形式确定意思表示。我国《信托法》第 8 条规定,设立信托的行为属要式法律行为,应当采书面形式。(2) 信托财产转移及登记行为,信托作为一种名义所有权与受益权相分离的制度,所有权转移与否严重影响信托是否设立。此外,我国《信托法》第 10 条规定,设立信托,对于信托财产,有关法律、行政法规规定应当办理登记手续的,应当依法办理信托登记。未依照前款规定办理信托登记的,应当补办登记手续;不补办的,该信托不产生效力。因此,狭义信托行为乃信托意思表示行为与财产转移登记手续的复合。

(四) 信托目的

信托目的乃委托人设立信托所欲达成之目的,系信托不可或缺的构成要素,彰显了委托人的意志,整个信托制度均围绕如何为信托目的的实现提供法律保障而设计。就信托目的本身而言,并非一切目的均可成为法律上的信托目的。我国《信托法》第 11 条规定,信托目的违反法律、行政法规或者损害社会公共利益的,信托无效。虽信托之源——用益设计主要出于规避法律的目的而产生,但发展传播至今,信托早已脱离肇始之初的窠臼,信托之所以拥有比合同法更为悠久的历史,更得益于其在发展传播过程中逐步适应了法律的要求,信托目的合法性为信托扎根蔓延提供了肥沃土壤。就信托目的种类而言,只要满足合法性要求,法律允许存在社会生活中基于自由意志所创设的各式信托目的,这也是信托制度灵活性之所在。从大致分类来看,信托目的主要分为私益目的、公益目的及其他非以人类为受益对象的特殊目的,如为照看宠物、宣扬某种学说理论而设立之信托。具体而言,委托人可为管理财产、支付赡养费、支付退休金等目的设立信托,质言之,其可在法律范围内尽其所需设立信托。

第二节 信托的法律性质

就信托的法律性质问题,法学家们尤其是大陆法系的法学家们争议良久,并形成各类学说,尚未达成一致意见,形成统一的通说。信托的法律性质是一个复合性问题,既关乎受益人之受益权定性的问题,又涉及受托人所享有之信托财产所有权的问题,还涉及信托财产本身之地位与定性,以及受益人所享有之其他权利的定性。但要解决信托财产的法律性质问题,最核心的是要解决受益人受益权之定性问题。就该问题,英美法系与大陆法系的理论解释各成一派。

一、英美法系之理论解释

英美法系就信托的法律性质问题虽颇有争议,即曾就信托受益权属于对人权、对物权还是混合权利进行论证,但通说一直秉持着"双重所有权"观点。普通法与衡平法并行系英美法系的显著特征之一,正因如此,"双重所有权"学说在英美法系国家的盛行不存在任何法律逻辑上的障碍。在英美法系语境下,受托人对信托财产享有普通法上的所有权,受益人对信托财产享有衡平法上的所有权。[①] 或者说受托人享有法律上的所有权,受益人则享有实际的所有权。此等学说之所以盛行于英美法系国家,一方面源于英美法系天然灵活的法律观念。不同于我国一物一权原则的绝对性,英美法系国家并不存在绝对、单一的所有权概念,而是自财产本身分化出适应现实需求的权利类型,不同的权利人可就同一财产分享由所有权衍生出的不同类型权利。质言之,同一财产可同时由不同权利人分享,对所有权并不作单一定义,英美法系下的所有权概念更像是一种灵活的财产权利的集合,可由不同权利人分享。信托制度即此等分享财产不同权能的情形,即受托人享有对财产的管理、处分权,而受益人则享有对财产的受益权,双方在同一法律环境中共享同一财产的不同权能在逻辑上合理、在法律上合法。另一方面,从信托的起源亦可推导出"双重所有权"学说的天然合理性。信托源于英国中世纪的用益设计,用以规避对土地转移及遗赠的法律限制。固守普通法的规定进而不承认受托人义务及受益人权益将导致严重不公,因而英国衡平法院在尊重普通法的前提下对此等情形介入,承认受益人之受益权。普通法与衡平法作为并行的法律渊源,

---

① 参见余辉《英国信托法:起源、发展及其影响》,清华大学出版社 2007 年版,第 14 页。

令同一财产在普通法上与衡平法上权益相分野成为可能。用通俗的话来讲,普通法与衡平法各自占据同一财产的不同权能,即普通法上的所有权分出名义所有权及管理处分权,衡平法上的所有权分受益权,双重所有权结构得以形成并逻辑自洽。

二、大陆法系之理论论争

众所周知,大陆法系与英美法系存在完全相异的法律土壤。大陆法系侧重于成文法的编纂,崇尚从抽象到具体的三段论式判案方式,呈现法律的稳定性与判案的同一性,但灵活性不足。而英美法系则侧重于判例法,且存在普通法与衡平法的分野与对峙,法官可行使充分自由裁量权对不同案件进行判决,甚至可进行造法活动,极具灵活性。正是由于普通法与衡平法的对抗性,大陆法系引入英美法系之信托法,欲使其在迥异的法律环境中生根发芽乃至枝繁叶茂,不免用大陆法系本身之制度框架、法律理念对信托进行解释、改造。在此过程中,基于一物一权原则及债权物权二分法,关于信托的法律性质,各类学说纷呈。

(一) 基于"物权—债权"二分法之不同学说

鉴于大陆法系民法将财产法律关系划分为物权关系与债权关系两大类,大陆法系学者不免将对信托法律性质的研究落脚于"物权—债权"的划分上,进而形成物权说、债权说、物权—债权并行说三种学说。

1. 物权说

物权说亦可称为代理说,认为信托财产虽名义上处于受托人名下,但信托财产的所有权完全归属于受益人,受托人不过处于代理人地位而以自己名义持有信托财产,其仅享有代理权限而并不享有财产上的任何权益,受益人是唯一所有权人。此学说明显与信托的本质相去甚远,首先,代理制度相对较为完备,若受托人为代理人则信托本身亦无存在的根基与必要。[1] 其次,信托由委托人与受托人设立,信托财产由委托人转移至受托人处,因此只作为利益收取方的受益人无论如何都难以被称之为财产所有权人。最后,受托人作为名义上的所有权人,享有对财产管理处分权的事实,与受制于委托人的代理人相去甚远。

2. 债权说

债权说认为,委托人将财产转移至受托人的行为具有完全的物权效力,即受托人拥有物权法上所有权人的身份,受托人所承担之依据信托文件管理处分信托财产的义务属于对委托人及受益人的债务。至于受益人,其仅享有请求受托人支付信托利益的权利,此等受益权仅具债权属性而不具有物权属性。债权说虽契合了大陆法系对于"物权—债权"二分法的传统理念,并从表面上看契合大陆法系的实践。然而,一旦剖析信托之内在构造,债权说将"溃不成军"。

就受托人而言,受托人仅对信托财产享有管理处分的权利,却不享有置于所有权项下的受益权、使用权。受托人管理处分信托财产必须服从于信托文件及法律规定,且其不得利用信托财产谋取私益,实际上受托人不享有任何信托财产的实际利益,这与物权法上纯粹的所有权概念显然相去甚远。就受益人而言,虽然其不得直接享有信托财产利益,而仅享有对受

---

[1]　参见何孝元:《信托法之研究》,《中兴法学》1987 年第 1 期。

托人的信托利益支付请求权,但除受益权之外,在受托人违反信托文件或违法处理信托事务时,受益人有权请求法院撤销该等违法处分行为,而此项权利无疑具有物权属性。再者,受益人所享有的知情权、监督权及部分同意权实难纳入债权的范畴。

3. 物权—债权并行说

针对债权说的不足,有学者提出物权—债权并行说。该说认为信托是包含物权关系与债权关系的双重属性制度,既承认受托人对信托财产享有法律上的所有权,亦承认受益人之撤销权及追及权的物权属性,而受益人所享有的请求受托人支付信托利益的权利则属于债权范畴。"物权—债权并行说"较为客观地描述了信托的本质与法律效果,但实际上并未根本解决信托的法律性质问题,而更像是对信托的一种客观描述。在一物一权原则根深蒂固的大陆法系,提出同一财产的物权由两方主体分享实难逻辑自洽。再者,受益人享有的知情权、同意权、监督权,物权—债权并行说并无法将其容纳,物权债权并存的权利类型在大陆法系法律体系中亦难以寻找到恰当位置。因此,"物权—债权并行说"虽具一定合理性,但仍难以称为信托法律性质的最优解。

（二）特殊法律主体说

着眼于信托财产出类拔萃的独立性,特殊法律主体说应运而生。特殊法律主体说从信托财产的法律归属出发,强调信托财产的独立性,认为信托财产本身为独立的法律主体,受托人享有管理处分权,而受益人享有对信托财产的给付请求权。信托设立之后,信托财产虽处于受托人名下,但实际上不属于受托人的固有财产和责任财产;受益人虽享有受益权,却并非信托财产的所有权人;委托人更是自信托设立后就与信托财产脱离物权上的法律关系,因此,信托财产不属于任何信托当事人的固有财产,亦不得作为任何一方的遗产或偿债财产,此种强烈的独立性似乎在彰显信托财产的独立人格。

特殊法律主体说虽对信托财产的独立性有着深刻的认识及把握,但从法律框架角度出发,此学说仍难以自圆其说。就民事主体资格而言,我国及其他大部分国家仅允许自然人、法人作为独立的民事主体享有权利、承担义务,而信托财产既非自然人,亦非财团法人,实际为权利客体的一种,强行将权利客体主体化实难合乎现有法律,亦难合乎逻辑。就民事权利类型而言,特殊法律主体说提出的受托人之财产管理权并非法定权利类型,只能称之为一种职能或义务,用财产管理权形容受托人之权利实为不妥。

（三）财产权机能区分说

为克服大陆法系"物权—债权"二分法的僵化,韩国绕开物权、债权的讨论,从财产权机能区分角度出发,将财产权分为管理权及价值支配权。管理权即管理、使用财产并能产生价值生产机能的权利,价值支配权则为能够支配管理权所生之价值机能的权利。以此理论解释信托即产生这样一种结论:受托人享有管理、处分信托财产的管理权;受益人则享有由此而生的价值支配权,有权受领、支配信托财产所生之利益。财产权机能区分说契合了设立信托后其实际的运作情况,且避开了物权—债权二分法的讨论,具有一定的进步性,并为信托法律性质的论争提供了新路径与新思考。但与其说该学说揭示了信托的法律性质,不如说其实际着力于描述信托设立之后的法律效果。管理权与价值支配权相分离正是信托运作的结果,将其称为信托的法律性质未免有本末倒置的嫌疑。

（四）独立形态权利说

独立形态权利说认为不能将受托人及受益人享有之权利简单归入物权或债权,信托当事人所享有之权利为一种独立形态的权利。本书认为,此等学说目前较其他学说更具合理性。实际上,信托赋予受益人的受益权内容丰富:一方面,受益人享有请求受托人支付信托利益的权利,这无疑具有债权属性。另一方面,受益人所享有之撤销权及追及权又无疑具有物权属性。此外,受益人所享有之监督权、知情权及特定情形下一定的同意权又无法纳入物权或债权范畴。因此,信托当事人所享有之权利系复合权利,系现行法律框架下法定权利之集合,称信托产生一种独立形态的法律权利并非指信托创设新的权利类型,而是承认信托所产生之受益人权利、受托人权利之特殊性、复合性,其不能单纯用物权、债权进行划分。此种法律形态类似于公司法所规定之股权,股权中包含收益权、监督权、剩余财产分配请求权、知情权等人身权益及财产权益,亦无法将其单纯归类为物权或债权,无法在原有民法框架下找到适当的对应物,故公司法衍生出此等独立的权利形态即股权。同为商事法律制度的信托,同样在运作过程中衍生出一般民法权利体系难以囊括的法律形态,其复合性超出任何单一法律权利类型的范畴,效仿股权将信托所生之受益人权利、受托人权利分别视为特别法下独立的法律权利形态,方可避免物权、债权划分的论争,亦充分尊重信托本身作为特别商事制度的特殊性,并确保其灵活性。[①]

第三节 信托的分类

信托基于其充分的灵活性,在实践中获得了广泛的运用,产生出多种类型的信托。关于信托的分类,英美法系与大陆法系不尽相同,理论上的分类与法律意义上分类亦形态各异。本书参考理论上的信托分类,兼顾各种分类之法律价值,采几种较为典型的信托类型进行阐述。

一、私益信托、公益信托与目的信托

按信托目的的性质不同,可将信托分为私益信托、公益信托与目的信托。私益信托即为实现受益人利益这一私人目的而设立的信托。如委托人以支付子女生活费为目的,以其财产设立以其子女为受益人的信托即私益信托。私益信托设立之时,必须有确定的受益人范围,否则该等信托设立无效。我国法律上并未明确提出私益信托这一法律概念,私益信托实际上为一种学理上的理性概括。但私益信托占据了信托实践的大部分,亦是现实中出现最多、应用最广泛的信托类型。私益信托,亦可进一步划分为自益信托与他益信托。自益信托是指以委托人为唯一受益人的信托;他益信托则指存在除委托人以外的受益人的私益信托。区分自益信托与他益信托的法律意义在于,在自益信托中,由于委托人为信托的唯一受益人,因此信托财产的独立性大大削减,委托人在解除权方面拥有较他益信托委托人更大的权

---

① 参见贾林青:《信托财产权的法律性质和结构之我见》,《法学家》2015 年第 5 期。

利。此外,就收益处分权限方面,自益信托亦较他益信托受到较少限制。

　　公益信托,顾名思义,是指以社会公众或一定范围内社会公众为受益人设立的信托。公益信托作为一种实现社会公共利益的制度安排,其设立并非为了个人私益,而是为了公共利益,受益人亦为不特定社会公众。与私益信托不同的是,在设立公益信托时,受益人范围必须是不确定的,否则将面临设立无效的境地。此外,鉴于公益信托的公益性,法律对其施加了较私益信托更多的监管措施:一是由于受益人范围缺失,为保障公益信托的受托人积极履职,我国《信托法》设立了信托监察人制度,以对受托人的履职行为施加监管,弥补受益人缺位的遗憾。二是为保障社会公共利益不受损害,我国法律通过行政监管的方式对受托人施加监督。而上述两种监管措施在私益信托中均不存在。

　　所谓目的信托,是指非为公共利益或特定受益人利益设立的信托,此等信托不存在受益人,而仅为实现委托人的某种特殊目的而存在。比如为照顾宠物、宣扬某种学说、修缮房屋所设立之信托便属于既非公益信托又非私益信托的目的信托。在英美法系,目的信托经历了早期被法律否定到晚近时期被逐步接纳的过程,而大陆法系自引入信托之初即完全认可目的信托的效力。我国《信托法》并未明确规定目的信托是否具有合法性,且法律规定存在相互矛盾之处,但经由逻辑推断总体来看,我国目前并不承认目的信托的存在。然本书认为,我国《信托法》第2条明确规定受托人应按受益人利益或特定目的管理处分信托财产,且目的信托的存在对信托的灵活性及意思自治的彰显具有举足轻重的作用,只要满足合法性条件,应允许目的信托的设立,以满足意思自治需要并丰富信托法实践。

二、意定信托与非意定信托

　　按照信托是否需依委托人之意思表示设立,可将信托分为意定信托与非意定信托。意定信托指依委托人或信托当事人的意思表示而成立的信托,是最常见的一种信托。意定信托可以为私益信托、公益信托和目的信托。意定信托可以合同方式、遗嘱形式及其他法律、行政法规规定的形式设立。合同意定信托除需遵守信托法之外,还需满足合同法规定的合同生效要件;遗嘱信托除需满足信托设立要求外,还需满足继承法相关规定。其他意定信托如信托公司的集合信托、基金管理公司的证券投资基金信托等还需满足有关法律对该类信托的特别规定。

　　非意定信托指非基于委托人或信托当事人的意思表示即可成立的信托,非意定信托又可分为法定信托与推定信托。法定信托系指依据法律规定而非信托当事人的意思表示直接成立的信托。我国《信托法》主要规定了两种法定信托:一是在信托终止之后,信托财产尚有剩余且未转移至信托文件指定或法律规定的权利归属人期间,依信托法的规定,视为信托继续存续,权利归属人为受益人。二是公益信托终止时,信托财产仍有剩余但无权利归属人时,我国《信托法》规定有关主管机关可根据信托目的,令信托财产用于与原公益目的最相近似的目的,或将信托财产转移至具有类似目的的公益组织或其他公益信托。所谓推定信托,是指在特定情形下,当财产的普通法所有人以“坏良心”保有财产收益权时,衡平法院便可基于良心将其视为受托人,而推定为信托。质言之,推定信托乃衡平法院为实现个案公正而以判决方式强制设立的信托。在以成文法为法律渊源的我国,严格遵循三段论式的判案原则而不允许法官造法,因而我国至今并未引入推定信托制度。

三、民事信托与营业信托

民事信托与营业信托系我国《信托法》作出的法定分类,但至于何为民事信托,何为营业信托,法律并未给出明确的定义。依据理论通说,民事信托与营业信托的区分标准在于受托人是不是经营信托业务的商事主体。依此标准,营业信托即委托人为自己和他人的利益,委托商业经营机构为受托人设立的信托。营业信托的受托人可以为信托公司及其他从事信托业务的基金管理公司。值得注意的是,营业信托受托人资格需满足金融监管法的规定,其从事信托业务需履行审批登记手续,在开展信托业务过程中亦需接受相关主管部门的监管。民事信托即委托普通民事主体为受托人,从事一般民事活动而设立的信托。例如以自己亲友为受托人设立之信托即典型的民事信托。对于如何具体区分民事信托与营业信托,我国法律并未作过多表述,实践中应充分考量受托人的主体资格、是否持续性从事专门信托业务、是否收取费用等因素。

四、积极信托与消极信托

以受托人所承担之管理义务的性质为标准,可将信托分为积极信托与消极信托。积极信托是指受托人对信托财产承担着积极的管理处分义务的信托。积极信托的受托人不但名义上系信托财产的所有权人,更拥有在不违法及不违反信托文件时相对自主地对信托财产的管理处分权限。其并非仅充当财产转移的对象,满足委托人的财产转移需求,更重要的是充当财产管理人的角色,或通过其管理处分行为及自身专业技能令信托财产得以增值,或通过遵循信托文件指令将信托财产作某种安排处分,以满足委托人的特殊目的。但无论如何,积极信托的受托人均需承担积极的信托事务决策、实施功能。

消极信托指受托人仅在名义上或依照法律规定充当信托财产所有权人,但实际不负任何管理处分义务的信托。消极信托是最早出现的信托形式,因为信托最初为规避法律对财产转移的限制而设,故信托最主要的功能是实现财产转移。消极信托的受托人仅单纯充当信托财产的名义所有权人,其或完全听从于委托人或受益人的指示,或对委托人或受益人的管理处分行为予以完全承认。现目前,积极信托为主流,且占据着信托实践的大多数。至于是否承认消极信托,我国法律并未予以明确,不少学者认为消极信托只是名义上的信托,完全背离了信托的本质,因而消极信托为无效信托。但本书认为,信托制度的目的在于实现财产转移功能及管理功能,积极信托固然可以满足财产转移及管理的需求。但在意思自治为主导的民商事领域,若当事人为利用信托制度的财产转移功能而设立消极信托,只要其信托目的满足合法性要件,又不会对社会公共利益造成不当损害,设立消极信托也并无不可。

第四节　信托与相关制度的比较

在英美法系,信托产生于衡平法,其与普通法上相近的其他财产安排管理制度在法律渊源及产生源头角度即可得以明确区分。大陆法系在引入信托时将其作为一种通过他人实施财产管理处分的制度安排,然大陆法系原本就存在着相近的通过他人处理财产相关事宜的制度安排,如代理制度、第三人利益合同、行纪制度等,该等制度粗略来看与信托制度具有类似的法律构造外观,因此将信托与相关类似法律制度进行区分,对充分理解信托、运用信托至关重要。

一、信托与委托代理

在大陆法系,代理制度与信托具有高度的相似性。委托代理指委托人与受托人约定,由受托人按照委托人的指示和授权处理委托人事务。可见信托与委托代理在多方面存在着相似之处:一是两者均为基于信任而委托他人处理自己事务的制度;二是受托人处理事务均限于委托人的授权,并须按委托人意愿行事,且须忠实诚信于委托人;三是受托人原则上都必须亲自处理委托事项且须履行报告说明义务。然而两者在运作机理上存在不同之处。[①]

就设立程序而言,在信托中,委托人将财产转移给受托人后信托方可成立,且设立信托的行为系要式法律行为,必须采取书面形式,权属转移需履行登记手续的财产还需办理信托登记,私益信托还需有范围确定的受益人。而在委托代理中,只需有两方当事人即委托人与受托人,受益人存在与否并不影响代理关系的成立。在代理关系成立之时,不需要经过财产权属转移的过程,亦无须完成登记手续。此外,成立代理关系的行为为非要式行为,书面、口头等形式均可成立代理关系。

就委托事务的处理而言,在信托运行过程中,受托人始终以自己的名义处理信托事务,由此产生的法律后果直接约束受托人与第三人,受托人仅需服从信托文件和法律对其权限的限制。除此之外,受托人处理信托事务具有高度的自立性,但其处理之事务仅限于财产性事务。在委托代理关系中,代理人一般仅可以被代理人名义处理代理事务,且代理人需根据被代理人的指示行事;在信托中,受托人仅需根据信托文件中委托人的指示行事,信托成立后,委托人除保留部分权限外,不得再对受托人发号施令。此外,代理人所实施之法律行为直接约束被代理人和第三人,其本身并不实际参与外部法律关系。代理人的代理事项不限于财产性事务,即委托代理中委托事务范围较信托更为宽泛。

就终止程序而言,信托一经成立,除信托文件或法律另有规定外,仅因信托目的已经实现或不能实现而终止,委托人或者受托人死亡、被撤销、注销、丧失民事行为能力等均不影响信托的存续,委托人亦不得依其意愿随时终止信托,信托亦不因受托人被解雇、辞任而当然终止,而应根据信托文件或法律规定另行确认受托人。然在委托代理关系中,委托人、受托人任何一方丧失民事主体资格或丧失民事行为能力,除法律规定的特殊情形外,委托代理关系均自动终止。此外,根据我国法律规定,委托人和受托人均有权随时解除代理合同,终止代理关系。因此,就法律关系的终止而言,信托较委托代理具有更大的稳定性。

二、信托与行纪

在《信托法》颁布实施之前,我国长时间存在行纪与信托不分,甚至将行纪误当成信托,

即误把行纪称为"信托商店"的情形,因此信托与行纪的区分在我国语境下显得尤为必要。行纪乃大陆法系本土的民事制度。所谓行纪,是指行纪人接受委托以自己名义从事代购、代销、寄售等活动并获取相应报酬的行为。用通俗话讲,行纪是一种代客买卖的制度。行纪之所以易与信托相混淆,主要是因为以下几个方面:一是两者均为代他人从事财产管理经营的行为;二是行纪人与受托人均以自己名义从事相关事务处理;三是行纪人与受托人在管理处分中所发生的法律关系均直接约束第三人与其本身,并不能直接约束委托人。虽表面看来信托与行纪具有相似外观,但两者实则存在着实质性的差异。

就设立程序及终止程序而言,从设立程序看,与信托相比,行纪设立时无须经过财产转移手续,亦无须采用书面形式。行纪设立后,财产所有权和相关利益仍归属委托人;而在信托中,信托设立后发生名义所有权和实际受益权相分离的法律效果。行纪的设立仅涉及双方当事人,而信托的设立则需满足三方当事人的法律构造。从终止程序看,行纪适用委托合同的有关规定,即委托人及行纪人均得随时解除合同,并因其中一方当事人的灭失而终止行纪关系;而信托更具稳定性。

就事务处理方面而言,从财产类型看,信托可适用于一切动产、不动产及财产性权利;而行纪则主要适用于动产且通常于特殊交易规则下进行交易。从财产本身性质来看,信托财产具有高度独立性,即独立于委托人、受托人、受益人三方当事人;而行纪涉及的财产始终归属于委托人,且属于委托人的固有财产,不具有独立性。从处理权限来看,信托中受托人拥有高度自主的权限,只需服从信托文件;然在行纪中,委托人可随时更改对行纪人的指令,行纪人必须按委托人指示行事。从利益归属看,信托所生之财产利益归属受益人;而行纪所生之利益始终归属委托人。

三、信托与第三人利益合同

第三人利益合同系指合同双方当事人约定由债务人向第三人履行债务,第三人直接取得请求权的合同。在第三人利益合同中,一方当事人并不为自己设定利益,而是借助合同相对方为第三人设定利益。第三人利益合同与信托极为相似,即两者均涉及三方当事人,均为利用他人为第三人设定利益。但信托与第三人利益合同分属于不同法律关系,仔细甄别,两者之间的区别也是显而易见的。

就设立程序而言,第三人利益合同虽也需满足受益人要件,但无须像信托那样满足财产转移、书面形式及登记要件。第三人利益合同成立之后,亦不像信托那样发生法律上所有权与实际受益权相分离的法律效果,亦不产生合同所涉财产之独立性。第三人利益合同仅可通过生前的合同行为设立,而信托则既可根据生前合同设立,亦可根据死因行为即遗嘱行为设立。

就受益人角度而言,信托中无须征求受益人同意其即可获得受益人身份并使其享有确定的受益权;而在第三人利益合同中,虽合同的成立不以受益人的意思为转移,但一般而言仅在第三人作出接受合同利益的意思表示时其权利才得以确定,合同当事人随意撤销、变更合同的权利亦受到限制。从受益人所享有的利益出发,虽然信托与第三人利益合同的受益人均享有利益支配请求权,但信托中受益人所享有之权限不限于此,具有物权性质的撤销权、追及权,以及监督权、知情权,第三人利益合同中的第三人均不享有。

第五节 信托的功能与价值

一、信托的功能

信托作为一种独立的财产法律制度,生命力在于其能够发挥其他财产法律制度如合同法、物权法、公司法等所不能发挥之功能。然对于信托究竟具有何种功能,理论界仍无法提供统一的答案。这一方面源于信托本身具有高度灵活性,在实践中发挥着多种功能;另一方面是因为我国引入信托时间尚短,学界研究尚不够充分。本书拟从信托所发挥的典型功能加以阐释,以便更好把握信托的独立性及其内涵。[①]

(一) 财产管理功能

虽信托制度为集财产转移及管理功能于一体的财产安排制度,但由于消极信托日渐式微,且财产的转移往往为实现财产管理功能的必经程序,信托发挥的主要是管理财产的功能。信托对受托人的设计,令受托人得以按照委托人的意愿对信托财产实施管理处分行为,使财产增值或实现委托人的意愿,以解决委托人因专业技能匮乏、时间不足而无力或无法对信托财产施加管理的困境。在自益信托当中,信托的财产管理功能体现得尤为明显,委托人依赖于受托人的投资能力,设立信托主要是为了使受托人用其专业技能管理财产以使其财产获得增值。结合我国实践来看,信托所发挥之财产管理功能尤为明显:一方面,积极信托的主导地位决定了受托人必须积极管理处分信托财产,而此等管理处分满足了委托人管理财产的需要;另一方面,我国的信托实践主要以营业信托为主,而营业信托的主旨在于利用专营信托业务的商事主体完成财产管理,进而实现财产增值的目的。

(二) 风险隔离功能

信托区别于其他财产制度的一大显著特征在于其风险隔离功能。就投资人而言,虽同作为财产安排制度的公司制度、有限合伙制度均具有一定程度的风险隔离功能,然此等风险隔离功能在信托中体现得更为彻底。基于信托财产的独立性及信托责任的有限性,信托的风险隔离功能发挥得淋漓尽致。

就信托财产本身而言,信托设立后信托财产即独立于委托人、受托人及受益人,不作为任何一方当事人的固有财产、偿债财产、遗产,任何人均不得对存续的信托财产申请查封、扣押、冻结等,故信托财产可隔离委托人、受托人、受益人破产及无法清偿个人债务的风险,得以独立地为信托目的的实现而运作。尤其在存在多米诺骨牌效应的营业信托当中,由于信托财产的独立性及分账管理、分别管理义务的存在,一项信托的风险将不会传染另一项信托,从而隔离其他信托项下产生的风险。

就法律责任而言,信托亦为信托当事人隔离了风险。就委托人而言,在信托运作过程中,即便信托财产出现亏损、毁损或者因受托人的不当行为遭受损失,委托人之损失亦仅限于信

---

① 参见周小明:《信托制度:法理与实务》,中国法制出版社 2012 年版,第 85 页。

托财产,从而隔离由此产生的可能危及其他固有财产的风险。同样,就受益人而言,其于信托关系中承担的最大风险不过是信托财产的完全灭失,无须承担其他任何责任。就受托人而言,其承担之对内对外责任均为有限责任。当受托人诚信地依据信托文件及法律规定履行管理处分职责时,仅需以信托财产为限向受益人履行支付信托利益的责任。在受托人与第三人发生合同之债、侵权之债时,原则上仅需以信托财产为限承担责任,自行以自有财产垫付的,还有权从信托财产中优先受偿,但对第三人责任系其违反信托所致的除外。由此,信托将委托人、受托人及受益人责任均限制在信托财产范围内,从而发挥其对信托当事人的风险隔离功能。

(三) 目的实现功能

信托得以蓬勃发展与传播的重要原因在于其极具灵活性,体现在设立方式、信托目的、管理方式方面,其中又以信托目的的灵活性为典型。可以说,正是由于信托可满足民事主体自由意志的实现,信托才具有不竭的生命力。在信托中,只要不违反法律规定及社会公共利益,当事人可根据自己的需求基于不同的信托目的设立信托,人们可尽其想象设立最适应本身需求的信托。

在实践中,基于委托人的不同目的,已经产生了极为丰富的信托实践,淋漓尽致地发挥着信托的目的实现功能,其中较为常见的为传承功能、公司治理功能、公益功能、廉政功能、投资融资功能等。委托人想确保其财产不断累积并传递到子孙后代,而单纯靠继承制度又难以避免继承人挥霍财产或管理不善时,通过信托既可由子孙后代分享财产利益,又可依受托人之理性管理使信托财产得以绵延,此即传承功能。公益功能指为实现公益目的而设立之信托所发挥的功能,该类功能亦为宗教、医疗、教育等公益事业的发展提供了重要推动力。公司治理功能主要体现在为保护中小股东权益而设立的表决权信托与利润分享信托。廉政功能体现于为监控一定职务以上官员而设立的盲目信托。该等官员必须将其资产设立信托,并禁止被告知财产的管理处分情况,更不得就财产的管理处分对受托人发出指令,由此实现廉政功能。投资融资功能系现代信托尤其是我国信托所发挥的主要功能。在现代信托中,受托人在财产管理中发挥着越来越主动积极的作用,现实中大量信托的设立目的均在于投资融资,将信托作为一种投资工具。

二、信托的价值

信托的价值亦可称为信托的价值取向,不同法律制度的价值取向彰显着其性格,也昭示着其发展动向,并指导着其实践运作。众所周知,民法的价值取向为公平,商法的价值取向为效率,而作为财产转移、管理的制度安排的信托属于商法范畴,故具有倾向于效率的价值取向,同时,其作为特别商事法律制度还具有自身独有的价值取向即自由。

(一) 自由

信托的制度功能为财产转移及管理功能,而由此所彰显的自由价值取向可谓最能彰显信托独立性的价值取向。就信托的产生而言,信托之源——用益设计是为了反抗封建制下对财产转移的限制及负担,以实现转移自有财产的自由。因而,信托内生性地带着自由的性格。从信托的设立来看,当事人可任意选择合同、遗嘱等方式设立信托,具有比较充分的选择自由。从信托的运行来看,受托人对信托财产的管理运行拥有高度的自由裁量权,委托人亦可对受益权进行分层设计,实现受托人最大程度上的管理自由及委托人的意志自由。从信托目的而言,委托人可在不违反法律和公共利益的情况下,通过信托实现其目的,信托目的的灵活性实际上彰显了委托人的意志自由。委托人可通过信托实现盈利目的、养幼扶老目的、文化推广目的甚至照顾宠物目的,只要符合法律及社会公序良俗,委托人可尽可能自由地实现其意志。

(二) 效率

信托的效率价值取向与信托所具有的管理功能紧密联系在一起,信托日益积极化、营业化、金融化的特征,令信托的效率取向日益明显。在现代信托中,受托人承担着日益积极的财产管理职责,令信托财产增值的内生性要求亦成为信托的隐藏内涵。即使在非主要以营利为目的的信托当中,如公益信托,往往也蕴涵着令信托财产增值并予以分配的内生性要求。在涉及经营管理、投资相关事项中,效率为其生命力。所谓效率,是指以最小成本获取最大限度的价值。首先,信托利益名义所有权与实际利益相分离的制度安排以及有限责任设计降低了信托当事人的风险,尤其是降低了受托人在管理经营中承担责任的风险,令受托人得以毫无顾虑地尽其所能实施管理处分,风险的降低带来了效率的提升。其次,受托人往往具有管理信托事务的专业技能,由其管理处分财产本身即代表着效率的提升。最后,信托法多对受托人的权限、职责、义务、责任等作出详尽规定,而权利边界的明确本身也将产生效率,避免了因权责不清而耗费的追究责任的时间及精力成本。

第六节　信托法的历史演进

一、信托法的历史起源

就"信托"一词的历史来源而言,信托最早可追溯到古埃及人于公元前 2548 年所立的有关信托自己财产的遗嘱。虽然当时所采之信托并无现代意义信托之内涵,但可称"信托"一词最早出现之处。而现代法律意义上的信托,实际上起源于中世纪的英国,并经历了由用益设计演变为信托制度的过程,本书将分两个部分对信托法的历史起源作简要阐述。

(一) 用益设计

信托制度的前身乃用益设计,自约 13 世纪起,英国便兴起一种主要用于不动产转移的名为"use"的用益设计。用益设计产生的原因主要是当时英国封建法律对以不动产为主的财产转移设置的限制。当时的英国,为获得有利税收、增加国家财富、控制教会势力,法律禁止个人将其土地遗赠给教会。这是因为,当时英国教会的土地永久免税,且教会力量与日俱增,若允许将财产遗赠给教会,则封建诸侯的财产势力及影响力将大大被削弱。再者,当时法律还规定了高昂的土地转让税费及领主特权制,为规避对土地转让的限制及税费的承担,用益设计应运而生,即甲将其财产转移给乙,并指令乙为丙的利益而管理处分该等财产。[1]

虽用益设计在民间盛行,但并未取得普通法院的承认,普通法院往往不承认受托人职责及受益人权利,导致受托人因其不诚信行为获益而委托人及受益人遭受损失,这实在有违社会公平正义。于此背景下,衡平法院开始介入,在尊重普通法的基础上以道德和正义为尺度,对涉及用益设计的案件进行审判,并结合个案情况承认受益人对信托财产的权益,由此产生普通法所有权与衡平法所有权分野的格局,初具信托本质与外形。

(二) 信托制度塑成

在用益设计初步获得衡平法院的承认与广泛适用之后,用益设计发展为信托的过程并非一帆风顺,也并非简单的称谓上的演变。实际上,在用益设计得到承认之后,规避土地转让及税收就被"合法化",由此封建领主之权益被褫夺。基于此,为保障封建王室的既得利益,1535 年国王亨利八世颁布了《用益法》,此法名为"用益法",实为为架空用益设计而颁布的法令。该法规定受益人所享有之权益并非单纯的衡平法上的所有权,实际如同转让一样享有普通法上的所有权,以此将规避土地转让的用益设计强行扭转到原有法制轨道上来,以满足封建诸侯对税收及权力控制的需要。然而封建王室此举仍无法阻挡信托制度形成的大势。一方面,《用益法》自身的缺陷导致该法的适用仅限于不动产及消极信托,而不动产之外的其他财产仍可设立信托,即便对于不动产,该法亦未完全禁止以积极信托方式设立不动产信托。由此,该法本身的缺陷为信托的发展提供了充分的空间。另一方面,实践中的双层用益设计对于该法的规避亦使《用益法》沦为一纸空文。《用益法》固然可令第一层用益设计无效,但对第二层用益设计却无可奈何,加之衡平法院的再度介入,实际上承认了第二层用益设计中受益人的权利,《用益法》的桎梏被完全挣脱,信托制度历经重重困难而得以形塑。

二、信托法的现代化发展

信托产生于合同制度之前,经由古老的中世纪英国传播至英美法系其他国家,并延伸至大陆法系国家,历经数个世纪的变迁,不断焕发出新的生命力与活力。现代信托法发展呈现出几大明显的趋势:一是成文化趋势。信托虽产生自判例法,但在传播至大陆法系国家时,以成文法的形式被引入。即使在当前的英美法系国家,亦在信托判例之后不断付诸成文化,《1893 受托人法》《1906 年公共受托人法》《1925 年受托人法》《1925 年财产法》《1958 年信托变更法》《1961 年受托人投资法》《1964 年反永续和累积法》《1986 年公共受托人和基金管理法》《1993 年慈善法》《1996 年土地信托和受托人任命法》《1999 年受托人委托法》《2000 年受托人法》《2006 年慈善法》《2009 年反永续和累积法》等相关法案便是典型例证。此外,美国各州陆续制定州信托法,联邦亦试图建立起统一的联邦信托法典。二是国际化趋势与世界化趋势。随着越来越多的国家引入信托制度,信托逐步走向世界,呈现在世界范围内广为传播的趋势。与此同时,由于经济全球化及各国经济联系日益紧密,跨国信托逐步出现,建立国际化的信托规则尤为必要。对此,为适应信托国际化需要,第一部关于信托的国际公约《海牙信托公约》应运而生。虽然《海牙信托公约》只约束承认信托的国家,所发挥之

---

[1]　参见余辉:《英国信托法:起源、发展及其影响》,清华大学出版社 2007 年版,第 113—123 页。

作用有限,但作为第一部国际公约的诞生,意味着信托国际化的趋势势不可挡。三是规范化趋势。信托由最初侧重于委托人、受益人权利的架构,发展至今,表现出越来越侧重于对受托人职权、义务、责任的规范。这是因为现代信托愈发向积极信托靠拢,信托越来越依靠受托人的管理处分行为来实现目的。一旦受托人具有相当充分的自主决定权,其利用信托谋取利益的情形就不可避免。鉴于此,现代信托愈发重视对受托人义务的构建,并逐步令信托法体系化。

第七节 中国的信托法

一、《信托法》的制定

我国于 2001 年制定了《信托法》,自此我国信托制度正式确立。然《信托法》的制定过程并非一帆风顺,而是历经险阻。在《信托法》制定前,我国自 20 世纪 20 年代以来虽产生了民间的"信托业",然这并非实质意义上的信托,换句话说,当时的所谓信托业,徒具信托之名而无信托之实,实际上是有关贷款的银行业务,真正意义上的信托并不存在。作为一项金融活动,当时的信托业并无可供遵循的相关立法,一度陷入混乱局面,不利于信托制度在我国的真正确立,亦不利于其本身的发展。

鉴于此,1993 年第八届全国人大将制定《信托法》纳入五年立法规划当中,历经了三年,《信托法(草案)》初具雏形,并于 1996 年提交全国人大常委会审议。该草案侧重于对信托业的监管,然在草案初审之后,国务院有关部门认为我国尚无实际信托实践,制定《信托法》的法律时机尚不成熟,且信托属民商事范畴的制度,以监管为主的立法方式未免不合时宜。基于此,《信托法》的出台暂时被搁置。此后,全国人大法律委员会与财经委员会不断对该草案进行修订,将草案主旨从侧重于对信托业的监管转变为对信托关系本身进行规范,并于 2000 年提交全国人大常委会审议。由于细节上的不足,第二次审议仍未通过该草案。后经进一步分析论证、征求意见,2001 年 4 月 28 日,《信托法》终于得以通过,历经 8 年光阴,我国《信托法》终得问世。[①]

二、我国实践现状

在《信托法》颁布实施之前,我国几乎没有实质意义上的信托活动,民间的所谓信托业不过是从事贷款业务的银行业活动,所谓的"信托商店"实际上从事着行纪相关活动。即便到现在,仍存在着以"信托商店"为名的行纪经营场所。在很长一段时期内,我国存在着信托之名滥用而信托之实尚无的尴尬局面。与其说《信托法》的颁布实施规范了信托关系,不如说其促进了实质意义上信托活动的产生,由此,信托实践在我国愈发丰富多彩。

我国自出现"信托业务"之名时,信托便分属于金融业,决定了我国信托实践的金融属性。我国《信托法》明文规定了民事信托、营业信托、公益信托三类信托,并且不对设立信托

---

① 参见张淳:《中国信托法特色论》,法律出版社 2013 年版,第 1—26 页。

的目的施加过多的干涉,民事主体完全可依其意愿充分利用信托的灵活性满足其特定需求。但值得注意的是,在我国多年的信托实践中,营业信托一直占据着主导地位。由于营业信托的受托人权限巨大,委托人及受益人对其进行监管的难度大,且容易引发系统性金融风险,我国对营业信托的规范付诸巨大努力,主要是对营业信托主体资格进行限制,即采特许经营制,只有满足法律条件并经主管机关批准的主体方可作为营业信托的受托人。此外,营业信托业务亦被视为金融业务而被纳入金融监管,并就营业信托颁布相关配套法律法规及部门规章,如《证券投资基金法》《信托公司行政许可事项实施办法》《信托投资公司信息披露管理暂行办法》《信托公司集合资金信托计划管理办法》《信托公司管理办法》等。相关法律法规及部门规章的颁布实施,无疑旨在为营业信托的持续健康发展保驾护航。可以预见的是,营业信托将继续在我国信托实践中占据主导地位并迸发出强劲的生命力。

◎ **相关案例**

江苏大丰农村商业银行股份有限公司与江苏能博旺钢材市场有限公司、江苏天地冶金工贸有限公司确认合同效力纠纷案[①]

2011 年 11 月 24 日,原告江苏大丰农村商业银行股份有限公司(以下简称"大丰银行")由农村合作银行改制成为股份制银行,被告江苏能博旺钢材市场有限公司(以下简称"能博旺公司")以每股 2.6 元的价格持有大丰银行 1 480 万股的股权。2011 年 7 月 29 日至 2012 年 1 月 17 日期间,被告能博旺公司市场内经营的 37 家商户经能博旺公司介绍向原告进行贷款,贷款金额合计为 21 400 万元。为担保贷款,被告能博旺公司以其持有的大丰银行全部股权作为质押,承担连带担保责任。但由于公司法规定,公司不能接受自己发行的股票作为质押标的物,当地工商主管部门对该股权出质登记不予受理。

鉴于此情况,大丰银行向能博旺公司负责人提出,由能博旺公司设立信托。能博旺公司向大丰银行出具《确认书》一份,约定为确保《协议书》的履行,能博旺公司设立信托,将持有大丰银行的股权资产(《股金证》)交付并委托大丰银行管理和处分。若债务人不能在还款期限内归还借款,则大丰银行有权处分该股权,该股权转让的相应收益直接补偿因债务人未能按期还款给大丰银行造成的资金损失。能博旺公司对大丰银行的信托,自签署《确认书》并交付《股金证》之日起成立并生效。能博旺公司同日将 1 480 万股权的《股金证》交付大丰银行。由于债务陆续出现逾期未付款的情况,大丰银行依法进行追索未果,于 2014 年向法院提起诉讼,要求确认其与能博旺公司之间的信托合同关系行为有效。

法院经审理认为,《中华人民共和国商业银行法》第 43 条规定:"商业银行在中华人民共和国境内不得从事信托投资和证券经营业务,不得向非自用不动产投资或者向非银行金融机构和企业投资,但国家另有规定的除外。"因此,大丰银行未经相关部门批准,不得从事信托投资业务,其与能博旺公司签订的信托合同违反法律、行政法规的强制性规定,应属无效。

---

① 南京市雨花台区人民法院(2014)雨板商初字第 66 号民事判决书。

思考题

1. 简述信托的构成要素。
2. 简述信托的分类。
3. 试析信托制度的功能。
4. 试析信托与委托代理的关系。
5. 如何理解"物权—债权"二分法下信托的法律性质。

本章思考题参考答案

第二章 信 托 设 立

[导语]

信托的设立是信托法律关系的开始,即依照法律规定,在信托当事人之间形成有效的信托关系。我国《信托法》第二章专门规定了"信托的设立",但由于信托行为仍属民事法律行为,因此仅对信托生效的特殊条件作了规定,《信托法》未规定的仍适用民法的有关规定。本章主要介绍设立信托的法律要件(包括实质要件和形式要件)、信托成立与信托生效的联系和区别、无效信托和可撤销信托的具体情形及法律后果。对设立信托的要件分析,有助于更加深刻地理解信托的定义,认识信托的多样性与灵活性,领会信托制度设计之精巧。

第一节　信托设立的基本要件

信托设立是委托人创设信托法律关系的民事法律行为,其目标是成立一个意定信托。意定信托一般采取信托合同、遗嘱信托与宣言信托三种设立方式,即设立方式既包括双方法律行为的合同,也包括单方法律行为的遗嘱和宣言。信托的设立者(settlor),即设立行为的发起者(initiator)的意思表示内容即信托设立的要素(件),一般包括受托人、信托财产、受益人与信托目的,换言之,这也是成立意定信托的人的要素、物的要素与目的要素。英国的 *Knight v. Knight*(1840)案确立了信托设立的"三个确定性"原则,即意图的确定性(certainty of intention)、信托财产的确定性(certainty of subject matter)和受益人的确定性(certainty of objects)。[①]

信托只需当事人意思表示一致即可成立,但随着信托的现代化,特别是营业化,国家开始介入信托法律关系的成立及效力判断,各国除了规定传统的信托设立的实质要件外,还增加了信托有效的程序性要件。

一、信托设立的实质要件

从信托的基本架构来看,信托关系即委托人转移财产、受托人管理并处分财产、受益人

---

① 转引自赵廉慧:《信托法解释论》,中国法制出版社 2015 年版,第 92—93 页。

获得信托利益的关系。信托关系基本由委托人、受托人、受益人三方之权利义务关系构成，旨在实现财产转移和财产管理两大功能。在英美法系，信托设立于委托人将财产所有权转移给受托人之时，因此委托人不被视作信托关系的当事人，仅着眼于受托人如何为受益人之利益管理和处分财产。无论是英美法系还是大陆法系，在定义信托制度时，均不否认受托人、受益人、信托目的和信托财产构成信托设立的实质要件。但是，按照大陆法系典型的意定信托逻辑，委托人作为信托关系的设立者，应该纳入信托设立要件并属于信托当事人之一。我国《信托法》显然是遵循此法理的。

（一）委托人要件

如前所述，委托人是信托法律关系的发起人，也是信托财产原始所有人，通过信托的意思表示将信托财产转让给受托人管理。信托的设立行为本质上是委托人通过信托方式对财产进行的处分行为。我国《信托法》第19条规定，委托人应当是具有完全的民事行为能力的自然人、法人或者依法成立的其他组织。当然，其他法律对委托人的适格性有特别规定的，从其规定。例如，私募投资信托的合格投资者制度，以及资产证券化信托、年金信托对委托人均有特殊规定。

在信托设立阶段，委托人作为信托法律关系当事人一方，负有按照法律要求履行转让信托财产的义务，受托人作为信托创设法律关系的另一方，具有配合义务，如接受信托财产、配合完成登记义务等。

在信托成立后，如前所述，在英美法系国家，委托人基本脱离了信托关系，但是在我国，委托人被赋予了广泛的权利，特别是以监督受托人为目标的知情权、信托管理方法调整权等。这是我国信托法的一个特色还是弱化受托人权利的不足，值得进一步讨论。当然，也有学者认为，在中国当下的信托实践中，营业信托产品多为自益信托，即委托人与受益人是重合的。换言之，委托人享受的诸多权利来源于其受益人身份。

（二）受托人要件

受托人是受让信托财产并承诺管理和处分信托财产之人。受托人在信托关系中发挥着核心作用，是最重要的信托当事人，因此各国立法均突出了对受托人的规范与调控，英美法系中直接制定受托人法而非信托法的国家不在少数，如英国、澳大利亚。受托人可以为一人，亦可以为数人，由多人共同担任受托人的，称为共同受托人；受托人可以是自然人，亦可以为法人；负有积极管理处分信托财产义务的受托人为"积极受托人"，而"消极受托人"仅负有唯一义务，即在受益人指示时将信托财产法律上之权利转移给受益人，其仅起到类似信托财产"储藏室"的作用。起初信托作为规避法律而实现财产继承的工具被广泛运用，因此受托人多扮演消极的"人头"或"管道"角色，而现代信托是一种为他人利益管理财产的制度，依赖于受托人积极主动地发挥专业性作用。此外，同一信托下，委托人与受托人不能重合，[①]受托人可以为受益人，但必须是共同受益人之一，即受托人不能作为唯一受益人，否则与赠与

---

①　我国《信托法》第2条规定："本法所称信托，是指委托人基于对受托人的信任，将其财产权委托给受托人，由受托人按委托人的意愿以自己的名义，为受益人的利益或者特定目的，进行管理或者处分的行为。"如果对本条würde严格解释，委托人与受托人就不能为同一人，很多学者也因此认为，我国《信托法》不承认宣言信托。关于宣言信托，见本章后面相关部分。

无异。

在英美法系,存在"信托并不因缺少受托人而无效"这一原则,换句话说,信托设立不要求受托人具有完全行为能力,若设立信托时受托人无行为能力,委托人可指定新的受托人继续处理信托事务。受托人行为能力虽不影响信托的成立,但管理、处分信托财产仍要求受托人必须具备行为能力。在大陆法系,信托设立是否需要受托人具备完全行为能力,由该信托是遗嘱信托还是生前信托决定。就遗嘱信托而言,遗嘱为单方法律行为,信托设立不因缺少受托人而无效,我国《信托法》第 13 条第 2 款规定:"遗嘱指定的人拒绝或者无能力担任受托人的,由受益人另行选任受托人;受益人为无民事行为能力人或者限制民事行为能力人的,依法由其监护人代行选任。遗嘱对选任受托人另有规定的,从其规定。"[①] 就生前信托而言,大陆法系多明确要求受托人具有完全行为能力,因为生前信托多为合同行为。我国《信托法》第 24 条就受托人的资格明文规定:"受托人应当是具有完全民事行为能力的自然人、法人。法律、行政法规对受托人的条件另有规定的,从其规定。"除营业信托外,只要是具备完全民事行为能力的人,便可以成为民事信托受托人。但是,我国《信托法》第 62 条规定,公益信托的受托人要求经过公益事业管理机构批准。关于破产人是否享有受托人资格,现行法并未作出明确规定,但解释上认为,在破产人连自身财产都无法管理时,其亦应当不被视作具有管理他人财产的资格。

从各国实践来看,绝大多数营业信托和公益信托的受托人均由法人担任。营业信托的受托人一般由信托经营机构担任;公益信托的受托人,除可以是信托经营机构外,也可以是基金会或其他类型的非商业性组织。[②] 我国《信托法》并未对法人担任受托人的资格以及组织形式作出规定,但从立法本意和其他相关法规来看,我国《信托法》所称之"法人",主要为信托公司。由于我国尚未制定统一的信托业法,主要由《信托公司管理办法》规范信托公司行为,这部规章具有临时"信托业法"的性质。《信托公司管理办法》第 2 条规定:"本办法所称信托公司,是指依照《中华人民共和国公司法》和本办法设立的主要经营信托业务的金融机构。本办法所称信托业务,是指信托公司以营业和收取报酬为目的,以受托人身份承诺信托和处理信托事务的经营行为。"第 6 条又进一步规定:"设立信托公司,应当采取有限责任公司或者股份有限公司的形式。"因此,我国目前能够经营信托业务的法人主体是信托公司,并且限于有限责任公司与股份有限公司两种公司组织形式。

除对受托人的行为设有要求外,各国法律通常还对经营信托业务者设置额外条件,以确保其经营能力和信用,比如大陆法系的日本、韩国就通过制定专门的信托业法或者其他专项法律(如贷款信托法等)予以规定。目前我国主要通过"一法两规",即《信托法》《信托公司管理办法》《信托公司集合资金信托计划管理办法》实现对信托业的规范,而《信托法》第 24 条第 2 款"法律、行政法规对受托人的条件另有规定的,从其规定"的规定,显然是给未来制定统一信托业法或者相关行政法规预留了一定的空间。

(三) 受益人要件

受益人是信托利益的享有者,受托人管理、处分信托财产的终极目标,便是使受益人获

---

① 类似规定参见《日本信托法》第 6 条;《韩国信托法》第 17 条;我国台湾地区"信托法"第 46 条。

② 钟瑞栋、陈向聪:《信托法》,厦门大学出版社 2004 年版,第 99 页。

得信托利益。从信托设立的角度看,信托仅基于委托人与受托人之间的民事法律行为而设立,无须受益人作出意思表示或为一定法律行为。但是,除法律另有规定外(如目的信托与公益信托),缺乏受益人的信托是无效信托,因为信托本身即为特定受益人利益而设。由于受益人不参与信托财产的管理活动,只根据信托文件的规定纯享利益,因此信托设立不要求受益人具有行为能力。受益人可以为一人,亦可以为数人;可以为自然人,亦可以为法人、其他组织。受益人可以与受托人身份重合,但受托人只能作为多数受益人之一,而不能为唯一受益人,否则将导致受托人同时享有信托财产所有权与受益权,与信托制度所有权、受益权相分离的构造理念背道而驰。

设立信托,不仅要有受益人,而且受益人或者受益人的范围必须能够确定。首先,受益人的确定性决定着信托的可执行性,由于受托人对受益人负有信义义务,受益人的确定性是受托人履行义务的前提和基础;其次,受益人的主要权利是监督受托人管理、使用和处分信托财产,显然受益人的确定性是其行使权利的前提。如前所述,在著名的 *Knight v. Knight* 一案中,兰德尔勋爵提出了"三个确定性":(1)设立信托的意图是确定的;(2)意图所涉及的标的是确定的;(3)意图所涉及的对象或人是确定的。后英美法系国家通过判例对该"三个确定性"形成一套判断规则,现对受益人的确定性展开阐述。

1. 英美法系受益人的确定性

创设私益明示信托,倘若委托人未指明受益人,则推定委托人自身为受益人;但是,倘若委托人意在为他人利益创设信托,未提及确定受益人的方法的,信托便因不具有受益人确定性而无效。在英美法系,有两种检验受益人是否确定的规则,即名单确定性规则(list test for certainty of objects)和标准确定性规则(criterion certainty test of objects)。在固定信托(fixed trust),即受益人以及受益人所应分配的信托利益都能得以确定的信托中,委托人必须提出受益人的"固定名单"(fixed list),且各受益人所得利益的份额都必须确定或可得确定,受托人对个别受益人的超额给付(over-payment)将构成对信托的违反(breach of trust)。有确定的受益人,但是无法获悉其具体处所的,并不影响信托的设立,此时法院可以发出"本杰明命令"(Benjamin order),允许受托人推定该下落不明的受益人不再具有受益资格,并将其份额分配给其他受益人。[①] 但是,其他受益人应当提出担保(security),以确保原先下落不明受益人主张权利时,获得相应利益。

在授权信托(discretionary trust),即仅需提供一个潜在受益人名单的信托中,受托人有义务从多数受益人中选择信托财产利益的受领者及其受领比例。在 *Gartside v. IRC* 案中,国会下议院威廉·威尔伯福斯(William Wilberforce)伯爵指出,授权信托的任一潜在受益人均有获得信托利益的权利,因此授权信托和固定信托必须同样有受益人"固定名单",只不过最终只有名单中部分潜在受益人真正获益。标准确定性规则并没有名单确定性规则这样严格,只要求受托人准确辨别是否为受益人中一员即可,因此也被称为"进来/出去"(in/out)规则或"是/不是"(yes/no)规则。

2. 大陆法系受益人的确定性

日本、韩国《信托法》以及我国台湾地区"信托法"规定,如果一个信托已指定信托管理人,即便受益人没有确定,明示信托亦能成立。我国台湾地区"信托法"第52条第1款规定:

---

① Re Benjamin (1902) 1 Ch 723.

"受益人不特定、尚不存在或其他为保护受益人之利益有必要时,法院得因利益关系人或检察官之申请,选任一人或数人为信托监察人。"日本1922年《信托法》第18条也作了与我国台湾地区"信托法"第52条类似的规定。日本2006年颁布的《信托法》对此问题以十一章专章作出规定,并通过附则规定该法不包括公益信托,由此该法十一章的内容便是私益信托中受益人不特定问题。我国《信托法》虽然在第11条规定了"受益人或者受益人范围不能确定"的信托无效,但没有明确如何确定具体的受益人。

(四) 信托财产要件

1. 信托财产的意义

信托财产是信托的载体,是指由受托人因承诺信托而取得并加以控制、管理和处分的财产。信托财产是信托制度的核心内容,是信托关系的基础,信托财产是否确定决定着信托是否成立、是否有必要存续等问题,受托人对信托财产享有所有权,是其法律地位的根本。如果委托人未将信托财产转移给受托人,信托便不能成立,受托人的活动和受益人的权利亦将无所依托;从信托的存续看,一旦信托财产灭失,信托关系即告终结。

作为信托的核心要素,信托财产的法律性质颇为特殊。由于英美法系存在普通法与衡平法的二元法律体制,信托财产所有权也相应地分为普通法上所有权与衡平法上所有权。具言之,受托人享有普通法上的所有权,受益人享有衡平法上的所有权,受托人行使其普通法上所有权是为了实现受益人衡平法上所有权,即普通法上所有权的行使受到衡平法上所有权的限制,也正是这种双重所有权的特质孕育了信托财产独立性的理念。

2. 信托财产的范围

我国《信托法》未就信托财产的范围作出具体限定,仅在第14条笼统地规定法律和行政法规禁止流通和限制流通的财产除外。根据现行法律、行政法规的规定,禁止流通的财产主要包括:(1) 国家专属的财产,如矿藏、水流、森林、山岭等自然资源;(2) 全民所有的博物馆以及其他机构所藏的文物藏品等;(3) 军用武器、弹药等;(4) 淫秽书籍、刊物、电影、录像带、录音带、绘画、图片等。限制流通的财产主要包括:(1) 城乡土地使用权;(2) 全民所有的水域、河口或者滩涂;(3) 烟草专卖品;(4) 麻醉品;(5) 探矿权、采矿权;(6) 用材林、经济林、薪炭林及其林地、采伐迹地和火烧迹地的林地使用权;(7) 国家重点保护野生动物及其产品等。[①]

信托实质上是一种财产管理制度,因此,凡是具有金钱价值的东西均可作为信托财产,包括物权、债权、专利权、商标权与著作权等知识产权,以及股票和债券等有价证券。但是,名誉权、姓名权、身份权等人身权利不直接体现财产价值,并且不具可转让性,因而不能作为信托财产。若以信托财产的类型为标准,信托可分为金钱信托、债权信托、动产信托、不动产信托、有价证券信托和知识产权信托等。

在信托设立时,信托财产的范围和形态是特定的。但是,信托成立后,即受托人在管理、运用、处分信托财产过程中,信托财产的范围通常处于不停的变化之中,或损毁或孳生新的财产。倘若只把信托财产范围限定于信托设立之时,容易诱发受托人滥用信托财产,进而侵害受益人利益的行为。因此,信托设立后,受托人管理、运用、处分或其他情形而取得的财产,与设立时的信托财产具有同一性,应当独立于受托人的固有财产。另外,将受托人管理、运

---

① 参见卞耀武主编:《中华人民共和国信托法释义》,法律出版社2002年版,第76页。

用、处分信托财产而获取的财产也归入信托财产,符合物上代位性原则。[1]信托财产的管理,是指保存、利用或者改良信托财产的行为,通过管理取得的财产包括天然果实、利息、租金等孳息;信托财产的运用,作为法律术语包含在管理这一概念中,受托人运用信托财产取得的收益包括用信托财产买入有价证券或者通过转卖证券而取得的股利等;信托财产的处分,是指使作为信托财产的物体或者权利发生变更或者消灭的行为,受托人因处分信托财产而取得的财产包括变卖信托财产而取得的对价收入,利用信托财产买入的动产、不动产、有价证券以及借贷信托财产而取得的债权等。此外,其他造成信托财产的范围和形态发生变动的情况,包括信托财产的灭失和损毁。

3. 信托财产的性质

(1) 积极性。信托财产是归属受托人名下的财产权,必须是积极财产,只能由财产权构成,消极财产,如债务等是被排除在外的。

(2) 独立性。由于信托财产是为了受益人利益或特定目的而存在,因此信托财产必须和受托人的固有财产以及其他信托财产相区别而独立存在,避免受托人为了自身利益而损害受益人利益,同时受托人亦不能像处分自己固有财产般自由处分信托财产。从这一意义上讲,信托财产也被称作目的财产或者特别财产。

(3) 可转让性。信托财产由委托人转移给受托人管理、使用、处分,因此信托财产必须具有可转让性。物权、债权、知识产权等可转让的财产权均可作为信托财产,而人身权(姓名权、荣誉权、身份权等)因其依附于特定主体而不能成为信托财产。

4. 信托财产的确定性

我国《信托法》第7条规定:"设立信托,必须有确定的信托财产;……"同时,该法第9条第1款明确规定,设立信托应当在书面文件中载明"信托财产的范围、种类及状况"。另外,该法第11条第2项还规定,信托财产不能确定的,信托无效。这与英美法上信托财产确定性原则(certainty of objects)的要求一致。信托是一种财产管理制度,没有信托财产就失去了其存在的载体,根本无法存在。信托财产是委托人设立信托的客体,是受益人受益权之所系,也是受托人为实现信托目的所管理、处分的标的。为了确定受托人义务的范围以及确保受益人权利的范围,设立信托之时也要求具备特定的财产。

一般来说,信托财产的确定性包括信托财产存在的确定性、信托财产范围的确定性和信托财产权属的确定性三个方面。首先,信托财产存在的确定性,是指信托设立时,委托人用于设立信托的财产是实际存在的,尚未存在或已经不存在的财产不得作为信托财产。不存在的财产一般比较容易确定,如失效的财产、已经毁灭的财产等。但尚未存在的财产容易引发争议,主要涉及将来的权利和期待权能否作为信托财产的问题。"将来的权利"是指设立信托时尚未存在,但在信托存续期间确定存在的权利,比如附期限的权利,因此,准确地说其不是尚未存在的权利,权利本身是存在的,其内容、范围、价值亦可确定,只是在将来才能够实现。美国信托法规定将来的权利可以作为信托财产。[2]我国《信托法》亦没有禁止将来的权利作为信托财产,依据信托法理,应当承认其合法性。"期待权"是指对将来取得财产权的

---

[1]　物上代位性原则,是指担保物权(抵押权)标的物被变卖、借贷、损毁、灭失等,该财产的所有人因此取得金钱或其他财产请求权(贷款请求权、租赁费请求权、保险金请求权)的,该担保物权的效力及于这些请求权。因此,受托人基于信托财产的管理、处分、损毁、灭失以及其他事由取得的财产归属信托财产。

[2]　参见《美国信托法重述》(第2次)第85条。

一种希望或期待,其内容、范围、价值现时都无法确定,比如继承权就是一种典型的期待权。因此,期待权不是法律意义上的实际权利,最多只是一种取得权利的资格,不具有财产确定性特征,不得设立信托。其次,信托财产范围的确定性,是指委托人用以设立信托的财产有明确的范围,能够独立辨析,并与非设立信托的财产能够明确地区分开来。比如信托文件不能笼统地规定"以我的大部分财产设立信托"。最后,信托财产权属的确定性,是指委托人设立信托的财产应当权属明确,存在争议、权属不清与非法的财产不能用来设立信托。

信托有效设立之后,受托人运用信托财产和第三人进行交易所取得的财产,根据物上代位性原则,自然成为信托财产,但是其是否也在"信托财产确定性"的射程之内,是值得思考的问题。信托关系是委托人、受托人和受益人作为信托关系当事人之间的关系,受益人与受托人之间不存在合同关系,但受托人对受益人负有信义义务。受托人管理信托财产过程中和第三人所产生的各种关系,应当属于普通的交易行为,实务界常称之为"交易关系",即仅仅是受托人与第三人之间的普通债权关系或者投资关系等,受托人与第三人之间一般也不会构成信托关系。如果说作为受托人和第三人交易标的的财产不具确定性也会产生一定后果的话,其后果只能是导致该交易本身效力受损,并不会直接导致信托无效。例如,受托人以信托财产购入第三人并不存在的财产,此时按照传统的合同法理论,其结果是该买卖合同不能有效成立。受托人和第三人交易的过程中存在瑕疵,也不会影响信托行为本身的效力。例如,受托人在和第三人从事和信托财产相关的交易时,若以不合理低价出售信托财产与第三人,此时交易行为可能会被委托人(受益人)撤销。因此,信托财产确定性特指信托设立之时的确定性,受托人运用信托财产和第三人进行交易所取得的财产不受确定性这一要求规制。这与我国信托法的规定也是相吻合的,《信托法》关于信托财产确定性原则的规定主要体现在第二章"信托的设立"这一部分,无论是第7条第1款还是第9条第1款第4项,均非常明确地把信托财产确定性要求限定在"信托设立"这一前提背景下,从未将该要求范围扩展到信托存续期间。可以想象,如果受托人与第三人的交易行为之效力瑕疵能够引起信托本身无效,《信托法》所要求的交易结构稳定性和交易的可预期性就无从谈起。[1]

◎　相关案例

世欣荣和投资管理股份有限公司与长安国际信托股份有限公司等信托合同纠纷案[2]

2011年8月,世欣荣和投资管理股份有限公司(下称"世欣荣和")与天津东方高圣股权投资管理有限公司等9名合伙人组建了天津东方高圣诚成股权投资合伙企业(下称"合伙企业")。合伙人一致同意,将合伙企业资金用于受让恒逸石化限售流通股的股票收益权。后长安国际信托股份有限公司(下称"长安信托")设立"长安信托·高圣一期分层式股权收益权投资集合资金信托计划"(下称"信托计划"),合伙企业认购信托计划普通和次级收益权,资金由合伙企业支付。2012年3月,长安信托与鼎晖一期、鼎晖元博两只有限合伙基金签署《股票收益权转让协议》,约定长安信托以3.1亿元受让两只基

---

[1]　参见赵廉慧:《信托财产确定性和信托的效力——简评世欣荣和诉长安信托案》,《交大法学》2018年第2期。
[2]　(2016)最高法民终19号判决。

金持有的恒逸石化股票收益权,具体包括股票处置及股票在约定收益期间实际取得的股息及红利等孳息。在信托计划执行过程中,因恒逸石化股价持续低于优先级保本价,最终导致次级受益人合伙企业分配信托利益为零。世欣荣和诉称,由于标的股票收益权不具有确定性,案涉信托计划无效。

二审法院最高人民法院对"资产收益权作为信托财产的确定性"问题进行了分析,认为本案长安信托与鼎晖一期、鼎晖元博分别在相应《股票收益权转让协议》中约定了长安信托所取得的涉诉股票收益权的数量、权利内容及边界,已经符合明确、特定要求,受托人长安信托也完全可以管理运用该股票收益权,因此认定该信托计划有效。

(五) 信托目的要件

所谓信托目的,是指委托人通过信托想要实现的目的。也就是说,信托目的是委托人设立信托时意欲达成的目的,是信托存续过程中受托人实施行为的座右铭,是衡量受托人是否忠实、谨慎、圆满地尽到受托人义务的量具。没有信托目的的存在,或信托目的不明,就不具备信托设立的条件。现代信托制度的核心价值是通过"受托人"的设计,为委托人提供能够更加灵活实现自己愿望的财产转移与财产管理方式,因此,现代信托法均确立了"信托目的自由性原则",委托人可以基于各种各样的目的,自由设立信托,并在法律设计上确保信托目的的实现。

我国《信托法》同样遵循"信托目的自由性原则"这一理念。依受益对象的性质,将信托目的区分为私益目的、公益目的和特别目的。私益目的是为了特定人的利益而设立信托,基于私益目的设立的信托称为"私益信托"。私益信托又可以区分为自益信托和他益信托。自益信托的目的是委托人赋予自己信托利益;他益信托的目的是委托人赋予他人信托利益。公益目的是为了公共利益而设立信托,此类信托称为"公益信托"。至于公益信托的具体目的,由信托文件根据法律规定的类型加以确定。我国《信托法》第60条列举了公益信托目的的类型,包括:(1) 救济贫困;(2) 救助灾民;(3) 扶助残疾人;(4) 发展教育、科技、文化、艺术、体育事业;(5) 发展医疗卫生事业;(6) 发展环境保护事业,维护生态环境;(7) 发展其他社会公益事业。我国《慈善法》第五章规定了慈善信托,《慈善法》第3条也规定了类似的慈善目的。一般理解,慈善信托与公益信托属于同一概念。特别目的是既非为了特定人的利益,又非为了公共利益,而是基于某些特殊的目的而设立信托,此类信托通常称为"目的信托",如为照看宠物而设立的信托、为修缮坟墓而设立的信托等。我国《信托法》并不禁止设立目的信托。

一定的信托目的往往需要受托人采取一定的管理方式才能实现,比如,以保管为目的而设立的信托,受托人不能采取具有较高风险的投资形式;以投资获利为目的而设立的信托,需要采取符合投资策略的投资方式。因此,信托财产的管理方式应当与信托目的相一致,采取不恰当的管理方式造成信托财产损失的,有时也会被理解为违反信托目的。从这个意义上讲,信托财产的管理方式也属于信托目的的范畴。

与此同时,为了防止信托用于非法目的,各国信托法在确立"信托目的自由性原则"的同时,也确立了"信托目的合法性原则",以资制衡。如《美国信托法重述》(第三次)第29条规定,信托目的不得非法或违反公共政策;《韩国信托法》第5条规定,信托目的不得违反公序良俗和社会秩序。我国《信托法》第 6 条也明确规定:"设立信托,必须有合法的信托目的。"我国《信托法》第 11 条还进一步规定,信托目的违反法律、行政法规或者损害社会公共利益的,信托无效。因此,信托目的合法是我国《信托法》规定的设立信托的基本要件之一。虽然《信托法》对信托目的的合法性及非法信托目的的情形作了规定,但除以诉讼或讨债作为信托目的是具体规定外,其他关于信托目的的合法性的规定均为抽象性规定,法律并没有规定具体的判定标准。有些情况下,信托目的是否违反了法律或行政法规比较容易界定,但在很多情况下,判定信托目的的合法性并非易事。如企业职工工会通过信托持股本公司的股票,该信托的目的实际上就是解决众多职工持股中的诸多具体操作难题。从形式上看,它并不违法,但是从另一方面看,它可能会规避法律上对公司股东人数的限制。也正是基于此种原因,中国证监会在审查拟上市公司发起人人数时,不认可工会持股、持股会及个人代持等信托持股方式,在计算股东人数时,将直接股东与信托持股所代表的间接股东合并计算。这表明,在中国证监会看来,拟上市公司信托持股实际上是在规避《证券法》中关于发起人股东人数限制的规定。当然这又涉及相关禁止性规定是管理性规定还是效力性规定,以及依据层级较低的管理性规定判断信托目的违法是否妥当的问题。

二、信托设立的形式要件

(一)一般形式要件:书面形式

以书面形式设立信托最初是由英国 1677 年《防止欺诈与伪证法》规定的,该法第 7 条规定,所有关于土地、土地使用权或可继承的不动产的信托的设立或意思表示,都需要明确,并且由法律规定可以设立这种信托的当事人签名的多种书面形式证明,或由该当事人的最后书面遗嘱证明,否则将完全无效,不具有任何效力。《防止欺诈与伪证法》适用于生前明示信托以及遗嘱信托,尽管后被《财产法》《遗嘱法》及《司法管理法》等取代,但后者都保留了信托设立的书面要求。英国 1677 年《防止欺诈与伪证法》和 1837 年《遗嘱法》被美国绝大多数州所继受。美国绝大多数州的法律均规定,设立有关土地以及土地上的权益的信托时应采取书面形式,并且这些州的法律还使用了英国 1677 年《防止欺诈与伪证法》中的语言。澳大利亚各州也采取了英国 1677 年《防止欺诈与伪证法》的有关规定,并将相关条文原封不动地引入自己的法律中。比如 1974 年昆士兰州制定的《财产法》第 10—12 条以及第 59 条规定,特定财产的取得和处分要具备书面形式,但对遗嘱的形式要件没有作出规定。①

我国《信托法》第 8 条第 1 款明确规定:"设立信托,应当采取书面形式。"也就是说,我国不允许以默示方式设立信托,以非书面的明示方式亦不能设立信托。法律之所以对设立信托的意思表示形式采取如此严格的要求,主要是基于以下原因:(1) 信托是一种较复杂的民事行为,存在多方当事人,不仅涉及财产的转移,也涉及财产的管理,并且信托关系的持续时间一般较长,因此对当事人的权利义务关系具有较大的影响。(2) 信托在中国恢复开展的

---

① 昆士兰州 1974 年《财产法》第 10 条是专门规定土地普通法上的利益的。该条第 1 款规定,没有一种土地权益的转让在普通法上有效,除非该转让是以契约形式或以转让之人签名的书面文件作出的。该条第 2 款则规定了例外情况。第 11 条规定,对土地上权益的取得和处分、对涉及土地的完全信托及衡平法上的权益的处分,都必须明确表示,并有书面形式证明。第 12 条和第 59 条也分别对土地上的权益以及通过合同买卖、处分土地的形式作了要求。

时间并不长,并不普遍,书面形式有利于当事人更好地了解信托,明确当事人间权利义务关系,以保证信托法律关系的稳定性与持续性。我国《信托法》不仅规定设立信托应当采取书面形式,而且规定了书面形式的类型,即第 8 条第 2 款规定:"书面形式包括信托合同、遗嘱或者法律、行政法规规定的其他书面文件等。"

1. 信托合同

信托合同是信托意思表示通常采用的方式,即由委托人与受托人签订信托合同,在当事人之间形成合同关系。订立信托合同,原则上应当遵守《民法典》关于合同订立的一般规定,同时也应当遵守《信托法》关于合同形式和合同内容的特别规定。在合同形式上,不同于一般的民事合同可采取非书面的形式(如口头方式、行为方式等),信托合同应当采取书面形式。书面信托合同可以采取由委托人和受托人签订信托合同书的方式,也可以根据《民法典》中有关合同的规定,采取书面邀约与书面承诺的方式订立。在合同内容上,信托合同与一般民事合同也有所不同。《民法典》关于合同条款的规定,大多属于任意性规定,但《信托法》对信托合同的一些内容,特别是受托人的强制性义务或法定义务以及其他必备条款,均作了明确的规定,属于强制性规定。

2. 遗嘱

遗嘱是遗嘱人生前对其死后个人财产进行处分或安排,并在其死后发生效力的法律行为,它是依法进行的无相对人的单方法律行为。以遗嘱方式设立信托,既应遵守《民法典》关于遗嘱的规定,也要遵守我国《信托法》第 13 条关于信托的特别规定。遗嘱信托不同于合同信托,遗嘱信托无须预先订立合同,而依照遗嘱的内容直接产生信托法律关系,遗嘱信托不以受托人承诺管理、处分信托财产为成立要件。[1] 我国《信托法》也规定,遗嘱指定的人拒绝或无能力担任受托人的,除非遗嘱另有规定,由另行选任受托人;受益人为无民事行为能力人或者限制民事行为能力人的,依法由其监护人代行选任。可见,遗嘱指定的人是否承诺信托不影响遗嘱信托的成立与生效。我国《信托法》第 8 条第 3 款规定,以信托合同之外的书面形式设立信托的,受托人承诺信托时,信托成立。这意味着,遗嘱生效后,在受托人承诺接受信托之前,遗嘱信托尚未成立,这会给实践带来一些困惑。此外,在我国,以遗嘱方式设立信托尚存在信托财产登记等制度障碍,随着"家族信托"需求蓬勃发展,相关制度完善亟待解决。

关于遗嘱的形式,我国《民法典》规定了公证遗嘱、自书遗嘱、代书遗嘱、打印遗嘱、录音录像遗嘱和口头遗嘱六种形式。根据《信托法》的规定,遗嘱信托只能采取书面形式,因此,设立信托的遗嘱不能采取口头遗嘱方式,应当采取公证遗嘱、自书遗嘱、代书遗嘱和打印遗嘱形式。录音录像遗嘱虽然采取口头叙述,但由于有录音录像这些载体加以固定,应当视为一种特殊的书面形式。此外,设立信托的书面遗嘱,其成立条件也要符合《民法典》的相关规定。

(二)特别形式要件:信托登记和设立审批或备案

一般情况下,只要采取书面形式,即可设立信托。但是,对于特殊类型的信托,法律通常规定有特别形式要件:一种是信托登记;另一种是信托审批或备案。

---

① 参见赖源河、王志诚:《现代信托法论》,中国政法大学出版社 2002 年版,第 47 页。

1. 信托登记

作为财产转移和管理的一种安排,信托制度的特别之处就是信托财产的独立性,其要求受托人在管理财产过程中,将所管理的信托财产与其固有财产分别管理、分别记账。但是,为了防止委托人与受托人互相串通而损害受益人利益,采取一定外部措施保障信托财产的独立性非常必要。而信托登记,通过区分信托财产与受托人固有财产,就能达到上述目的,也便于信托管理中与受托人交易的第三人了解受托人财产的真实权属,达到公示公信的目的。

从国际经验来看,大陆法系各个国家和地区在制定信托法时,均将信托登记作为考虑重点。与我国同属大陆法系的日本、韩国以及我国台湾地区在制定信托法时,均专门列明了信托财产登记的有关规定并制定了相关配套制度和操作办法。比如《日本信托法》第3条规定,应登记或注册的财产权,如不登记或注册,其信托不得对抗第三人。有价证券信托需按敕令之规定,在证券上标名其为信托财产,股票及公司债务如不在股东名簿或公司债权簿上标明其为信托财产意旨,不得对抗第三人。《韩国信托法》第3条规定,对于需登记或注册的财产权,其信托可因登记和注册而与第三人对抗;对于有价证券,信托可根据内阁令的规定,对证券表明信托财产的实际情况;对于股票证券和公司债券证券,信托则可以在股东名册簿和公司债券簿上表明信托财产的实际情况,从而与第三人对抗。根据我国台湾地区"信托法"的规定,对应登记或注册的信托财产权,如船舶所有权、商标权、专利权等,在设立信托时,需要履行登记或注册的手续。其中,以土地、建筑物或其他不动产物权为信托财产的,需根据"土地权利信托登记作业办法"进行登记;对于有价证券形式的信托财产,如股票、公司债券、国债、票据、提单、仓单等,在进行信托登记时,除需要履行有价证券转移的手续外,还需要在证券或其他相关权利文件上注明该证券为信托财产。

我国《信托法》第10条规定:"设立信托,对于信托财产,有关法律、行政法规规定应当办理登记手续的,应当依法办理信托登记。未依照前款规定办理信托登记的,应当补办登记手续;不补办的,该信托不产生效力。"因此,我国信托法对信托登记有两方面的要求:(1) 强制性。若未按规定办理信托登记,该信托不产生效力,即我国信托法赋予信托登记非常严格的法律后果。而在国外,信托公示的法律后果通常是对抗第三人,不会影响信托的效力。但值得注意的是,我国《信托法》第10条第2款的"补办"程序,又将设立后补办前的信托效力置于令人困惑的状态下,合理的解释是,该条款要求在信托合同成立后的合理期限内进行登记。(2) 仅特定信托需要进行登记。只有以"有关法律、行政法规规定应当办理登记手续的"财产设立信托才需办理信托登记。如果法律法规规定财产权移转的效力需要办理登记手续才发生,如不动产物权、专利权和商标权等,则以该类财产权设立信托,除了需要办理财产权转移于受托人的登记手续外,还要依照《信托法》规定再行办理信托登记手续。因此,对于以此类财产权设立的信托,需要办理两个"登记手续"才能生效。同时,采取其他公示方法的财产由于无须登记,就没有相应的信托公示制度,如动产、债权等。

但值得注意的是,目前我国信托登记配套制度的缺失,制约了信托业的发展。首先,信托公司不约而同地选择资金信托,造成信托品种单一,没有充分发挥信托弹性设计空间的优越性。其次,信托登记配套制度的缺失,客观上增大了当事人的成本。最后,信托登记配套制度的缺失,妨碍了信托领域的金融创新。基于信托的破产隔离功能,新金融产品不断涌现,如产业投资信托基金、房地产投资信托等,但信托登记配套制度等的缺失,使得信托公司只能选择通过转让登记接受信托财产,不但带来巨大税负问题,更使信托效力处于不确定状态,造成交易成本增加,受益人风险增大,也有悖于信托本质,这也是制约家族信托业务发展的瓶颈之一。因此,尽快完善信托财产登记配套制度是理论和实务界最为期待的信托业"顶层"设计。①

2. 信托设立审批或备案

通常,信托的设立采取意思自治原则,由委托人和受托人自行设定,不需要行政机关的审批。但是,对于公益信托,由于涉及公共利益,我国《信托法》第62条明确规定,公益信托的设立及其受托人的确定,应当经有关公益事业的管理机构批准。未经公益事业管理机构的批准,不得以公益信托的名义进行活动。《慈善法》第45条规定,慈善信托的设立应到县级以上民政部门进行备案。此外,对于一些特殊类型的营业信托,由于涉及多数投资人的利益,有关法律和监管规章也规定了必须经批准才能设立。如公募证券投资基金的设立,需要经中国证监会的批准;信贷资产证券化信托业务,需要经中国银保监会和中国人民银行批准。凡是依法需要经批准才能设立的信托,只有履行了相关审批手续,才能有效设立。

第二节　信 托 成 立

信托的设立是一个过程,包括意思表示行为与财产转移行为,在信托设立过程中代表了两个相互联系但在时间上有所不同的阶段。信托法学界长期以来对信托合同的要物性争论不休,我国《信托法》区分了"信托的成立"与"信托的生效",采用了信托合同和信托的不同表述,却将信托合同签订与信托设立混为一谈,从区分原则出发进行学理分析非常必要。

关于信托的成立时间,我国《信托法》第8条第3款规定:"采取信托合同形式设立信托的,信托合同签订时,信托成立。采取其他书面形式设立信托的,受托人承诺信托时,信托成立。"显然,信托成立时间受到了合同成立时间的影响。申言之,立法认为合同成立的时间即为信托成立的始点,委托人和受托人双方意思表示一致时,信托合同成立,信托亦成立。

大陆法系似乎倾向于把合同形式作为生前信托的主要甚至唯一方式。就信托契约究竟为诺成性合同还是实践性合同,学界存在诺成说和实践说两种观点。诺成说认为,只要委托人与受托人达成设立信托的合意,信托合同即告成立,不要求信托财产移转。这种理论以合同为视角,认为信托合同属于合同的一种,属于合同法中的无名合同,我国《信托法》第8条"采取信托合同形式设立信托的,信托合同签订时,信托成立"的规定,显然包含着"信托合同自委托人与受托人签订时起成立,进而有关信托即告成立"这一层含义。实践说认为,除委托人与受托人达成设立信托的合意外,信托契约的成立还以委托人移转财产权为要件。这种理论从信托成立的角度进行考量,认为信托权利义务关系的确定,仅有当事人的一致意

---

①　2016年12月中国信托登记有限责任公司的成立和2017年8月《信托登记管理办法》的出台为解决这一问题提供了制度基础。但应当明确的是,《信托登记管理办法》中的"登记"并不等同于我国《信托法》第10条规定的"信托登记",该办法第1条把规范目的确定为"规范信托登记活动",但第2条对"信托登记"的定义却是"对信托机构的信托产品及其受益权信息、国务院银行业监督管理机构规定的其他信息及其变动情况予以记录的行为"。也就是说,办法主要针对资金信托等信托产品设立信息登记,为受益权的转让提供平台,其最理想的效果是创设新型的金融商品交易所。其虽包含信托关系登记的部分内涵,但和《信托法》中的信托财产登记是完全不同的概念。

思表示显然不够,还需有委托人的交付财产行为。这两种学说在目前的法律制度中都能找到立足点,即两种学说在某种程度上都是正确的。

由于信托设立行为客观上造成了两种法律效果:受托人负有基于一定目的管理、处分财产的义务,以及依据规定转移信托财产或者实施其他处分行为,学理上存在"单一行为说"和"复合行为说"两种观点。其中,"复合行为说"承认区分原则的存在。"所谓区分原则,是指依据法律行为发生物权变动时,物权变动的原因与物权变动的结果作为两个法律事实,其成立、生效依据不同的法律原则。"[①] 我国物权法也确立了区分原则,但由于信托财产包括有价证券、知识产权等无体物,因此信托语境下采取负担行为与处分行为的区分原则更为合适。

"单一行为说"不承认区分原则的适用,认为信托行为是单一的法律行为,即受托人的管理义务和财产发生移转是同一法律行为产生的双重法律效果,同时发生债权与物权效力。[②] 并且,由于移转财产和受托人负有的经营管理、处分义务之间密切相关,使信托成立生效的信托行为也不该被分割为两个行为。[③] "复合行为说"以区分原则为核心,认为信托行为由两个行为复合构成:一是受托人基于一定目的对信托财产进行管理、处分的负担行为;二是移转财产的物权行为。这两种学说,最本质的区别在于是否承认信托设立行为由独立的负担行为和处分行为构成,其也最终导致对信托设立行为的效力判断存在重大区别。[④]

一、契约信托

由于"单一行为说"不承认区分原则,因此信托合同等同于信托,信托合同是否要物与信托是否要物完全一致。具言之,若以财产移转作为信托设立的要件之一(财产要件说),则必然认可"信托合同要物说";反之则认可"信托合同非要物说"。但是,这种思路存在必然的缺陷:财产非要件说违背信托本质;财产要件说易造成信托未成立时,信托合同也被认定不成立,不利于对当事人的利益保护。

"复合行为说"由于承认区分原则,必以财产移转为要件,但是信托合同既可以采取"要物说",也可以采取"非要物说"。如果规定信托合同为要物合同,则信托合同成立以处分行为即移转财产为必要,此时信托亦以财产转移为设立要件;如果规定信托合同为诺成合同,则信托成立只需当事人达成合意,不要求财产转移,但是信托生效仍需处分行为。"复合行为说"下,无论信托合同是不是要物合同,均可实现以财产转移作为信托设立要件这一目的。"复合行为说"以财产移转为前提,区分了信托合同和信托,坚持保持了信托的特质,并实现了信托合同和信托按照各自规则分别确定效力。

二、遗嘱信托

与信托合同不同的是,遗嘱是单方法律行为和死因行为,遗嘱信托一方面须满足信托行

---

① 孙宪忠:《中国物权法总论》,法律出版社 2014 年版,第 276 页。
② 金锦萍:《论法律行为视角下的信托行为》,《中外法学》2016 年第 1 期。
③ 参见张军建:《信托法基础理论研究》,中国财政经济出版社 2009 年版,第 86 页。
④ 金锦萍:《论法律行为视角下的信托行为》,《中外法学》2016 年第 1 期。

为的一般设立要件,另一方面须符合继承法的规定。在"单一行为说"下,委托人死亡时,遗嘱生效,但财产仍然属于委托人遗产,尚未移转于受托人,此时遗嘱信托的效力如何值得推敲。若认为委托人死亡引发遗嘱生效的同时,遗嘱信托也生效,则受益人享有要求受托人履行义务的权利,但是受托人缺乏对信托财产的控制,造成受托人缺乏履行信赖义务的基础。而"复合行为说"以对财产的管理、处分为核心,因此,遗嘱信托以财产转移为要件。遗嘱是死因行为,遗嘱信托亦是死因行为,遗嘱生效后,在当事人之间产生了为设立遗嘱信托确立受托人以及转移财产的权利义务关系,而只有当财产转移至受托人时,遗嘱信托才设立。也就是说,遗嘱人死后,遗嘱执行人或继承人未在合理时间内办理信托登记,或者明确拒绝办理信托登记的,受托人可以根据遗嘱诉请遗嘱执行人或者继承人协同完成财产移转,而只有在财产移转后,遗嘱信托始告设立。

三、宣言信托

宣言信托是指委托人将自己的特定财产指定为信托财产,并对外宣言自己同时为委托人和受托人,为特定受益人或基于特定目的管理信托财产的信托。与遗嘱信托一样,宣言信托也是单方法律行为,宣言信托可以随意撤销。[①] 关于宣言信托的设立是否以财产转移为要件,学界存在争议。一方面,有学者认为宣言信托的委托人与受托人重合,因此不需要转移财产,为非要物行为;另一方面,有学者认为尽管委托人和受托人身份重合,表面上无须进行财产移转,但宣言一旦作出,即意味着委托人明示自己为受益人利益占有财产,实质上也进行了财产的移转。"复合行为说"可解释宣言信托的设立:宣言是单方意思表示的负担行为,而委托人将特定财产明示为信托财产是处分行为,尽管二者在表面上是重合的,但并不妨碍适用负担行为与处分行为的规则来进行分析。

第三节　无　效　信　托

无效信托,是指信托自设立之初便不产生任何法律效力。依照我国《信托法》第11条对于无效信托的规定,大致可以将无效信托按无效事由分为违法信托、欠缺法定要件的信托以及以诉讼或讨债为目的的信托。

一、违法信托

(一) 目的违法的信托

虽然追溯至信托法的起源,信托诞生之初的目的之一就是规避法律,利用法律的漏洞谋取利益。但随着信托的不断发展,其财产管理的属性日渐突出,规避法律的功能则不断弱化。时至今日,信托目的的合法性已经成为信托有效设立所必须具备的要件之一。然而,信托是

---

① 由于宣言信托可随意撤销,不具稳定性,易被当作规避债务或税收等的工具,我国在信托立法过程中舍弃了宣言信托。

一种具有极大灵活性和普遍性的制度。信托设立的高度隐秘性和信托条款设置的高度自由性,导致利用信托之名行违法之实的现象从未被杜绝。因此,各国或地区信托法均规定,设立信托不得违反法律的规定。

信托目的是指当事人设立信托所欲从事的行为,是信托中最重要的条款之一。《韩国信托法》第 5 条第 2 款规定,信托在其目的违法或不能成立时,则宣告无效。我国台湾地区"信托法"也有类似的规定。该法第 5 条规定,信托行为的目的违反强制或禁止性规定者,信托无效。我国《信托法》第 11 条第 1 款也明确规定,信托目的违反法律、行政法规的,信托无效。

一般来说,信托目的违法中的"法"指的是法律或行政法规中的强制性规定,这与民法中对于合同无效事由的规定相似。首先,从法律层级上来看,判断信托目的是否违法应当以法律、行政法规为依据。如果公权力对私法领域约束过多,则不利于市场的发展。为了在自由与社会或市场秩序间寻求"最大公约数",应当以法律、行政法规为依据限缩信托目的的非法范围。如果允许以政府规章或者行政机关的规范行为作为判断信托目的是否合法的依据,则容易造成公权力过度干预的现象,反而有损市场正常的交易秩序与发展。其次,从内容上来看,应当以效力的强制性规定作为边界。公权力通过效力强制性规定表明其欲禁止某一行为或某类结果的出现,这类规定的背后是立法者保护的社会公共利益。通过意思自治与社会公共利益之间的衡量与取舍,从而实现实质上的公平正义。

在实践中,信托目的违法主要存在以下几种情形:

1. 违反关于主体资格的强制性规定

当法律或行政法规的强制性规定禁止或限制某民事主体为特定行为时,民事主体以设立信托的方式,借用其他不受限制的民事主体的名义,实施法律或行政法规禁止实施的行为,虽然从形式上看符合法律的规定,但其发生了法律所禁止的效果,大陆法系有些国家也将此种行为称为脱法信托。例如,信托公司与银行合作,通过委托投资的方式规避监管机关对于银行投资范围、投资贷款比例的限制。但也有学者认为,以法律禁止享有特定财产权的人作为受益人设立信托,使该人实际上有特定财产权,并不均属于违法信托。[1] 以信托借名买房为例,某城市根据法律的授权,施行房屋限购政策。A 有购买房屋的钱款而无购房资格,于是其委托他人购买房屋并与其约定以自己为受益人,以保障居住权和当政策允许时将房屋转移登记至自己名下作为信托内容,成立一项信托。该种信托是否属于因信托目的的违法而无效的信托,值得进一步讨论。

2. 违反对行为内容的强制性规定

这类信托属于对法律或行政法规强制性规定的直接违反,委托人设立信托的目的在于为法律所禁止的行为或不履行法律所施加的义务。不履行法律所施加的义务,如法律要求公民应当依法及时缴纳税款,而委托人设立信托的目的就是规避其应承担的纳税义务。也有学者认为信托目的本身合法,但受托人对信托财产的管理行为违反法律强制性规定的,也属于信托目的的不合法,因为人们通常不会以明显不合法的目的设立信托。[2]

由于信托在我国市场经济中所占的地位愈发重要,对其合法性的判断应当谨慎为之,

---

①　窦冬辰:《借名买房中信托关系的法律发现》,《西部法学评论》2017 年第 3 期。

②　霍玉芬:《信托法要论》,中国政法大学出版社 2003 年版,第 118 页。

不应将委托人具有规避法律法规动机的信托均认定为无效信托。信托的目的不等于设立信托的动机,判断信托目的合法性的重心应放在管理、处分信托财产的行为所预期实现的后果上。[①]

(二)目的损害公共利益的信托

目的损害公共利益的信托,是指实现信托目的有悖于社会公共利益、公序良俗或社会公共政策。我国《信托法》第 11 条第 1 项规定,信托目的损害社会公共利益的,信托无效。

法律规范隐含着公权力对社会利益的确定、分配以及保护,其所规制的内容属于公共利益的范畴。但由于法律规范具有一定的滞后性,其总是不能周延地涵盖公共利益的全部内容。多数违法行为在违反法律的同时也会损害社会公共利益。因此信托目的不得违反公共利益原则实际上在信托目的不得违反法律、行政法规之后又树立了一道屏障,防止他人利用法律滞后性与不周延性所造成的漏洞实施不当行为。美国法官弗兰克·福特尔(Frank Further)在 *Nashville,C.& st.L.Ry v.Browning* 一案中指出,法律的概念不能局限在成文法典中,只专注于成文法的规定而忽视现实生活中的"注释"是一种极其狭隘的法理学理念。因此,各国信托法均将信托目的不得违反公共利益或社会公共政策作为信托有效性的要件之一。

1. 对公共利益的界定

判断信托目的是否违反公共利益,首先应对公共利益这一概念作出明确界定。基于公共利益的抽象性和复杂性,诸多学者都曾努力尝试对其进行界定。按照边沁(Benthan)的功利主义观点,所谓公共利益,是指一个相关空间内大多数人的利益。但博登海默(Bodenheimer)则反对这一观点,其认为公共福利不应当被认为是在许多不同个人的欲望上做简单的加法,也不能认为公共利益就是政府的决策决定。但博登海默并未对公共利益作出明确界定。

由于公共利益概念上的不确定性,许多学者放弃了从概念上界定公共利益,而是选择通过归纳分类的方式归纳总结什么是公共利益。德国法学家纽曼(Newman)从主、客观角度对公共利益的性质进行划分,并将之类型化。其认为主观的公共利益是基于文化形成的利益,而客观的公共利益是基于国家目的和任务形成的公共利益。[②]而美国法学家庞德(Pound)在利益三分法的基础上,以公共利益的内容为标准将其划分以下六种类型:①一般安全中的利益,包括防止国外侵略与国内动乱的安全和公共卫生的安全中的利益;②社会制度方面的利益,如政府、婚姻、家庭及宗教制度等中的利益;③一般道德方面的社会利益;④保护自然资源和人力资源的利益;⑤一般进步的利益,特别是经济和文化进步方面的利益;⑥个人生活中的社会利益。我国的沈岿教授将公共利益划分为以下八类:①国家作为法律实体的利益;②一般安全的利益;③社会组织安全的利益;④一般道德的利益;⑤保护社会资源的利益;⑥社会进步的利益;⑦个人基本生活方面的利益;⑧特殊群体的利益。[③]

尽管学者们依据不同标准对公共利益进行了类型化的分析,且这些分析对我们理解一般意义上的公共利益有所帮助,但运用到法律领域,则存在以下两大问题[④]:首先,这些分析

[①] 何宝玉:《信托法原理研究》,中国法制出版社 2015 年版,第 145 页。
[②] 陈新民:《宪法基本权利之基本理论》,三民书局 1992 年版,第 137 页。
[③] 沈岿:《平衡论:一种行政法认知模式》,北京大学出版社 1999 年版,第 237—260 页。
[④] 倪斐:《公共利益的法律类型化研究——规范目的标准的提出与展开》,《法商研究》2010 年第 3 期。

没有区分公共利益在日常生活、法学与其他学科中的不同意义。其次,这些分析不具有法律上的可操作性。也就是说,过于抽象的分类难以在法律适用中予以借鉴,而过于具体的分类又失去了分类的意义。

没有被具象化为法律或行政法规的社会公共利益,在司法实践中固然应当被放在整个社会的高点进行保护,但社会公共利益具有的时限性或针对某类特殊主体的特殊性,决定了需要结合具体案件对其进行分析和论证,而不应在判决某一项信托无效时,简单地以"因不符合社会公共利益而非法"作为判决的理由和依据。因此,对于公共利益在信托法领域的司法运用,必须加以列举或概念的类型化。

2. 对公共利益的列举

在英美法系国家,公共利益又称公共政策,是一个历史悠久的概念。广义地说,公共政策是指在立法机关或者法院看来,那些对国家或整个社会有着基本关怀或原则的标准,是被人民确认的常识性公共观念。公共政策的产生甚至可以追溯到 11 世纪初普通法的萌芽时期。随着长期以来法院对具体案件的审理,英美法系国家总结了一系列判例规则,认为以下情形属于违反公共利益的信托:

(1) 违反禁止永续原则的信托。英美信托法为了防止已经去世的委托人通过信托的方式继续控制着财产的处分权,进而为委托人的自由而禁锢受益人的自由,制定了禁止永续原则(rules against perpetuities)。这一原则包括了反永久归属原则(rules against remoteness of vesting)、反转移限制原则(rules against inalienability)和反积累原则(rules against accumulations)三个子原则。

所谓的反永久归属原则,是指受托人应当在法律规定的永续期内将信托利益授予受益人,如果超过永续期间而未能实现或不能确定受益人,则该信托无效的原则。以英国 1888 年的 *Re Dawson* 案为例,委托人 A 以其遗产设立了一项信托,要求受托人每年向他的女儿 B 支付一笔金钱作为生活费。在 B 去世后,受托人须为了 B 的孩子持有信托财产,在 B 的孩子们去世后,为 B 的年满 21 岁或以前结婚的孙子持有信托财产。当 A 死亡时,B 已经超了 60 岁,并有 1 个儿子和 5 个女儿活着。法院认为,A 为孙子设立的信托具有或然性,且该期限很可能超过 B 的孩子们一生加 21 年,故而该信托因违反反永久归属原则而无效。当然,随着时代的变化,英国信托法对私益信托永续期的规定也在不断变化。英国《2009 年反永续和累积法》就对永续期限的有关规定进行了修改,将原先规定的一生加 21 年变为 125 年,并增加了许多特殊情形。

反转移限制原则,是指对限制信托财产自由转移的信托予以否定的原则。与反永久归属原则相似,如果委托人指定的信托财产转移超过了法律所允许的永续期间,则信托无效。反转移限制原则包含两层含义:其一,如果受托人已将信托利益分配给了受益人,则信托条款不可以对该已分配的信托利益之处分进行限制,否则该限制条款无效。其二,如果信托财产通过分割信托利益来限制受益人处分信托财产,例如将信托利益分为本金和利息两部分,利息按月给付,本金则在一个特定时间内给付,则该限制期限不能超过法定的永续期间。

反积累原则,是指委托人不得在信托条款中要求受托人将信托财产的收益累积起来不进行分配,将之转为信托的本金。同上述两个原则相应,信托法限定了信托财产的积累实践,要求在法律确定的期间内为信托财产累积的信托利益确定所有权归属,否则该信托将被认定为无效信托。

禁止永续原则是国家为了平衡委托人利益与受益人利益和社会经济利益所设置的平衡点。允许委托人超过法定期间仍能通过信托长期控制财产,限制信托财产的交易和流动,使大量的财富永久地集中在少数人手中,与现代社会鼓励财产流动、缩小社会贫富差距的公共政策理念不符。

(2) 违背社会一般伦理与价值的信托。社会一般伦理的典型代表就是婚姻关系,如果信托的设立是为了限制受益人结婚或者诱使夫妻离婚或分居,则该信托因破坏了神圣的婚姻关系而被社会公共政策所不能容忍。例如在 *Occlcston v. Fullalovc* 案中,委托人将自己的全部遗产设立信托,将信托利益授予非婚生子女,这与英国传统的社会伦理相违背,因此法官判决这一信托因鼓励不道德男女关系,挑战既存的婚姻制度而无效。同样,阻止受益人的父母履行职责的信托,也是对社会一般伦理的破坏。例如要求未成年受益人与神智正常的父母分居,或是阻止父母监护未成年的子女,都属于有违社会伦理道德的无效信托。

大陆法系国家虽未像英美法系国家那样针对何种信托因目的违反社会公共利益而无效,通过判例的形式总结出一套裁判规则,但与公共利益相近的公序良俗概念则在大陆法系国家经过广泛的讨论。我国《民法典》第 8 条规定,民事主体从事民事活动,不得违反法律,不得违背公序良俗。对于公序良俗这一抽象概念,大陆法系民法学者进行了较为深刻的研究。日本的民法学者我妻荣就对违反公序良俗的行为进行了较为科学的类型化,由此将一个抽象的概念转变为较为明确的判断标准。我国学者如梁慧星[1]、于飞[2]也对公序良俗司法适用的类型化进行了诸多的尝试。李岩则立足于我国司法实践中出现的关于公序良俗的481 个案例,将违背公序良俗的行为总结为以下五个类型[3]:①禁止祖父母、外祖父母等父母之外的其他近亲属探望孙子女、外孙子女的行为;②请托他人办事形成的协议或获取不当得利的行为;③以人身为交易内容或所附条件的民事协议行为;④违反性道德的赠与行为;⑤侵犯生命周期仪式的行为。由于公序良俗这一民法概念,统摄于公共利益这一大概念之下,以上诸位学者对于违背公序良俗行为的研究,或许对我们判断何种信托目的违背社会公共利益具有一定借鉴意义。

二、欠缺法定要件的信托

委托人意图的确定性、信托财产的确定性以及受益人的确定性是信托成立必备的三个要件。英国的兰德尔勋爵(Lord Langdale)在 *Knight v. Knight* 一案中首创了这一原则性规定,随后“三个确定性”要件的规定从英美法系国家随信托法一同移植到了大陆法系国家,成为两大法系所共有的规定。“三个确定性”要件中,委托人意图的确定性涉及委托人是否真的有创设信托关系的意愿、委托人的行为能否产生设立信托的法律效果;信托财产的确定性要求设立信托时的标的范围和受益利益能确定;而受益人的确定性则要求信托的受益人是可以确定的。[4] 因此“三个确定性”要件是创设私益明示信托所必须遵循的原则,缺少这“三个

①　梁慧星:《读条文学民法》,人民法院出版社 2014 年版,第 125 页。
②　于飞:《公序良俗原则研究——以基本原则的具体化为中心》,北京大学出版社 2006 年版,第 173—189 页。
③　李岩:《公序良俗原则的司法乱象与本相——兼论公序良俗原则适用的类型化》,《法学》2015 年第 11 期。
④　陈雪萍:《论我国〈信托法〉对信托有效要件规定之完善——以英美信托法信托有效设立的“三个确定性”要件为借鉴》,《政治与法律》2018 年第 8 期。

确定性"要件的,信托无效。

(一) 委托人的意图不能确定

委托人意图不能确定,也称信托目的不能确定,是指委托人未能明确其通过设立信托所欲达成的目的,也即一项信托所能实现的效果无法确定。英国信托法学者安德鲁·伊沃比(Andrew Iwobi)认为委托人的意图明确对于信托的设立至关重要,其作用包括:(1) 可以让受托人更好地履行义务,减少可能存在的争议或诉讼;(2) 能够让法院更好地强制执行。[①]

对于信托目的是否确定,并不能根据信托文件机械地进行判断,因为不同于我国对信托应符合书面形式要件的强制性规定,在英美法系国家许多信托关系是通过口头遗嘱或宣言信托的方式建立起来的,因此综合外部证据来判断委托人是否有设立信托的意图是十分重要的。在 *Paul v. Constance* 一案中,法官就根据死者经常使用的言词"这些钱中你的和我的一样多"来确定死者存在设立信托的意图,认为这是一个以死者和原告为共同受益人的宣言信托,且信托利益应当平分。[②]

同理,尽管我国对信托关系的建立有明确书面形式的要求,但也应当遵循实质重于形式的要求,不能因为委托人与受托人之间存在书面协议就判定信托目的存在,而应当对书面协议进行实质性审查,以探明委托人的真意。如果委托人与受托人之间签订的书面文件没有明确地采用"信托"的字样或其他特殊的用语,但文件内容表明委托人基于对受托人的信赖,为他人或自己的利益,在转移财产的同时向受托人施加了一项强制性义务,则没有理由否认委托人存在设立信托的意图。反之,虽然委托人与受托人之间的书面协议名为信托合同,但委托人并不强制受托人履行自己的义务,而以希望或是建议的方式恳求受托人为一定行为,则不宜确认该书面文件存在设立信托的意图。

(二) 信托财产不能确定

我国《信托法》第 11 条第 2 项规定,信托财产不能确定的信托无效。成立信托的基本要件之一,就是要有合法、确定的信托财产。信托作为一种财产管理制度,如果没有确定的信托财产,受托人的权利义务就无法明确,受益人的受益权也就无法确定。因此,一个有效信托的信托财产在信托设立时就应有效确定。

关于信托财产的确定性,有观点认为信托财产是一个抽象、动态变化的概念,不仅在设立信托时应当确定,受托人在管理、处分信托财产时,信托财产也应当是确定的。即信托财产在信托的设立、运行和清算分配等阶段,无论转变为何种形态,均应当符合信托财产的确定性要求。[③] 此种观点似乎过于机械地理解了信托财产的确定性问题。首先,从体系解释的角度来看,对于信托财产的确定性要求规定于我国《信托法》的第二章,此章是专以用来规制关于信托设立的诸问题。《信托法》第 7 条规定,设立信托,必须有确定的信托财产。第 9 条第 1 款第 4 项规定,设立信托时,其书面文件应当载明信托财产的范围、种类及状况。从相关条文不难看出,《信托法》第二章诸条款对于信托财产确定的要求,始终限定在信托设

① Andrew Iwobi, *Essential Trusts*,武汉大学出版社 2004 年影印版,第 11 页。

② Alastain Hudson, *Equity and trusts*, Britain: Routledge, 2013, p. 93.

③ 尤杨等:《从最高法院公报案例看特定资产收益权的确定性》,http://www.kwm.com/zh/cn/knowledge/insights/see-earnings/certainty-on-specific-assets-from-the-supreme-courts-cases–20170210,访问日期:2019 年 1 月 14 日。

立之时。

其次,从目的解释的角度来看,之所以要求信托财产具备确定性,是因为需要根据确定的信托财产明确信托当事人之间的权利义务关系,确保信托关系能够得以维护。一旦信托成功设立,对于信托存续期间存在的争议,完全可以通过信托合同或者其他法律规范予以解决,而无须宣布整个信托关系无效。假设信托财产遭到毁损或者灭失,完全可以在信托关系的义务框架内,判断受托人是否应当对此承担赔偿责任。并且,只要信托财产在信托设立之时是确定的,并且符合信托有效的其他要件,该信托在效力上就不具备任何的瑕疵,整个信托关系不会因为信托财产在信托存续期间出现的不确定性而进入无效状态。因为法律逻辑上,不能因为一个后续出现的问题而追溯宣布之前一个没有任何瑕疵的法律关系是无效的。因此,信托财产在信托关系成立后的变化不应当影响信托关系的有效性,而此种变化包含了规模、种类或者形态上的变化。换言之,信托财产的物上代位性与信托关系的有效性无涉。①

(三) 受益人不能确定

受益人是信托利益的所有者,如果受益人无法确定,则信托的受益权的归属也就无法确定,信托的设立也就缺乏意义。因此,除公益信托外,每个私益信托都应当至少有一位明确的受益人。受益人的确定可以存在绝对的确定和相对的确定两种情形。在前者,委托人在设立信托时就明确了信托利益的归属者。例如以"我的妻子 A"或我的"孩子 B"作为受益人,这样的指向性用语就会将 A 或 B 确定为受益人。而在后一种情形下,委托人以"我的孩子中学历最高者"作为信托受益人,这样的用语并不会指向某一个具体的人,而是指定了一个范围,相对地确定受益人。

我国《信托法》第 11 条第 5 项所确定的信托无效,是指信托受益人或受益人范围不能确定,即受益人无法绝对确定或相对确定。受益人无法绝对确定或相对确定的情形,主要包括以下几种:

1. 概念的不确定

这种情形是指委托人虽然为受益人划定了一个范围,但这种划定无法通过法律上的概念予以确定。例如,委托人以"我的朋友"作为信托的受益人,对于"朋友"一词每个人都存在不同的理解,如果不存在其他辅助性的用语,很难在法律上确定受益对象。

2. 证据的不确定

证据的不确定,是指虽然委托人用语是明确的,但由于缺少相应的证据,无法确定具体的受益人。例如委托人设立一项信托,要求将他的财产平均分配给曾在任职的公司与其一起共事过的同事。但该公司早已经在多年前解散,并且没有保留公司员工的资料。由于证据材料的缺失,受托人无法从一个相对确定的受益人范围中确定受益对象,因此此种信托的受益人也是不确定的。

3. 信托管理上的不可行

上文提及,确定信托受益人的功能之一就是可以使信托得以执行。如果信托受益人虽然具体,但范围十分宽泛,使得信托无法强制执行,信托也无法有效成立。在 *R.v District Auditor*, *Exp. West Yorkshire MCC* 案中,委托人要求受托人在 11 个月内,为西约克郡全体居民

---

① 赵廉慧:《信托财产确定性和信托的效力——简评世欣荣和诉长安信托案》,《交大法学》2018 年第 2 期。

的利益,以委托人指定的方式运用 40 万英镑的信托财产。法院认为,如果这是一个直接使 250 万西约克郡居民受益的自由裁量信托,那么因为它缺乏管理上的可行性,不能被居民们强制执行,所以该信托是不成立的。[①]

三、以诉讼或讨债为目的的信托

依据我国《信托法》第 11 条第 4 项的规定,专以诉讼或讨债为目的设立的信托属于无效信托。因此,如果信托专为诉讼或讨债而设,信托即无效,但如果信托的设立主要是为了进行财产管理或基于其他目的,进行诉讼行为或讨债只是信托受托人处理信托事务的附带行为,则该信托仍属于合法有效的信托。

(一)禁止诉讼信托的理由

日本、韩国及我国台湾地区均明确规定,禁止以诉讼为目的设立信托。《日本信托法》第 11 条规定,信托的实行,不得以实施诉讼行为为主要目的。我国台湾地区"信托法"第 5 条亦规定,信托行为以进行诉愿或诉讼为主要目的者,无效。这些国家或地区的法律普遍不承认诉讼信托,是为了避免社会滥诉现象的出现,防止少数人利用诉讼资源获取不当之利,破坏社会的稳定与和谐。此外,诉讼的实质是以法院为代表的国家公权力解决私人之间的纠纷,为了节约社会公共资源,民事诉讼活动基本上都受到了一事不再理和两审终审原则的限制。如果放任非专业人士以助揽诉讼为业,介入他人的法律纠纷,难免会造成法律行业从业者的参差不齐和监管困难,不利于维护诉讼当事人的合法权益。有日本学者就曾对立法禁止以诉讼为目的的信托总结了三点理由:(1) 防止债权人利用诉讼信托规避律师代理原则;(2) 防止非专业人士利用诉讼信托进行以讨债为内容的诉讼活动;(3) 防止滥诉现象的发生。[②]

但随着信托业的发展,禁止以诉讼为目的的信托也受到了更多的质疑。有学者认为诉讼权本就是公民的基本权利,公民选择通过诉讼的方式实现自己的权利,立法不应该因为其可能增加诉讼的数量或导致滥诉等而对此进行否定。无论公民选择自己进行诉讼行为,还是委托律师代理诉讼,或者为诉讼设立信托,本质上都是对自己权利处分权的行使,公权力不应过多地干涉。[③] 还有学者指出,我国《信托法》以及我国台湾地区"信托法"关于禁止以诉讼为目的的信托的规定,其实是对日本信托法的全面继受,反映的是中国儒家传统的"息讼"理念,并非源于信托法的基本原理,从结果来看也不符合鼓励公民通过诉讼积极捍卫自己权益的理念,应严格限制其适用范围。[④]

信托主要是一种管理财产的方式,传统的信托理论从而禁止信托成为委托人委托他人代替自己行使权利的手段。但是,从司法实践来看,诉讼信托已经在消费者权益保护、环境保护等领域适用。以德国法为例,根据 2002 年修改的《德国法律咨询法》第 3 条规定,在有保护消费利益的必要时,消费者团体可以在其业务范围内通过受让消费者之债权来

---

① [英]D.J. 海顿:《信托法》,周翼、王昊译,法律出版社 2004 年版,第 96—97 页。

② [日]新井诚:《信托法》,有斐阁 2002 年版,第 186 页。

③ 赖源河、王志诚:《现代信托法论》,中国政法大学出版社 2002 年版,第 64 页。

④ 谢哲胜:《信托法》,元照出版公司 2009 年版,第 83 页。

提起诉讼,以便在损害小额或者利益分散的情形下促进权利的实现。在此类公益诉讼案件中,受托人为检察机关或法定的机构或社会团体,受益人为公共利益和公众集合性利益的权利主体,两者之间成立诉讼信托的关系。在上述领域,允许以诉讼为目的的信托存在,由一个专业的法定机构代替弱势的消费者提起诉讼,可以加强对消费者群体的保护。并且,正如上文所提到的,以诉讼权利为标的设立信托本质上也是对自己权利的一种处分,在当今社会,担心借用信托等通过诉讼讨债挤压债务人几乎没有存在的必要,信托法关于诉讼信托无效的规定应当严格限制在防止受托人利用诉讼信托谋取不法利益上,而非一味地全面禁止。

(二)诉讼信托的司法认定标准

在司法实践中,如何判定信托行为以诉讼或讨债为主要目的,实为一困难问题。

首先,应当确认当事人之间的行为是否构成信托。对此不能仅凭当事人的行为外观进行判断,还要综合当事人是否有信托的主观意愿以及是否构成其他法律关系。例如委托他人代理本人进行诉讼活动,由于委托人与代理人之间的意思表示是在双方之间构成一个委托代理合同,并不存在设立信托的意思,因此委托他人代理民事诉讼的行为就不构成诉讼信托。又比如诉讼信托与诉讼承担,尽管两者都涉及诉讼权利义务的转移,都由诉讼权利义务的继受人以当事人的名义参与到诉讼之中,但两者在权利义务的转移依据、诉讼的参与时间以及是否为自己的利益为诉讼行为等方面存在着不同。

其次,应当结合案件的具体情况加以确认。例如,应当考量委托人与受托人之间的关系、受托人的职业以及信托合同约定的权利义务关系等多方面的因素。日本信托实务界就曾对诉讼信托的认定总结出了以下几条标准:[①]

(1)委托人与受托人之间关系的薄厚。信托关系属于信赖关系,如果委托人与受托人之间素无往来,关系淡薄,即存在诉讼信托的嫌疑。

(2)受托人是否以债权催收为职业。如果受托人是职业的讨债人或讨债公司,设立信托很可能就是为了诉讼。但这也并不绝对,例如当受托人是律师助理时,就有不被确定为诉讼信托的先例。

(3)信托成立至提起诉讼间隔时间的长短。如果没有正当的事由,受托人在成立信托以后立即向法院提起诉讼,向债务人进行追讨的,按照社会一般观念,这种间隔很短的信托,往往就是诉讼信托。

◎ **相关案例**

华宝信托有限责任公司与陈碰兴汽车贷款合同纠纷案[②]

2007年5月23日,案外人上汽通用汽车金融有限责任公司(以下简称"上汽金融公司")与被告陈碰兴签订了《汽车贷款合同》与《汽车抵押合同》及其附件,约定被告陈碰

---

① 何宝玉:《信托法原理研究》,中国法制出版社2015年版,第159页。
② 上海市浦东新区人民法院(2009)浦民二(商)初字第1700号。

兴为购买车辆而向上汽金融公司借款 60 000 元，借款期限为 36 个月，并就所购车辆办理了车辆抵押登记作为借款担保。合同签订后，上汽金融公司按约发放了贷款。《汽车贷款合同》约定，被告未按时全额偿还应付的贷款本金、利息及应向上汽金融公司支付的其他款项，并且逾期 30 天以上，就构成合同所述之严重违约，上汽金融公司有权宣布贷款立即到期，并要求被告立即清偿合同项下的所有未付款项。

2007 年 12 月 27 日，上汽金融公司和原告华宝信托有限责任公司（以下简称"华宝信托公司"）签署了《2008 年第一期个人汽车抵押贷款证券化信托合同》，约定将上述《汽车贷款合同》所涉及的全部所有权和相关权益，到期或者将到期的全部还款，被清收、被出售或者被以其他方式处置所产生的回收款，请求、起诉、收回、接受与财产相关的全部应偿付款项，以及相关承诺的利益和强制执行财产的全部权利和法律救济，均信托予原告华宝信托公司。

2008 年 4 月，因被告陈碰兴自 2007 年 11 月起就未能按期还款，逾期还款情况严重，并经多次催收无果，故原告华宝信托公司向浦东新区人民法院提起诉讼，要求判令被告支付贷款剩余本金。

法院经审理认为，本案焦点在于信托机构能否以自己的名义对信托财产的债务人进行诉讼。法院首先认定三方当事人相互之间签订的贷款合同和信托合同有效，同时信托关系中华宝信托公司和上汽金融公司已尽了法定的公告义务，因此信托有效成立。受托人基于信托关系可以以自己名义对信托财产进行管理处分，该处分自然包括诉讼，受托人当然可以直接以自己名义对信托财产的债务人提起诉讼。

第四节　可撤销信托

依照我国《信托法》的规定，撤销信托包括委托人撤销信托与委托人的债权人撤销信托两种信托。但按照通说，可撤销信托一般是指委托人的债权人撤销信托。所谓的可撤销信托，又称欺诈性转移信托，或诈害债权信托，是指委托人设立的信托，具有妨害债权人行使债权的客观结果，并损害债权人利益的，债权人可以向法院申请撤销此种信托。

基于信托财产的独立性，为防止委托人利用设立信托的行为转移财产、逃避债务，损害债权人的合法权益，无论英美法系还是大陆法系都对这种设立信托的行为实施严厉的制裁。《美国信托法重述》第 63 条第 1 款规定，委托人设立信托的目的如果是欺诈债权人或其他人，该信托无效，但本条第 2 款另有规定的除外。《韩国信托法》第 8 条第 1 款规定，委托人知道将损害债权人仍设立信托的，即便受托人是善意的，债权人也可以按《民法》第 406 条第 1 款的规定请求撤销与恢复原状。我国《信托法》第 12 条规定，委托人设立信托损害其债权人利益的，债权人有权申请人民法院撤销该信托。可见，虽然各国对可撤销信托的法律后果规定有所不同，但为了保护债权人的利益，都将此种信托认定为一种有效力瑕疵的信托，并向债权人提供了相应的救济。

一、可撤销信托的构成要件

与民法中的债权人撤销权制度相似,委托人的债权人向法院申请撤销信托必须满足以下几个条件:(1) 该债权应当于委托人设立信托之前就已存在。如果债权人的债权是在委托人设立信托之后才存在的,根据信托财产的独立性,债权人不能对信托财产主张权利,也不能对设立信托的行为行使撤销权。(2) 委托人设立信托的行为导致其无法清偿全部债务或有无法清偿全部债务之虞,损害了债权人的利益。举例而言,委托人甲有 120 万元的财产,并对债权人乙负有 100 万元的债务。如果委托人甲以自有财产的 20 万元设立信托,剩余的 100 万元足以清偿对债权人乙的全部债务,不会危及债权人乙的利益,债权人乙便不能行使撤销权。当然,委托人对自己在设立信托时能够清偿全部债权债务负有证明责任。(3) 债权人应当向法院申请撤销信托,而不能自行撤销信托。

根据我国《信托法》的规定,债权人行使撤销权,以委托人设立信托的行为客观上了损害了债权人的利益为唯一要件,而委托人是否存在主观上的恶意则在所不问。这与英美法系国家有关信托撤销权行使的规定大不相同。根据英国《1925 年财产法》第 172 条的规定,发生于该法实施之前或之后的任何移转财产行为,只要使债权人的利益受到侵害,且委托人存在诈害债权人的意图,移转财产行为均可撤销,除非此条有相反的规定;此条并不影响解除继承权限制的不动产转让的行使或现行破产法的实施;此条不能扩充适用于支付相当对价资产或财产利益以及善意或善意支付对价和在转移财产时善意且不知诈害债权人之意图的善意受让人。简言之,英美法系国家的债权人行使信托撤销权,需要满足以下两个要件[1]:(1) 委托人主观上有挫败、阻止和拖延债权人债权实现的意图;(2) 债权人客观上实施欺诈性转移或低价交易的行为。同样,债权人主张委托人存在欺诈意图的,应当提供证据加以证明,委托人也可以提出证据加以抗辩。由于欺诈意图的主观性较强,用直接证据证明欺诈意图的存在比较困难,只能通过间接证据对委托人是否存在欺诈意图加以推断,即只要委托人行为时知道或被认为知道其经济状况,就可以根据其行为的自然结果和可能结果推断出其意图。与英美法系国家的相关规定相比,我国关于信托撤销权的规定固然在保护债权人利益方面要高于英美法系国家,但由于立法技术上存在的疏失,可撤销信托也存在不足之处。以可撤销的客观要件为例,英美法系国家将委托人秘密地实施财产处分行为、将其全部资产转移于信托之下而造成委托人丧失清偿能力以及实施了低价交易行为作为构成可撤销信托的客观要件。但我国信托法则以“损害了债权人利益”涵盖了可撤销信托的客观要件,势必会产生司法自由裁量权过大、信托关系稳定性受到影响等问题。

随着信托业的不断发展,债权人撤销权的行使也面临着越来越大的限制。根据我国《信托法》第 12 条第 2 款的规定,信托的撤销不会影响善意受益人已经取得的信托利益。但撤销之后,善意受益人的受益权必然随着信托关系的结束而受到影响。而资产证券化这类信托业务,一旦被撤销,势必会影响广大投资者尤其是金融消费者的利益,并动摇投资者对信托业务的信心。对此,2006 年修订后的《日本信托法》规定,如果受益人为善意,委托人的债

---

[1]　陈雪萍:《论英美欺诈性移转信托及对我国的借鉴》,《法学评论》2008 年第 6 期。

权人就不得撤销信托。[①]

二、信托撤销权的除斥期间

我国《信托法》第 12 条第 3 款规定,债权人的撤销权应当自知道或应当知道撤销原因之日起 1 年内行使,否则将归于消灭。为了保护债权人的利益,信托法赋予其撤销权,但在满足法定可以行使撤销权的情形时,如果债权人迟迟不行使权利,则会使信托当事人与利害关系人之间的权利义务陷入悬而未决的状态。为敦促债权人行使权利,信托法对这一权利施加了除斥期间。《韩国信托法》及我国台湾地区"信托法"也有类似规定。

◎   **相关案例**

甲为某餐厅的经营者,2019 年初向乙银行贷款 500 万元作为营运资金,虽然起初生意有声有色,然而后来因为国民饮食习惯改变,甲并未即时因应,将餐厅进行转型,致使生意一落千丈,无力清偿剩余的 150 万元,乙银行便向法院起诉,并于 2021 年获得了执行裁定。

2021 年甲为避免乙银行对其名下仅存的财产 A 地强制执行,便将 A 地信托,转移登记在友人丙名下。乙银行认为甲的信托行为损害了其作为债权人的利益,于是向法院提起诉讼,要求撤销甲将土地转移并设立信托的行为。

三、对无效信托和可撤销信托的救济

关于权利与救济的关系,有一句著名的罗马法法谚,即"有权利必有救济"(*ubi jus ibi remedium*)。可撤销的信托经债权人申请,被法院判决撤销后,该信托在法律上将归于无效,并且会追溯至信托成立之初,使信托关系自成立之时就不产生效力,因此被撤销的信托与无效信托的法律后果应当是一致的。但对于权利人应当如何就这两种信托寻求救济,我国《信托法》并未明确规定。虽然我国《信托法》专设一章规定了信托终止后的法律后果,但信托无效以及被撤销的信托与因信托被解除或发生文件约定的终止事由而终止毕竟存在本质上的区别,不可同日而语。以信托解除为例,信托解除意味着信托关系在解除之前有效,因解除行为的发生而终止。信托解除没有溯及力,只能对解除以后发生效力,在信托成立之后至被解除之前这段时间里,当事人依信托合同实施的行为均为有效。而信托关系被撤销,将追溯至信托关系产生之日,因此,无效信托与被撤销的信托不能自然地适用《信托法》关于信托关系终止的相关规定。由于缺少直接的一般规定,这两种信托关系的法律后果应当依据一般民事法律制度的规定以及民法理论予以确定。

[①]   同样规定信托受益人为善意时信托不可撤销的,还有《美国信托法》。参见张淳:《无效信托论——来自信托比较法角度的审视》,《南京大学法律评论》(2009 年秋季卷),法律出版社 2009 年版。

（一）我国对无效信托的救济

由于我国《信托法》对无效信托的法律后果并没有直接规定，因此只能适用民法的有关规定。我国台湾政治大学方嘉麟教授认为，对于信托无效权利人的救济，可以通过物上请求权、不当得利以及无因管理三个路径着手。[①] 而从我国现行的法律规定来看，根据《民法典》第157条，民事法律行为无效、被撤销或者确定不发生效力后，行为人因该行为取得的财产，应当予以返还。《民法典》第122条规定，因他人没有法律根据，取得不当利益，受损失的人有权请求其返还不当利益。由此目前关于无效信托的法律救济主要包括物权的救济与债权的救济这两种模式：

1. 原物返还请求权

尽管学界对信托的性质仍未达成一致结论，我国《信托法》对此的规定也较为模糊。但无论是债权说、物权债权并存说还是特殊权利说等观点均无法否认的是，信托被确认无效后，信托关系在法律上便自始不存在，信托财产的所有权应当恢复到信托设立之前。因此，当信托财产是物时，委托人可以依据物权请求权要求受托人返还信托财产。所谓的物权请求权，是指物权人在对其物行使权利的过程中，受到妨害或有受到妨害之虞时，物权人为排除或预防妨害的发生，恢复物权的圆满支配状态，而请求妨害人为一定行为或不为一定行为的权利。[②] 我国《民法典》对此规定，物的所有权人可以要求物的无权占有人将原物返还给所有权人，以恢复其对物的圆满支配状态。

此种物权救济的模式下，尚有几个问题值得进一步讨论：

第一，当受托人基于信托目的处分了信托财产，使委托人转移给受托人的信托财产发生了变化时，委托人不得对信托财产行使返还原物请求权，因此时的"原物"已经灭失了。委托人只能依照《民法典》第157条的规定，要求受托人进行折价赔偿。而这种赔偿请求权在性质上属于债权，不具备物权的优先效力，只能与其他一般债权平等地受偿。

第二，受到物债二分原则的限制，权利无法成为物权的客体。因此当信托财产是一种权利，例如债权收益权时，委托人无法对其行使原物返还请求权，而只能通过不当得利返还请求权等债权救济模式对自己的权利加以保护。

第三，委托人在行使原物返还请求权时，可否请求受托人返还在信托设立时已经向受托人支付的报酬？若依照《民法典》的规定，双方应当各自返还因合同所取得的财产。但受托人的报酬并非旨在使受托人绝对受益，受托人对此也进行了付出，因此在无效信托下，受托人对已经得到的报酬无须返还，否则对受托人来说是不公平的。[③]

2. 不当得利返还请求权

无法律上的原因而受利益，致他人受损害者，应当负返还的义务。[④] 由于我国民法通说认为，物权行为不存在无因性，因此当信托被确认无效后，受托人继续占有信托财产的，属于没有法律上的原因而占有他人财产。如果受托人不及时向委托人返还财产，会造成对委托人财产的消极损害。因此，当信托财产为一种权利或信托财产的原形发生改变等，造成委托

① 方嘉麟：《信托法之理论与实务》，中国政法大学出版社2004年版，第382页。
② 梅夏英、高圣平：《物权法教程》，中国人民大学出版社2007年版，第38页。
③ Lusina Ho, *Trust Law in China*, Hongkong: Sweet &Maxwell Asia, 2003, p. 193.
④ 参见王泽鉴：《不当得利》，北京大学出版社2009年版，第2页。

人无法行使物权请求权时,其可以依照不当得利的有关规定寻求相应的救济。但相较于物权请求权,不当得利返还请求权在保护受益人的权益方面存在不足之处:不当得利返还请求权是一种法定之债,债权的权利属性决定了委托人依照不当得利受偿时与一般债权人居于平等地位。当受托人有多个债权人或处于破产状态时,这种债权的救济模式将会使委托人处于不利地位。

3. 无因管理

就信托无效而言,权利人是否可以以无因管理寻求救济,存在一定的争议。王泽鉴认为无因管理的成立需要具备为他人管理事务的意思,即使契约被认定为无效,在行为人不知情的情况下,其以为是在履行契约义务,因欠缺为他人管理事务的意思,故无法成立无因管理。[1] 但史尚宽对这一问题却认为,"无为本人管理之义务,纵令误信其有此义务,仍不妨成立无因管理"。[2] 依照史尚宽的观点,判断无因管理成立与否,应当从客观情况出发,只要客观上管理人没有法定或约定的义务,而出于为他人管理的意思管理他人事务,即可构成无因管理。而他益信托存在三方信托关系,他益信托能否如自益信托成立无因管理? 对这一问题学界也存在争议。对此,方嘉麟的观点是,"管理人苟有为他人管理之意思即可成立无因管理,至于他人为何人则管理人不必有所认识。虽以为甲管理之意思而管理乙之事务,仍成立对乙之无因管理"。[3] 因此,纵然在无效的他益信托中,只要受托人为受益人进行管理,仍然可以与委托人之间成立无因管理关系。

虽然无因管理作为一种法定债权,具有与不当得利相同的缺点,但与后者相比,无因管理仍具有一定优越性。若受托人与委托人之间成立无因管理关系,作为管理人的受托人应当向委托人交付因无因管理所得的全部利益,这就要大于委托人依不当得利返还请求权可以要求受托人交付的利益。此外,在适用无因管理关系时,受托人负有善良管理人的注意义务,如果没有尽到注意义务造成委托人利益受到损害,管理人应当负损害赔偿责任。

(二) 英美法系对无效信托的救济

在英美两国,原则上无效信托的法律后果是推定成立归复信托。《美国信托法重述》(第2次)第411条规定,财产所有人无偿地转移财产并且适当地明示了受让人应当以信托方式持有该项财产的意图,该项信托无效的,则产生一项归复信托,由该受让人持有该项财产并以转让人或者其遗产继承人为受益人,除非该转让人已适当地明示了不成立归复信托的意图。

归复信托,又称回复信托,是指当委托人转移一项财产,但基于某种原因并未完全放弃财产的权益时,由衡平法为委托人的利益向受托人施加的一项信托义务。由于衡平法不允许财产权利的归属存在"真空"状态(*equity abhors a vacuum*),因此当委托人的动机不明时,归复信托就可以用来填平财产所有权的缺口。[4] 作为一种法定信托,归复信托一旦满足法定情形时将自动适用。归复信托成立后,财产受让人作为归复信托的受托人,有义务将利益复归财产的转让人或其继承人。学者加里·瓦特(Gary Watt)就将归复信托的法律后果形象地

---

[1]　王泽鉴:《债法原理》,北京大学出版社 2009 年版,第 255 页。

[2]　史尚宽:《债法总论》,中国政法大学出版社 2000 年版,第 61 页。

[3]　何宝玉:《信托法原理研究》,中国法制出版社 2015 年版,第 145 页。

[4]　何宝玉:《信托法原理与判例》,中国法制出版社 2013 年版,第 112 页。

比喻为财产权利"jump back"至原权利人。[①]

《美国信托法重述》(第2次)第12章对归复信托的适用情形作了如下列举:(1) 信托整体或部分无效;(2) 信托财产在目的实现后仍然存在剩余;(3) 为他人进行买卖。英国也通过一系列判例列举了可能产生归复信托的情形,包括:(1) 宣言信托无效;(2) 明示信托失败;(3) 未能全部处理受益权;(4) 信托目的实现后有剩余财产;(5) 贷款目的失败;(6) 婚姻住房的权益。[②]但无论如何对归复信托的适用情形进行列举,都无法穷尽归复信托适用的所有情形。因为归复信托本就是衡平法理念的产物,只要需要填补财产权利的"真空"状态,防止悬而未决的纠纷,归复信托就会有用武之地。

归复信托如何对无效信托的财产委托人进行救济呢?首先,在成立归复信托后,原无效信托的委托人成了归复信托的受益人。其有权要求受托人返还在设立无效信托时所交付的财产,包括受托人管理和处分信托财产所形成的财产。当然,根据我国《信托法》第12条的规定,善意受益人所取得的信托受益不会受到影响。并且委托人作为受益人与受托人之间的法律关系仍属于信托关系,因此当信托委托人行使归复信托的受益权时,可以优先于受托人的其他债权人,也不会因为受托人的死亡或破产而受到影响。

其次,原无效信托的受托人成了归复信托的受托人。在归复信托成立之后,根据归复信托的相关理论,他不再具有一般信托的积极管理义务,而仅存在将信托财产返还给委托人或其继承人的消极义务。在占有信托财产期间,虽然受托人不具有积极义务,但仍受信托关系的规制,须对委托人尽到忠实、谨慎义务。基于过错造成信托财产损失的,受托人应当承担赔偿责任。

(三) 我国信托无效救济措施与归复信托的比较分析

同英美国家以归复信托制度在信托无效后对权利人的救济相比,虽然我国目前的救济措施在某些情形下能够起到与归复信托相同的作用,但归复信托基于衡平法理论的灵活性以及对于委托人权益保护的程度,是我国现有的一般民事制度所不能比拟的。我国目前对无效信托权利人的救济,无论是物权救济模式还是债权救济模式,都存在不足之处。以原物返还请求权为请求权基础的物权救济模式适用的对象过于狭窄,且一旦委托人转移给受托人的财产发生改变,就不能再适用此种救济模式。而以不当得利返还请求权为请求权基础的债权救济模式,虽然能够适用大部分情形,但在保护委托人利益方面的"强度"略显不足,依据普通的债权返还请求权很有可能无法收回财产。此外,在以无因管理为请求权基础的债权救济模式中,虽然无因管理要求管理人向本人交付因无因管理所得的全部利益,但无因管理相关规则更侧重于确保管理人在为他人管理事务后能获得相应的补偿,对于管理人交付管理所得利益,无因管理制度并没有提供详细具体的规则,因此,在运用无因管理规则对信托无效进行救济时,所能达到的效果十分有限。而归复信托作为一种信托法律关系,信托的基本原则同样适用于委托人与受托人,包括财产的独立性、同一性以及受托人对委托人的忠实、谨慎义务等。

信托法作为民法的特别法,在处理具体问题时应当优先适用。而信托法作为法律移植

---

① Gary Watt, *Trusts*, Oxford: Oxford University Press, 2004, p. 234.

② 何宝玉:《信托法原理与判例》,中国法制出版社 2013 年版,第 125 页。

的产物,是一项相对独立的、自成体系的法律制度,未必能够与传统大陆法体系下的民事制度相融合。因此,就信托领域出现的问题,应当尽量用信托法以及信托法的理论来解决,以尽量减少信托制度与其他民事制度之间的冲突。故而,针对信托无效这一特殊问题,我国应当引进归复信托制度,以更好地平衡各方当事人之权利义务。

思考题

1. 简述设立我国法律规定的信托的法律要件。
2. 简述可撤销信托的构成要件。
3. 简述无效信托的情形。
4. 试述信托设立行为的效力。

本章思考题参考答案

第三章 信 托 财 产

[导语]

　　本章围绕我国信托财产的要件、范围、独立性及公示制度,全面、系统地介绍了信托法中的信托财产法律制度。在学习本章时,首先,要理解我国信托财产的构成;其次,要把握信托财产的范围,包括初始信托财产、后续信托财产,以及信托运行过程中产生的特别利益是否归入信托财产等特殊问题;再次,深入理解大陆法系与英美法系之间有关物权概念的分野,掌握"信托财产的独立性"这一大陆法系信托法律制度中最为深刻的制度设计;最后,了解"信托公示制度"的基本概念、规范价值与我国现行信托公示制度存在的不足及其完善路径。

第一节　信托财产概述

　　信托作为财产安排管理制度,依附于财产而存在。在信托制度框架中,信托财产是委托人实现信托目的的载体,是受托人履行管理、处分等受托义务的对象,同时也是受益人利益之所系。没有信托财产,信托就失去其存在的基础。

一、信托财产的要件

　　受托人因承诺信托而取得的财产以及受托人因对该财产的管理运用、处分或者基于其他情形而取得的财产,称为信托财产。信托财产不是一种独立的财产类型,而是信托关系中特有的概念。在信托结构中,委托人将财产权委托给受托人,受托人对该财产进行管理运用、处分,受益人取得对该财产的受益权。为实现信托目的,作为信托关系目标的信托财产也有着不同于一般财产的要求。

(一) 可以用金钱计算价值

　　信托财产是一个外延宽泛的开放式概念,其种类不受限制,金钱、动产、有价证券和金钱债权等可以流通的财产或财产性权利均可以设定信托。依一般解释,财产性权利应为可用金钱计算价值的权利。按照这一标准,属于无体财产的著作权、专利权和商标权等知识产权均可以作为信托财产,渔业权和矿业权等准物权可以用金钱计算价值的,也可以设定信托。至于一些特殊的权利能否作为信托财产则有待商榷。诸如身份权、姓名权和名誉权等一般人格权,因其与人身不可分离,具有很强的专属性,且难以用金钱衡量其价值,不能成为信托财产。

(二)必须是积极财产

信托的本质是委托人通过信托安排赋予受益人特定利益或者实现特定目的。无论是私益信托、公益信托还是特定目的信托,一般都是通过提供一种更加灵活的财产管理方式,使受益人获得信托利益。因此,信托财产应当限于积极财产,如果以债务等消极财产设定信托,则受益人不但毫无利益可言,还可能因信托而负担债务,委托人也可能利用信托逃避或转嫁债务,而这有违信托的本质。信托法虽未就此作出明确规定,但依信托制度的意旨,以消极财产设定的信托应为无效。

至于同时以积极财产和消极财产设定的信托,或者以一项负担一定法律义务的积极财产设定的信托是否有效,则有待进一步研究。众所周知,信托成立后,信托财产在管理运用过程中,可能会负担债务,这些负担债务的财产仍为信托财产,这一点并无疑义。在信托设立之初,以包含债务的一组财产作为信托财产,也并非当然无效。以特定财产或者财产权利设定信托,该财产本身负担抵押权、质权或者债务的,只要该财产的价值大于所附义务的价值,该负担或者债务的存在不影响信托的有效性。例如,委托人以一项已签订租赁合同的自有不动产设定信托,或者以一套设定了抵押权的设备作为信托财产,仍应为有效。需要注意的是,受托人在取得信托财产所有权的同时,也应负担信托财产上的债务或者服从事先设定的负担,有关债权人可以继续履行租赁合同,抵押权人可以申请法院强制执行信托财产,而不受信托限制,受益人也不得以受益权进行抗辩。

信托财产同时包含积极财产和消极财产时,除消极财产的价值大于积极财产之外,一般应为有效信托。例如,实务中有以遗产整体设定信托的需要,因为即将离世的人希望受托人按照他的意愿处理其所有财产,包括债务的偿还以及剩余财产的管理。此外,我国有学者提出,鉴于信托的风险隔离功能,为促进创业和企业创新,允许以积极财产和消极财产构成的概括财产设立信托对企业而言至关重要。[①] 在这种情况下,企业可以将担负创新任务的业务部门单独委托给信托公司,以其概括财产成立创新信托,从而将业务部门从该企业切割出来,这样即使该业务部门创新失败,也不至于使整个企业陷入经营不善的危机。

(三)应当是委托人可以转移或处分的财产

信托的生效,以信托财产由委托人转移给受托人为前提。因此,信托财产应当是委托人可以转移或处分的财产。这一要求包含三方面内容:首先,信托财产必须是委托人合法所有的财产。如果信托财产在设立时虽然客观存在,但不属于委托人所有,其自然无权将财产转移给受托人设立信托。我国《信托法》第 11 条第 3 项明确了信托财产合法性的要求,其

---

① 何宝玉:《信托法原理研究》,中国法制出版社 2015 年版,第 185 页。

规定"委托人以非法财产或者本法规定不得设立信托的财产设立信托"是信托无效事由之一。其次,信托财产须为委托人有权独立支配、自由转让的财产。这在性质上要求信托财产具有相对独立性,能够通过买卖、赠与、交换等方式转移或者处分。基于这一标准,抵押权、质权等担保物权以及地役权等具有从属性的权利,虽然都属于财产性权利,但因其难以脱离债权或者所有权而存在,权利人仅能对物进行有限支配,不能单独成为信托财产。委托人若以地上权、租赁权或者已附有第三人权利的不动产等作为信托财产设立信托,须与其他权利人共同处分并设立信托,方为有效。[①]最后,法律、行政法规禁止流通的财产,不得设立信托。根据我国《信托法》第 14 条第 3 款、第 4 款的规定,法律、行政法规禁止流通的财产,不得作为信托财产;法律、行政法规限制流通的财产,依法经有关主管部门批准后,可以作为信托财产。

(四)必须存在且确定

信托行为是一种法律行为,信托财产须具有存在可能性和确定性。我国《信托法》第 7 条明确规定:"设立信托,必须有确定的信托财产,……"《信托法》第 11 条则从反面将"信托财产不能确定"作为信托无效事由之一。从文意上来看,上述两个条款分别从不同维度对信托财产提出了确定性的要求。如前所述,在我国,信托财产是一个开放性概念,通过确定性规则对信托财产加以限制确有必要。但对于如何理解信托财产的确定性,《信托法》并未予以明确。一般而言,信托财产的确定性至少涉及以下三个方面:(1) 判定信托财产确定性的时间节点;(2) 信托财产存在的确定性;(3) 信托财产范围的确定性。

判定信托财产确定性的时间节点应仅限于信托设立之时。初始信托财产是受托人因承诺信托而取得的财产。信托设立之时,如果信托财产不确定,不论是委托人拟设立信托的财产权的转移,还是受托人、受益人等信托关系人之间的权利义务内容都不能明确,因此,初始信托财产必须符合确定性的要求。《信托法》第 7 条规定的"设立信托,必须有确定的信托财产"也显然是针对信托设立时点提出的信托财产确定性要求。至于信托成立后,受托人为实现信托目的管理、处分信托财产,导致的各种初始信托财产的变形、衍生和替代,学界一般称之为信托财产的"物上代位性"或者"同一性",但无论如何称呼,这些都属于信托存续期间不同形态的信托财产。此时,只涉及受托人对信托财产的管理和运用导致信托财产不断发生变形,不断产生新的权利甚至承担新的义务的问题。[②]理论上,只要存在受托人基于保值、增值等目的对信托财产进行管理运用和处分的行为,交易风险就不可避免地实际存在,未来收益亦存在不确定性,但这只是财产形态、状态发生变化,并不涉及信托财产的确定性问题,更无关信托的效力问题。

信托财产存在的确定性,是指作为信托财产的财产或者财产性权利应当在信托设立时就已经确定存在,而不能是尚不存在或者已经灭失的财产。对于这一要求,实践中较容易产生争议的是将来债权与期待权能否作为信托财产的问题。本质上而言,将来债权是已经成立且实际存在的权利,只是其在将来才可以实现,并且具有法律上的保障,因此其具备存在的确定性,作为信托财产自无疑义。我国台湾地区"信托法"明确规定将来债权可以成为特殊目的信托的信托财产。[1]而期待权与将来债权的区别在于:期待权仅仅是对于未来得到某一项财产的预期或者希望,比如被继承人死亡之前的继承权,其不具有相当的确定性,在信托设立时也不能确定其权利的内容、范围和价值。鉴于此,期待权不符合信托财产的确定性要求,不能成为信托财产。

信托财产范围的确定性,要求信托财产在实物上或者概念上是特定的,有明确的范围,即"哪些财产被纳入信托"是确定的。这一点至关重要,因为委托人要想通过受托人管理、处分信托财产并达到信托目的,受托人必须确切地知道其管理行为具体指向哪些财产,必须对哪些财产承担个人责任。此外,信托财产的范围还直接涉及受益人的权益,若信托财产范围不明,其信托利益就没有具体的依托。举例而言,当委托人概括地宣布以其"大部分剩余遗产"设立信托时,因信托财产范围不能清楚地界定,信托就不能成立。对于信托财产范围的确定性,我国《信托法》未作具体规定,但《中华人民共和国最高人民法院公报》公布的案例将信托财产的确定性理解为:"信托财产的确定体现为该财产明确且特定。信托财产的确定要求其从委托人的自有财产中隔离和指定出来,而且在数量和边界上应当明确,以便受托人为实现信托目的对其进行管理运用、处分。"[2]从这一裁判意旨,大致可以得出最高人民法院判断信托财产范围确定性的标准:一是能够与委托人的自有财产相隔离;二是在财产数量、权利内容和边界上能够明确和特定,而不要求信托财产一一特定化。

二、特殊财产作为信托财产的问题

(一)资产收益权信托

随着信托业的改革创新,近年来出现了许多新颖的信托产品,资产收益权信托就是目前信托业常见的一类新型信托产品,如股票收益权信托、租金收益权信托、在建工程收益权信托、各种收益权项下的信托甚至信托受益权项下的信托。在此类信托中,由于作为基础资产的特定资产价值处于不断变化中或者难以在某一时点确定具体价值,其产生的收益权也就存在相当的不确定性,以这种不确定的收益权作为信托财产,能否满足《信托法》有关信托财产确定性的规定,关系到信托的效力。例如,近年来深受信托业、房地产业和投资者追捧的在建工程收益权信托,在建工程因不断建设而增值,建成后的出售价格也具有相当的不确定性,财产权利始终处于不确定状态,因而在实务中很容易被认定为无效。

资产收益权能否作为信托财产的问题,主要涉及前述信托财产确定性的要求,而收益权在法律上的定性本就不明晰,其作为信托财产的适当性也有待研究。关于收益权的法律定性,理论上和实务中都不乏争论。有学者认为收益权属于将来债权,将来债权作为信托财产并不存在障碍,但由于转让规则的特殊性,将来债权在转化为现实债权之前,信托并不生效。也有部分学者坚持认为对资产收益权信托的合法性不能一概而论,而要根据这种权益是否

---

[1] 我国台湾地区"金融资产证券化条例施行细则"第2条规定,本"条例"第4条第1项第2款所定资产,包括创始机构与债务人签订契约约定,于该契约所定条件成就时,得向债务人请求金钱给付之将来债权。

[2] 参见《中华人民共和国最高人民法院公报》2016年第12期选登的由最高人民法院作出终审判决的"世欣荣和投资管理股份有限公司与长安国际信托股份有限公司等信托合同纠纷案"〔(2016)最高法民终19号〕,该案的论证思路受到学者诟病,但对于信托财产确定性的界定体现出法院态度。对该案例的具体分析可参见赵廉慧:《信托财产确定性和信托的效力——简评世欣荣和诉长安信托案》,《交大法学》2018年第2期。

为既得权益、是否可以确定进行判断。[1] 近年,有学者提出了新型财产权的说法,认为资产收益权是一种难以纳入物权债权二元分类的新型财产权,由于特定领域的收益权可以用金钱衡量其价值,而且可以与基础财产相分离,因此,由法律限定的部分收益权可以设立信托。[2] 事实上,金融监管类法律法规,自始至终都未曾有过对收益权的含义和范围的明确界定,收益权作为一项约定权利,实质上是通过协议签署创设的权利,其内容和边界也通过协议具象化。实务中,收益权一般也是根据双方合同以及基础资产来具体确定的,如"基础设施收益权""股权收益权"等。资产收益权信托业务的规模存量较大,是市场上较为常见的一类信托产品。相较信托产品的不断创新,立法和司法都具有一定的滞后性,因此在信托领域常常存在信托实践倒逼司法实践突破和承认的案例。结合实务态度,为发挥信托制度的灵活性,本书认为,可以承认部分具有相当确定性的资产收益权作为信托财产,但出于稳妥考虑,仍需个案论证。

(二) 经营权信托

经营权作为信托财产设立信托主要涉及企业经营权信托以及土地承包经营权信托两种。一般认为,经营权作为资格类权利,不能作为信托财产设立信托,但实践中某些特定类型的经营权流转确有需求,也得到了法律的肯定。自 2014 年中共中央、国务院印发《关于全面深化农村改革加快推进农业现代化的若干意见》提出了落实农村土地集体所有权、稳定农户承包权、放活土地经营权的"三权分置"土地制度创新的政策安排以来,各地涌现出了新型农村土地流转方式的实践探索,其中包括土地经营权信托这种新型信托制度试点。近年来,不少学者也开始撰文关注农村土地经营权信托的法律问题,主要关注其法律构造以及当事人权利义务的特殊性等问题。至于土地经营权作为信托财产的适当性,我国《民法典》第二编第十一章规定,土地经营权作为一种用益物权可以依法流转,因此,农村土地经营权作为信托财产设立信托并没有实质法律障碍。此外,关于信托业界人士提出的将部分经营不善的国有企业的经营权委托给信托经营机构进行管理或者由信托经营机构托管,有学者担心,信托以保障财产安全为宗旨,而经营权本身伴随风险,故而其在性质上与信托有所不符。[3]

◎ **相关案例**

安信信托股份有限公司诉昆山纯高投资开发有限公司营业信托纠纷案[4]

昆山纯高投资开发有限公司(以下简称"昆山纯高公司")因公司项目融资需要,同安信信托股份有限公司(以下简称"安信信托公司")签订《资产收益权信托协议》,昆山纯高公司(委托人)以其所有的联邦国际项目在建工程的收益权作为信托财产,交付安

---

① 高凌云:《收益权信托之合法性分析——兼析我国首例信托诉讼判决之得失》,《法学》2015 年第 7 期。
② 刘光祥:《收益权作为信托财产的有效性辨析——以安信纯高案为例》,王利明主编:《判解研究》(2015 年第 3 辑),人民法院出版社 2016 年版。
③ 何宝玉:《信托法原理研究》,中国法制出版社 2015 年版,第 184 页。
④ (2013)沪高民五(商)终字 11 号。

信信托公司(受托人),安信信托公司基于昆山纯高公司交付的信托财产向投资人发行信托收益权份额,由此成立信托项目。合同约定:安信信托公司通过设立"昆山·联邦国际"资产收益权信托并转让优先受益权的方式向昆山纯高公司融通资金;昆山纯高公司已与安信信托公司签订信托合同,并同意安信信托公司将全部信托受益权分为优先受益权和一般受益权,其中信托优先受益权由社会投资者认购,信托一般受益权由昆山纯高公司持有。安信信托公司将募集的信托资金按信托文件的约定交付给昆山纯高公司用于支付"昆山·联邦国际"项目后续工程款和调整昆山纯高公司的财务结构。信托协议履行期内,设立信托专用账户,昆山纯高公司在获得信托财产收益后,将该收益按照协议确定的标准和时间向信托专用账户进行支付。2012年6月,昆山纯高公司多次逾期未提供还款保证金、未满足最低余额要求。后安信信托公司以昆山纯高公司为被告向法院提起诉讼,要求昆山纯高公司按照合同约定承担责任。

上海市第二中级人民法院裁判认定,首先,"原告对信托成立及与被告昆山纯高公司签订信托合同的事实亦不予否认。又鉴于信托合同系双方当事人真实意思表示,且未违反法律、法规的强制性规定,该合同合法有效。故原告与被告昆山纯高公司之间存在信托法律关系"。其次,"由于信托财产仅仅是受益权,而基础财产的抵押是保障案外投资人获得受益权的重要手段,如果缺乏这种抵押,安信信托公司亦无法为昆山纯高公司招来足够多的案外投资人。因此,抵押的办理对原告、被告以及案外投资人均有重要意义。由于信托合同结构复杂、权利义务不清晰,难以用于办理抵押登记,为此,原告与被告昆山纯高公司通过签订《信托贷款合同》以达成办理抵押登记手续的目的,情有可原。对此双方均有预期且达成了合意。被告现要求本院完全否认《信托贷款合同》并进而否定抵押权的存在,与双方当时的合意不符,不予采信。因此,应认定《信托贷款合同》仅作为表面形式,其实质在于实现信托合同中所约定的抵押权登记"。

尽管本案法院承认可以资产收益权为信托财产设立财产权信托,但在裁判说理部分并未对资产收益权的性质以及资产收益权能否作为信托财产等关键问题予以逻辑完整的论述。相反,法院主要基于利益平衡的考量以及从保护投资人合法权益的角度出发,认定本案双方当事人之间构成信托法律关系,进而默示推定以在建工程为基础资产设立信托的合法性。不难看出,能否以资产收益权设定信托这一问题仍处于法律规定的模糊地带。

三、信托财产的所有权归属

信托财产的所有权在作为信托制度起源地的英美法系国家并不是一个值得研究的重大理论问题。在英美法系,信托关系受托人为他人利益而享有信托财产普通法上的所有权,而受益人则取得信托财产衡平法上的所有权。这是因为英语世界中的所有权(ownership)并非大陆法系所熟悉的、"最完整"意义上的财产所有权,在信托领域,信托财产所有权是被分割为法律所有权(legal title)和衡平所有权(equitable title)的"双重所有权"。[①]大陆法系理

---

① 赵廉慧:《信托财产权法律地位新解——"双财团"理论的引入》,《中国政法大学学报》2016年第4期。

解信托所有权的困难在于,传统大陆法系并不存在衡平法与普通法的划分,而坚持物权法上的"一物一权"、物权法定原则。在大陆法系视野下,财产所有权无法在不同主体之间进行分割。但其实,在英美法系的司法实践中,为保护交易安全和保障财产自由转让,法官也默默遵循着物权法定原则,这从另一角度也说明信托制度与物权法定原则并不存在不可调和的矛盾。[①] 我国长期沿袭大陆法系法律制度,面对两大法系对所有权理解上的差异,也存在着无法用传统概念来解释信托本质的问题。我国《信托法》第 2 条规定信托的定义时回避了信托财产所有权的问题,采用了"委托给"这样的模糊字眼,而并没有对信托财产所有权究竟应由委托人、受托人或受益人中的何人享有作出明确规定。从法条规定上而言,信托财产的所有权归属似乎处于"真空"状态。究其原因,在于我国《信托法》致力于以信托法律关系当事人的权利为中心构建信托制度,故放弃了确定信托财产所有权归属方面的努力。[②] 但对于一向注重理论体系的大陆法系而言,信托财产的所有权归属和性质问题无从厘清是难以想象的。

(一) 信托财产不是"信托"的财产

为达到信托财产独立的效果,有些信托法采取将信托财产"拟人化"的做法,即将信托本身视为独立于受托人的法律主体,其享有类似于法人的主体地位(如加拿大魁北克省的信托法)。但是从我国信托法规范来看,信托财产是没有法人资格的,这是中国法上的默认立场(default rule),也是世界各国信托法上默认立场。理论上而言,信托财产的独立性表现为信托财产的主体性,承认信托类似法人而具有独立地位并不存在实质障碍。但从法律政策选择的角度出发,赋予信托独立主体地位并不符合实用主义原则。一方面,尽管独立主体地位可能使信托具备起诉和被诉的功能,在其陷入纠纷之时,可以在程序上获得一定的便利。但与此同时,这种"财团法人"本身复杂的结构所带来的代理规则、权限范围以及利益冲突等问题同样将使信托陷入无休止的纠纷中。换言之,赋予信托独立主体地位将不可避免地损害信托本身的灵活性和实用性。另一方面,根据信托法原理,一般而言,受托人当然拥有信托财产的管理运用与处分权,委托人与受益人均不享有该权利,无须特别授权与信托文件另行规定。与此同时,就信托产生的责任而言,受托人对管理信托事务承担过错责任。我国《信托法》第 37 条第 2 款规定:"受托人违背管理职责或者处理信托事务不当对第三人所负债务或者自己所受到的损失,以其固有财产承担。"这种将受托人的信用引入信托财产管理事务的构造无疑为信托财产的债权人提供了一种"背书"。如果一般性地承认信托财产的主体地位,则信托和公司(法人)制度就逐渐趋同,信托制度也就丧失了其自身优势。[③]

(二) 信托财产不是委托人的财产

从世界各国信托法的立法例来看,设立信托原则上都要转移财产于受托人处,至今还没有很明显的例外。如果信托财产归属于委托人,就会与《信托法》第 15 条相矛盾。信

---

① 黄泷一:《英美法系的物权法定原则》,《比较法研究》2017 年第 2 期。

② 温兴扬、冯兴俊:《论信托财产所有权——兼论我国相关立法的完善》,《武汉大学学报(哲学社会科学版)》2005 年第 2 期。

③ 赵廉慧:《信托法解释论》,中国法制出版社 2015 年版,第 216 页。

托的目的是使信托财产具有独立性,而要使信托财产保持独立性,首先要令其独立于委托人,使它成为不是委托人财产的一种财产。另外,信托财产如果归属于委托人,将会导致信托关系与代理关系雷同,当委托人破产时,如果信托财产没有从委托人处隔离出来,就无法产生破产隔离的效果。因此,信托财产不能是委托人的财产,这是一个被普遍认同的结论。

(三)信托财产不是受益人的财产

《信托法》规定,原则上受益权可以用于清偿债务,即受益权是受益人的责任财产,但信托财产不是受益人的(责任)财产,这一点应该是非常明确的。信托中就受益权可以作各种分层的安排:有的人是优先的,有的人是劣后的;有的是本金的,有的是收益的。但如果把所有权归属于某一个或者某几个受益人,就会变成单一所有权或者共有关系,此时信托当中的灵活安排也就无法达成。同时,信托财产归属于受益人这种说法也无法解释信托财产由受托人管理运用和处分这种信托最基本的安排。所以信托财产不是受益人财产,是很容易证成且也可能是争议最小的。

(四)信托财产属于受托人名下的特殊财产

在大陆法系框架下,由受托人享有信托财产的单一所有权,同时由受益人享有对受托人的债权请求权,这种设计既可以发挥信托制度的功能,又能够避免对我国传统物权制度造成巨大冲击。[①] 在这种情况下,信托财产归属于受托人,就变成了一个谨慎且现实的选择。目前居于主流地位的观点是信托财产的所有权由委托人转移给受托人,受托人是新的所有权人。持这一观点的主要理由一般是:我国《信托法》在信托财产所有权归属问题上的规定,与很多大陆法系国家或地区的规定大体类似,而日本、韩国《信托法》以及我国台湾地区"信托法"等一般也确认信托财产由受托人享有。此外,也有学者着眼于对《信托法》有关条文的解读与研讨,得出我国《信托法》规定由委托人享有信托财产所有权这一结论性意见。[②]

概言之,在解释信托财产权属这一问题上,我国为避免与本国物权法基本原则产生冲突,并不明确界定信托财产的性质,而强调信托财产的独立性并对委托人、受托人、受益人在信托期间的权利义务作出具体规定,最大限度地保留英美法系信托下信托财产管理和受益分离的功效。[③] 这一做法有明显优势,但很难经受住所有权完整性的考验。事实上,信托权属问题主要涉及信托外部关系,而就信托内部关系而言,由于信托是一个横跨合同法与财产法的制度,在受托人与受益人等内部人之间出现争议时,应以合同视角,从意思自治角度出发,依据信托文件的约定和信托法规定解决,通常不涉及信托财产的所有权归属问题。而在信托外部关系上,则更多依赖信托公示制度加以解决。可以说,就信托财产的利益相关者——委托人、受托人和受益人对信托财产有什么性质和内容的权利而言,确定信托财产所有权归属的实践意义有限。作为信托法的继受国,对号入座在大陆法系找一个与普通法系

---

① 于海涌:《论英美信托双重财产所有权在中国的本土化》,《现代法学》2010年第3期。
② 张淳:《中国信托法特色论》,法律出版社2013年版,第34页。
③ 楼建波:《信托财产关系与物权法定原则的冲突——兼论信托财产关系的民法典表达》,《交大法学》2019年第2期。

一致的话语,往往徒劳且无实益,应当首先考虑的是信托法如何在功能上符合英美法系信托法的本质或功能。[1]

第二节　信托财产的范围

信托财产的范围并不局限于信托设立时受托人因承诺信托而从委托人处受让的财产,还包括信托存续期间因受托人管理运用、处分初始信托财产所取得的财产。这在大陆法系一般被称为信托财产的"物上代位性"或者信托财产的"同一性"。但无论表述如何,信托终了前的任何信托财产,不论其物质形态如何变换,均属于信托财产。例如,在信托设立时信托财产为不动产,后因管理需要受托人将其出售,变成金钱形态的价款,再由受托人经营而买进有价证券。在这种情况下,信托财产虽由不动产转换为价款,再由价款转换为有价证券,在物质形态上发生了变化,但其并不因物质形态的变化而丧失信托财产的性质。信托财产的物上代位性不仅使信托财产基于信托目的而在内部结合为一个整体,令其不因物质形态变化而丧失信托财产的性质,而且使信托财产在物质形态变化过程中,不因价值量的增加或减少而改变其法律性质。

一、初始信托财产

一般情况下,只要有价值,可以计算、转让,并在法律上不被禁止流通的财产或财产性权利,均可作为信托财产。《信托法》第 14 条第 1 款规定:"受托人因承诺信托而取得的财产是信托财产。"该"信托财产"即初始信托财产。我国《信托法》未明确要求委托人设立信托时,应将信托财产"转移"给受托人,而是用了"委托给"受托人这一表达。但依信托法原理,委托人设立信托,必须将信托财产转移给受托人,原则上,自信托设立之日,该部分财产成为信托财产,即初始信托财产。当然,信托财产不必然由委托人现实地交给受托人,民法上的指示交付、简易交付和占有改定等间接交付方式均产生相同效果。为保护受益人的利益,受托人取得初始信托财产时应当注意:必须把自己的固有财产与信托财产相区别,不能将信托财产作为其遗产,也不能用信托财产抵偿其债务;在财务上还必须按照信托财产、固有财产及其他信托财产分别管理,不能混淆。

确定信托财产的范围,应以信托文件作为直接依据。我国《信托法》第 9 条第 1 款第 4 项将"信托财产的范围、种类及状况"列为信托书面文件应当载明的事项,可见,信托文件是确定初始信托财产的直接依据。有些国家的信托法将信托文件作为法院确认信托财产范围的基本证据。例如,《美国信托法》认为,法院对信托财产范围的确认,必须着眼于信托文件所记载的有关内容,并且该项确认在必要时还可以求助于信托当事人留在该项文件上的对前述内容的解释,只是这一解释不能是一种推理性描述,否则该项内容在需要之时只能用其他证据加以证实。依据信托文件确定的信托财产是信托法律关系成立时委托人转移给受托人的财产,即初始信托财产。

---

[1]　耿利航:《信托财产与中国信托法》,《政法论坛(中国政法大学学报)》2004 年第 1 期。

◎ **相关案例**

北京海淀科技发展有限公司诉深圳市新华锦源投资发展有限公司等财产权属纠纷案[①]

2003 年 10 月 20 日,新华信托投资股份有限公司(以下简称"新华信托")与深圳市新华锦源投资发展有限公司(以下简称"深圳新华锦源")签订《资金信托合同》。根据合同约定,新华信托与江苏农垦集团有限公司签订《股份转让协议》,收购了中垦农业资源开发有限公司 7 105 万股股份。上述股份登记在新华信托名下,由新华信托代持管理。

2004 年 7 月 27 日,北京海淀科技发展有限公司(以下简称"北京海淀")与深圳新华锦源签订《信托收益权转让协议》,后深圳新华锦源将《资金信托合同》项下的全部权利和义务转让给北京海淀,北京海淀支付足额对价。2005 年 9 月 29 日,北京海淀与深圳新华锦源签订的《备忘录》载明:《资金信托合同》项下的全部权利和义务转让完毕,北京海淀成为信托财产(中农资源 7 105 万股股份)的实际所有权人。2004 年 4 月 21 日,海南福地苑与中行海南分行签订了 4 500 万元的借款合同。海南锦艺达通过各方合计向北京海淀划付款项 1 509 万元。海南锦艺达与海南福地苑于 2003 年 8 月至 2004 年 6 月通过直接或者间接的方式向深圳新华锦源账户划入 3 029 万元。

重庆市高级人民法院经审理认定:"本案无证据证明深圳新华锦源购买股权的资金全部来源于被告海南福地苑和海南锦艺达向中行海南分行的贷款,无证据表明北京海淀知道深圳新华锦源间接接受海南福地苑、海南锦艺达的资金设立信托财产,无证据证明相关资金从中行海南分行贷出后划转的过程与北京海淀取得本案信托财产权属有关,也无证据表明北京海淀间接取得的 1 509 万元资金就是中行海南分行的贷款。原告北京海淀作为善意和有权的当事人,其诉请有理,应当予以支持。"

事实上,《信托法》第 7 条第 1 款规定:"设立信托,必须有确定的信托财产,并且该信托财产必须是委托人合法所有的财产。"即便能够证明本案中北京海淀受让中垦农业资源开发有限公司股份所支付的资金来源于贷款,若不存在法定无效或可撤销的事由,北京海淀已经事实上取得对资金的控制权,依照"金钱占有即所有"的法理,北京海淀以其所有的资金设立信托当属有效。

二、后续信托财产

在信托法律关系存续期间,受托人因对信托财产进行管理或处分或因其他情形而取得的财产的变形和增值,也属于信托财产的范围。具体包括:

(一)受托人因处分信托财产而取得的财产

受托人依法有权处分信托财产。受托人因处分信托财产而取得的另一种形态的财产称

[①] (2006)渝高法民初字第 14 号。

为信托财产的代位物,其在性质上仍属于信托财产。例如,用信托资金购买动产,信托财产就由金钱转化为动产;受托人用信托资金购买股票或者债券,所获得的股权或者债权就成为另一种形态的信托财产。只要在信托存续期间内,无论信托财产因受托人的处分发生多少次转换,所获得的代位物均应归入信托财产。英美法系国家与大陆法系国家信托法对此也均有明确规定。如《美国信托法》认为,只要在信托文件中有规定,出卖作为信托财产的不动产或动产所取得的收入,即便超过了设立信托时对前述出卖物所估计的价值额,也应成为信托财产的一部分。《韩国信托法》第 27 条[①]《日本信托法》第 14 条[②] 都规定,受托人因处分信托财产而取得的财产,属于信托财产。

(二)受托人因管理信托财产而取得的财产

受托人依法享有管理信托财产的权利。如果受托人在管理信托财产的过程中取得了一定收益,这种收益在性质上也属于信托财产,包括信托财产的天然孳息、法定孳息以及因信托财产交易而产生的各种收益,如信托财产出租获得的租金、信托财产存款获得的利息以及信托财产用于股权投资获得的红利等。对此,英美法系和大陆法系信托法均有明确规定。例如,《美国信托法》认为,凡作为信托财产的不动产、动产或金钱所生之权益,均应视为信托财产的一部分。《韩国信托法》第 27 条、《日本信托法》第 14 条均规定,受托人因管理信托财产而取得的财产,属于信托财产。

(三)受托人因信托财产灭失毁损而取得的财产

在信托法律关系存续期间,受托人有保护信托财产的义务。若因受托人自身过错或因第三人过错导致信托财产毁损、灭失,应由受托人自身或第三人赔偿。赔偿的财产在性质上也属于信托财产。例如,因信托财产发生火灾所获得的保险金、因信托财产灭失所获得的赔偿请求权以及因投资企业的破产而获得的剩余财产等,无论形态如何,本质上仍属于信托财产。对此,大陆法系信托法有明确规定。例如,《韩国信托法》第 27 条、《日本信托法》第 14 条都规定,受托人因信托财产的毁损、灭失而取得的财产,属于信托财产。我国台湾地区"信托法"第 9 条第 2 项规定,受托人因信托财产之管理、处分、毁损、灭失或其他事由取得之财产权,仍属信托财产。英美法系信托法对此也持肯定态度。例如,《英国受托人法》第 20 条规定,凡被保险的信托财产因第三人行为而毁损灭失,受托人根据保险单而取得的保险金,应当根据信托或财产授予之目的而成为信托财产。

(四)由委托人增加的财产

在信托运行过程中,委托人根据信托契约的专门授权,可以自行决定将自己的其他财产追加投入到信托财产中,由此而增加的财产,在性质上属于信托财产。此外,即使在信托契约中没有专门授权,委托人在信托运行过程中,只要与受托人协商一致,也可以将自己的其

---

① 《韩国信托法》第 27 条规定,信托财产的管理、处分、运营、开发、毁损、灭失,以及受托人因其他事由获得的财产属于信托财产。

② 《日本信托法》第 14 条规定,因信托财产的管理、处理、毁损、灭失和其他事由,而由受托者取得的财产,均属于信托财产。

他财产追加投入到信托财产中,追加的财产也属于信托财产。

三、特殊问题探讨

如前所述,原则上,因初始信托财产的管理、处分、毁损、灭失或者其他事由而取得的财产,一般均应归入信托财产的范畴。我国《信托法》以及韩国、日本等国家的信托法也无一例外地对此进行了明确规定。但在实践中,仍有几个问题需要进一步探讨。

(一) 受托人基于其地位所获得的利益是否属于信托财产

信托财产中包含家族企业或者上市公司的股份是普遍情形。通常情况下,当股份比例达到一定数量时,为了更好地履行受托人义务,达到使信托财产保值、增值的目的,应指定一位受托人担任公司的董事,参与公司的管理和决策。但问题在于,受托人因处理信托事务,担任董事或者监事职务所获取的报酬,是否应当归入信托财产? 对此问题,我国学界未有统一结论。作为信托发源地的英国,其判例态度也经历了从将董事报酬归入信托财产的严格观点到允许部分例外情况的转变。早期英国法院认为,受托人不能从信托中获得任何利益,这是一个应当严格遵守的普遍规则。因此,其判例主张受托人应当将董事报酬归入信托财产,因为他们是利用受托人的地位获得报酬的。但随后人们逐渐意识到,商业社会的现实是,受托人担任董事参与公司管理对信托利益至关重要,而担任董事这一职务也需要受托人额外承担相关职责,这显然超出一般受托人的服务范畴。因此,在信托文件授权或者受托人基于其股东地位担任董事等特殊情况下,法院例外地允许受托人保留其获取的董事报酬。我国有学者主张,受托人受领的董监事报酬虽然并非由信托财产直接产生,但仍基于受托人的董监事地位而产生,因此虽不宜直接认定报酬为信托财产,但可对受托人之所得主张不当得利返还请求权。[①] 本书认为,既然受托人担任董事的确承担了一般受托人以外的职责,其所获利益并非没有法律上的原因,所谓不当得利之主张对其实属不公。为激励受托人谨慎、积极地管理信托事务,从而更好维护信托利益,应当将董事报酬排除在信托财产之外,允许尽职的受托人保有。

(二) 受托人违反信托义务所获利益是否属于信托财产

受托人违反信托义务处分信托财产所获得的财产应否归入信托财产? 我国《信托法》第 22 条仅规定了委托人的撤销权,对于因违反义务所获财产的归属并未予以明确。根据美国信托法的规定,针对受托人违反信托义务的行为,受益人可以选择要求受托人恢复信托财产以及未发生违反信托行为时受益人应得分配的利益,或者要求受托人将因违反信托所得的利润归入信托财产。[②] 不过日本有学者认为,受益人不积极行使选择权的,原则上应认定受托人依物上代位取得的代位物归信托财产。[③]

---

①　王志诚:《信托法》,五南图书出版公司 2016 年版,第 148 页。

②　《美国信托法》第 1002 条。

③　[日]能见久善:《现代信托法》,有斐阁 2004 年版,第 62 页。

第三节 信托财产的独立性

一、信托财产独立性概述

信托财产的独立性是指信托财产独立于各方当事人,不属于任何人的责任财产,并独立于其他民事主体。换言之,信托财产只能用于清偿基于信托财产的管理运营而产生的债务,不能作为任何一方信托当事人的责任财产而用于偿还他们的个人债务。信托财产的独立性是信托制度体系的核心与灵魂,其将信托的灵活性和弹性发挥得淋漓尽致,且其所包含的内容异常丰富。[①] 同时,信托财产的独立性虽为两大法系信托法理论共同关注的一个信托哲学理论问题,但基于历史传统的差异,两大法系对信托财产独立性的规定也有所不同。

相较大陆法系,英美法系所有权概念自始是多元、相对的,人们可以基于不同时期的目的,对不同性质的财产权益进行分割,在不同时间分配给不同的人,以充分实现财产的价值。因此,在利用信托制度对信托财产进行灵活安排以实现信托目的的问题上,英美法系国家并不存在很大的法律障碍。受托人是信托财产名义上的所有权人,其在为信托目的而管理运用、处分信托财产的过程中无疑将涉及交易市场上的第三人,同时其管理行为又必须确保受益人利益。鉴于此,为确保受托人自始至终履行信托职责,英美法系信托法就必须确认信托财产相对于受托人固有财产的独立性。

大陆法系深受罗马法一物一权原则的影响,一贯强调财产权的完整性和绝对性,在面对信托法"双重所有权"这种特殊结构时,其无法用既有的理论解释信托的法律性质与信托财产权属问题。因此在借鉴与移植英美法系信托制度的过程中,大陆法系通过对信托制度进行本土化改造强化和完善了信托财产的独立性理论体系,目的是在不改变信托制度本质的同时尽可能使源自英美法系的信托制度与大陆法系固有的法律理论体系相结合。于是,注重受益人保护的信托独立性理论成为大陆法系信托法律制度中最为重要的制度设计。

二、我国的信托财产独立性

信托财产独立性强调信托财产的"目的财产"属性,这一区别于委托、代理等相似民商法律制度的特征贯穿整个信托法始终,使信托财产具有隔离功能。

(一) 信托财产独立于委托人

在信托中,委托人将设立信托的财产转移给受托人并不是目的,只是为了使该财产从委托人的其他财产中分离出来。委托人依信托文件将其合法拥有且确定的信托财产所有权转移给受托人后,对信托财产的占有、使用、处分权能也随即自动转移给了受托人,信托财产的所有权能即脱离并独立于委托人之外,从这时起,委托人不得依信托法律法规和信托文件之

---

① 胡旭鹏:《信托财产独立性与交易安全平衡论——以信托外部法律关系为视角》,法律出版社 2015 年版,第 20 页。

外的原因对该信托财产主张所有人的权利。因此,信托设立后,信托财产就确定从委托人的固有财产中分离出来,在法律上不再属于委托人的固有财产,不受其管理处分,也不再属于其责任财产。虽然我国《信托法》对信托财产所有权的移转使用的是"委托"而不是直接的"转移",也有学者认为信托财产独立性的实现不取决于信托财产权属的转移,[①]但统观信托的制度架构和制度安排,其还是以信托财产的转移为起点的。因此,在理解信托定义时,仍应将"委托"理解为一种财产权的转移。信托成立后,委托人对信托财产不再享有任何财产性权利。这就是《信托法》第15条规定的"信托财产与委托人未设立信托的其他财产相区别"的法律含义,具体体现在以下方面:

1. 委托人不得对信托财产主张物权

除法定事由外,委托人已经不能就信托财产再对外主张物权。一旦信托设立,信托财产与委托人的其他财产相分割,委托人不能继续把信托财产看成其固有财产,无权再对信托财产进行管理、处分,也不能以信托财产与他人进行交易,更不能再对信托财产设立债务。

2. 信托财产不属于委托人的责任财产

信托设立后,信托财产与委托人的信用相分离,除非法律另有规定,信托财产不再是委托人的偿债财产,委托人的债权人不得对信托财产主张权利。根据我国《信托法》规定,在以下两种情况下委托人的债权人仍得向信托财产追索:(1) 根据《信托法》第12条规定,委托人设立信托损害其债权人利益的,债权人有权申请人民法院撤销该信托。这是信托法对欺诈性信托的明确禁止,债务人利用信托从事损害债权人利益的活动,并使该债权人难以实现其债权的,债权人有权申请人民法院撤销该信托。但值得注意的是,在这种情况下,受托人是否存在恶意并非行使撤销权的要件,因为受托人不处于享受信托利益的地位。为了平衡债权人和善意受益人的利益,《信托法》规定债权人行使撤销权时,不影响善意受益人已经取得的信托利益。此外,根据该条规定,债权人应当自知道或者应当知道撤销事由之日起1年内行使撤销权,否则该权利归于消灭。(2) 设立信托前,委托人的债权人已对信托财产享有优先受偿的权利。其中,"设立信托前"是指信托关系成立之前;"优先受偿的权利"是指具有优先效力、应当在先受到清偿的权利。按照现行规定,在受偿顺序方面,工资、抚恤金优先于担保债权,担保债权优先于无担保债权。若信托成立前信托财产上就已设立了抵押权,抵押权人对该信托财产享有优先受偿的权利。该抵押权人依照法定条件和程序行使权利而无法得到清偿时,就可申请人民法院对该信托财产强制执行。

3. 信托财产不属于委托人的遗产或清算财产

在信托成立后,信托财产就成为服务于信托目的而独立存在的财产,与委托人未设立信托的其他财产相比较,信托财产具有独立于委托人生死存亡的地位。委托人是自然人的,委托人死亡时,信托财产不列入其遗产;委托人是法人或其他依法设立的组织的,委托人终止时,信托财产不属于其清算财产,委托人的出资人不得将信托财产当作剩余财产进行分配,债权人也无权要求对信托财产进行分配。需要注意的是,如果委托人设立的是自益信托,即以自己为唯一受益人的信托,此项独立性原则不再适用。根据《信托法》第15条的规定,信托关系依法成立后,如果发生自然人委托人死亡或者法人委托人依法解散、被依法撤销、被

---

① 楼建波:《信托财产的独立性与信托财产归属的关系——兼论中国〈信托法〉第2条的理解和应用》,《广东社会科学》2012年第2期。

宣告破产的情形,对信托财产应当按照如下两项原则进行处置:(1) 委托人是唯一受益人的,信托终止,信托财产作为其遗产或者清算财产。委托人是唯一受益人的信托,信托利益全部由委托人享有,自然人委托人死亡或者法人委托人依法解散、被依法撤销、被宣告破产,都意味着委托人法律主体资格的丧失,承受信托利益的受益人主体已不复存在,信托目的已经无法达成,信托关系亦应当终止。在发生这种情况时,委托人是自然人的,信托财产应作为委托人的遗产处理;委托人是法人,其依法解散、被依法撤销、被宣告破产的,必须进行清算,信托财产应作为委托人的清算财产处理,即将法人的财产进行全面的核查登记,编制清单,收取债权,清偿债务,并将剩余财产依法进行分配或转交有关机关。(2) 委托人不是唯一受益人的,信托存续,信托财产不作为其遗产或者清算财产,但作为共同受益人的委托人死亡或者依法解散、被依法撤销、被宣告破产时,其信托受益权应作为其遗产或者清算财产。在委托人不是唯一受益人的信托关系中,委托人死亡或者终止,或者受益人之一死亡或者终止,其他受益人依然存在,信托目的尚未完成且可以继续完成的,其他受益人仍可继续享受信托利益,因此,信托关系不应终止而应当继续存续。在信托关系有效存在的情况下,信托财产仍应为信托目的而独立存在,与委托人未设立信托的其他财产相区别,而不能将信托财产作为委托人的遗产或者清算财产。

(二) 信托财产独立于受益人

从信托形成的机制来看,信托的目的是受托人为受益人的利益或者特定目的对信托财产进行管理运用和处分,受益人所享有的对信托财产的受益权,并不是通过直接取得信托财产而实现,而是按照信托文件规定的条件和目的,通过从受托人处取得信托利益而实现。虽然信托财产是为了受益人的利益而被设置并转移给受托人占有、管理、使用和处分,受托人的职责也正是服务于受益人利益最大化,但受益人在信托存续期间并非信托财产的所有权人,其不能直接享有对信托财产的实际控制和处置权,实际上只是信托关系中纯享利益之人。但从交易成本上分析,受益人最有积极性去监督受托人的管理行为,因此法律也赋予受益人一系列权利,这些权利可分为两类,即获得收益的权利和维护信托财产独立性的权利。[①]其中,独立性主要体现在以下两点:

1. 信托财产不属于受益人的责任财产

受益人的债权人不能直接对信托财产主张债权,也不得申请法院强制执行信托财产。根据信托法原理,受益人享有的是受益权,即根据信托文件取得信托利益的权利,而不是对信托财产本身的所有权。我国《信托法》第 15 条规定,设立信托后,委托人死亡或者终止(即依法解散、被依法撤销、被宣告破产)时,委托人不是唯一受益人的,信托存续,信托财产不作为其遗产或者清算财产;但作为共同受益人的委托人死亡或者依法解散、被依法撤销、被宣告破产时,其信托受益权作为其遗产或者清算财产。由该条文可见,信托财产不可被强制执行,但信托受益权所产生的信托利益是可以被强制执行的。此外,《信托法》第 47 条规定:"受益人不能清偿到期债务的,其信托受益权可以用于清偿债务,但法律、行政法规以及信托文件有限制性规定的除外。"该条明确规定信托受益权可以用于清偿受益人债务。但值得注意的是,属于受益人固有财产的是信托受益权而不是信托财产本身。

---

① 宋刚:《信托财产独立性及其担保功能》,北京师范大学出版社 2012 年版,第 125 页。

2. 信托财产不属于受益人的遗产或者清算财产

当受益人死亡或者被依法解散、被依法撤销或者被宣告破产时,信托财产不属于受益人的遗产或者清算财产。首先,受益人死亡不一定导致信托终止,我国《信托法》第48条明确规定了受益权的可继承性:一般而言,当受益人死亡时,其继承人可继承包括信托受益权在内的所有财产,但若信托文件要求受益人具备某些条件,则当受益人死亡时,受益人的受益权应按照信托文件的规定或者法律规定另行安排。其次,即使受益人死亡造成信托关系终止,剩余信托财产也不一定归属于受益人。一般来说,剩余信托财产根据信托文件的规定确定归属,信托文件没有规定的,根据我国《信托法》第54条规定,信托财产按照受益人在先,委托人在后的顺序确定归属。

◎ **相关案例**

张某甲、沈某与齐某、张某乙等法定继承纠纷再审复查与审判监督民事裁定书[①]

2004年10月26日,张德奎作为委托人出资53 049元与受托人滕爱荣签订《资金信托合同》。合同约定:张德奎为唯一受益人。受益人的信托受益权可以依法转让和继承,也可用于清偿到期债务,委托人和受益人在受托人处办理完成相关的信托受益权转让手续后,信托受益权转让方能生效。在合同项下的信托有效期间,委托人征得受益人同意后可以变更受益人,变更受益人应向受托人提供如下文件:(1)以附件方式出具的"受益人变更通知";……受托人……向委托人出具符合附件之形式要求的"受益人变更确认书"。2010年3月28日,张德奎以遗嘱的形式将本合同项下的受益人变更为张某丙。2010年12月9日,滕爱荣出具了"受益人变更确认书",将受益人变更为张某丙。后,张德奎的法定继承人张某甲、沈某诉至法院,要求法定继承上述信托资金。

山东省烟台市中级人民法院经审理认定,《信托法》第15条规定:"信托财产与委托人未设立信托的其他财产相区别。设立信托后,委托人死亡或者依法解散、被依法撤销、被宣告破产时,委托人是唯一受益人的,信托终止,信托财产作为其遗产或者清算财产;委托人不是唯一受益人的,信托存续,信托财产不作为其遗产或者清算财产;但作为共同受益人的委托人死亡或者依法解散、被依法撤销、被宣告破产时,其信托受益权作为其遗产或者清算财产。"因信托合同的委托人和受益人均为张德奎,其于2010年3月28日以遗嘱的形式将合同项下的受益人变更为张某丙,2010年12月9日,受托人滕爱荣出具了"受益人变更确认书",将受益人变更为张某丙。因此,张德奎已不再是上述信托合同的唯一受益人,该53 049元的信托财产不应作为张德奎的遗产进行分割。张某甲、沈某要求分割的请求不应得到支持。

本案无疑彰显"信托财产独立于委托人与受益人"这一信托财产独立性的特点,但对于"张德奎并未依据合同约定向受托人出具相关文件,而以遗嘱形式变更受益人"的行为是否产生变更受益人的法律效力,仍存争议,在此进一步说明。《信托法》第51条规定:"设

---

① (2013)烟民申字第235号。

立信托后,有下列情形之一的,委托人可以变更受益人或者处分受益人的信托受益权:……(三) 经受益人同意;……"本案中,张德奎作为信托合同中的委托人和唯一受益人,其变更受益人,只需自己同意即可,故符合上述法定要件。信托合同中同时约定"委托人在征得受益人同意后可以变更受益人"。据此,张德奎以遗嘱形式变更受益人为张某丙,系张德奎本人的真实意思表示,且滕爱荣其后出具"受益人变更确认书",对张德奎的意思表示予以肯定,受益人即由张德奎变更为张某丙。至于信托合同中有关通知的约定,其效力在于帮助受托人更好地履职,未向受托人出具通知书,并不实质性影响受益人的变更。

(三) 信托财产独立于受托人

信托作为一种财产管理机制,以实现信托利益为目的,因此,在信托中,受托人取得信托财产所有权并不是目的,只是方便其行使管理权的一种手段。从信托财产所有权归属于受托人,信托存续期间信托财产由受托人控制和管理的角度来看,可以说信托财产独立于受托人才是信托财产独立性的关键。这一独立性体现为,虽然受托人是法律上信托财产的所有人,但其无权将该项财产"据为己有"。[①]

1. 独立于受托人的固有财产

信托财产独立于受托人的固有财产是信托财产独立性制度的核心,即使是主张"双重所有权"概念的英美法系国家,也出于对受益人利益的维护而对此有明确规定。我国《信托法》第 16 条第 1 款规定:"信托财产与属于受托人所有的财产(以下简称固有财产)相区别,不得归于受托人的固有财产或者成为固有财产的一部分。"该条款确立了信托财产对于受托人固有财产的独立性:受托人对其固有财产享有完整的物权,可以在一般法律限制范围内进行任意支配、处分;信托财产虽然也是受托人财产的一部分,但其管理和处分不但受信托目的的约束,还受信托文件规定以及受益人利益的限制,体现了强烈的"目的财产"性质。

(1) 信托财产不属于受托人的责任财产。信托的独立性在很大程度上使得信托财产独立于受托人的债权人,从而起到债务隔离的作用。对于受托人而言,其虽获得信托财产的所有权,但如前所述,这一所有权实质上并不完全,其只获得了所有权中的部分权能,即对信托财产进行管理处分等权利。对于专属于受托人的非因履行信托义务而形成的债务,只能以受托人的固有财产进行清偿,其债权人不得依据其与受托人的交易或者债权债务关系向信托财产主张清偿。例如,受托人不得以信托财产为其个人债务设定担保,不得以信托资金清偿个人房屋贷款等债务。

(2) 信托财产不属于受托人的遗产或者清算财产。信托财产名义上虽然属受托人所有,但对于受托人而言其同时具有非继承性的特征,从而使信托财产与受托人死亡的风险相隔离,信托关系不因受托人死亡而终止,信托财产也不因受托人死亡而成为受托人的遗产被继承。《信托法》第 16 条第 2 款规定:"受托人死亡或者依法解散、被依法撤销、被宣告破产而终止,信托财产不属于其遗产或者清算财产。"该条明确规定了信托财产的非继承性以及破产隔离功能。信托存续期间,信托财产的独立性使其与信托当事人的其他固有财产相分离,当委托人或受托人死亡时,其遗产范围自然不包括信托财产,不能将信托财产列为委托人或受托人的遗产。受托人为法人时,其经破产宣告或者被依法撤销进入清算程序时,信托财产

[①]　张淳:《信托法哲学初论》,法律出版社 2014 年版,第 197 页。

也不属于其清算财产。可见,无论是作为个人受托人负债或者死亡,还是作为法人受托人负债、被宣告破产、依法解散、被依法撤销等,信托财产的完整性和独立性均不受影响。

(3) 与其他财产分别管理的要求。信托财产与受托人的其他财产相分离,从而进行分别管理是信托财产独立性中最具挑战性的问题。为了从实际操作上确保信托财产独立于受托人其他财产,我国《信托法》第29条明确规定:"受托人必须将信托财产与其固有财产分别管理、分别记账,并将不同委托人的信托财产分别管理、分别记账。"该条款实际上包含了两个方面的要求:① 受托人必须将信托财产与其固有财产区分开,不与固有财产发生混同。在信托财产是种类物的情况下,应分别存放、计数和记录;在信托财产是特定物时,应分别记录;信托财产为资金时,受托人应单立账户,分别存管。② 当受托人为多项信托财产的受托人时,对于不同信托财产,也应分别管理、分别记账。从而明确受托人对信托财产的责任,便于监督受托人为受益人最大利益管理和处分信托财产,维护受益人的合法权益。

此外,《信托法》第27条规定:"受托人不得将信托财产转为其固有财产。受托人将信托财产转为其固有财产的,必须恢复该信托财产的原状;造成信托财产损失的,应当承担赔偿责任。"该条实际上也是对受托人在管理运用、处分信托财产过程中应严守信托目的,不将信托财产与固有财产相互混淆的要求。无论信托关系存续与否,信托财产的完整性始终应得到保障,且不应被归入受托人的固有财产,除依据信托文件取得报酬及特定情况下从信托财产获得补偿之外,受托人不得侵占信托财产,也不得利用信托财产为自己谋取利益。

2. 强制执行的禁止

强制执行是指人民法院依照法定程序,根据发生效力的法律文书确定的执行内容,强制民事义务人完成其所承担的义务,包括查询、冻结、划拨被申请执行人的存款,查封、扣押、拍卖、变卖被申请执行人的财产等执行措施。强制执行属于诉讼法中的内容,实行强制执行的前提是被执行人对申请人负有义务且不主动履行,根据一般民法规则,强制执行的标的是被执行人的所有财产。信托是"受人之托,代人理财",信托财产原则上具有独立性,这也决定了信托财产具有一定的隔离性,其区别于受托人的固有财产,一般情况下,信托财产都不能被强制执行。信托财产的不可强制执行性是信托财产独立性的程序法体现,也是信托目的得以实现的一个重要原则。信托财产既非委托人债务的担保,也非受托人债务的担保,不论是委托人的债权人,还是受托人的债权人,都没有请求债务人以信托财产偿还债务的权利,也不应允许他们对信托财产申请强制执行。我国《信托法》第17条明确规定了禁止信托财产强制执行的原则。然而,有些权利是信托关系产生之前就已经存在的,有些债务是信托财产本身产生或者处理信托财产而发生的,为保护这些正当权利得到实现,也不应对信托财产一概禁止强制执行。因此,我国《信托法》第17条第1款规定了几种禁止对信托财产强制执行的例外情形。

(1) 设立信托前债权人已对该信托财产享有优先受偿的权利,并依法行使该权利。信托财产的独立性,尤其是不可强制执行性使得信托制度相较其他财产制度在防御风险方面有着不可比拟的优越性,其所体现出来的"闭锁效应"也更容易被恶意利用以达到逃避债务、规避法律的目的,一旦信托财产的这种特性被恶意利用,将严重侵害债权人的利益,影响社会交易安全。例如,委托人为了逃避债务,将已经设定抵押的财产作为信托财产设立信托,如果此时严守信托财产的不可强制执行性,任由受托人对该等债权人主张信托财产不可强制执行,无疑将造成严重的利益失衡,而这有悖信托制度的初衷。因此,如果债权人在信托设立之前就已经对信托财产享有优先受偿的权利,且债权人依法行使该权利,则其可以申请对信托财产强制执行。"优先受偿的权利"是指优先于其他债权受偿的权利,既包括抵押权、质权、留置权等担保物权,也包括工资、抚恤金、破产费用等具有优先效力的债权。例如,委托人以一套房产为信托财产设立信托,但该房产上原本负担着建设工程价款债务,如果承包人在合理期限内通过法定程序主张权利,即使信托财产已经转移,承包人仍可强制执行信托财产。

(2)受托人处理信托事务所产生债务,债权人要求清偿该债务。信托成立后,受托人为实现信托目的管理运用信托财产、处理信托事务所产生的收益为信托财产的收益,所产生的债务也是信托财产的债务,这也是信托财产损益相互独立原则的要求。比如,受托人雇人修缮属于信托财产的房屋所发生的修缮费用,就是信托财产的债务,应以信托财产进行偿付;又如,受托人为管理信托财产而取得的贷款、发行的债券,都属于信托财产的债务,也应由信托财产承担。相应地,债权人对信托财产申请强制执行也是应有之义。需要注意的是,此处"处理信托事务所产生的债务"并不要求必须是合理正当的债务,即该禁止强制执行的例外不考虑受托人管理信托财产的主观情况。我国《信托法》第 37 条第 2 款规定:"受托人违背管理职责或者处理信托事务不当对第三人所负债务或者自己所受到的损失,以其固有财产承担。"对此,我国有学者认为,受托人违背管理职责或处理信托事务不当对第三人所负的债务,依法应当以其固有财产承担,法院对信托财产强制执行后,受托人应当以其固有财产补偿信托财产。[①]

(3)信托财产本身应担负的税款。这是指在信托财产的管理运用、处分或其他信托事务的处理过程中所产生的税款债务。受托人管理运用、处分信托财产过程中,可能需要交纳一定税款,而这些税款应以信托财产交纳。例如,作为信托财产的股权对外转让可能产生的所得税,作为信托财产的房产或土地可能需要定期交纳的相应房产税或耕地占用税等,以及运用信托基金进口一批用于信托目的的货物所应交纳的关税等,就都是信托财产应担负的税款,为追缴这类税款,可以对信托财产强制执行。

(4)法律规定的其他情形。此为兜底条款,是指除上述三种情形外,如果有关法律还规定了其他可以对信托财产强制执行的特定情形,应当按有关法律规定执行。有学者认为,我国《信托法》第 34 条规定"受托人以信托财产为限向受益人承担支付信托利益的义务",故受托人在信托财产范围内对受益人所负的支付信托利益的债务属于此例,受益人得请求对信托财产强制执行。

同时,《信托法》第 17 条第 2 款规定,如果债权人违反《信托法》第 17 条第 1 款规定对信托财产申请强制执行,为保护信托财产,委托人、受托人、受益人有权向人民法院提出异议。质言之,委托人、受托人或者受益人可以提起第三人异议之诉,主张该财产属于信托财产,请求撤销强制执行裁定或者停止强制执行程序,以保全信托财产,使之免遭难以恢复之损害。值得注意的是,应当办理信托登记的信托财产,在依法办理信托登记后才能够有效地适用禁止强制执行信托财产的规则。若未办理信托登记,则无法以信托关系存在为由对抗债权人。

3. 抵销的禁止

抵销作为债的消灭的一种原因,具有担保债权的功能,因此抵销是民法中债法制度的重

---

① 何宝玉:《信托法原理研究》,中国法制出版社 2015 年版,第 231 页。

要组成部分。通过抵销,当事人双方可以不必履行各自的债务,而直接使债务得到清偿,这可以节省相互给付的时间、精力和费用,从而提高交易效率,降低成本。根据我国《民法典》规定,抵销成立需要满足几个基本要件:其一,双方互负债务且均已届清偿期;其二,双方债务均不属于不能抵销的债务;其三,双方债务目标物的种类、品质相同。

信托财产是基于特定信托目的独立存在的财产,虽处于受托人名下并由受托人实际支配和控制,实际利益却归受益人所有。可以说,受托人实际上有两份性质不同的财产,即信托财产和固有财产。[①] 信托财产的债权与受托人固有财产的债务以及其他信托财产的债务,虽名义上都同为受托人持有或承担,但实质上,债权与债务的主体是不一样的,因此,如果允许抵销,可能出现受托人以信托财产清偿自己债务的情况,这就违反了信托制度中受托人"为受益人或者特定目的"对信托财产进行管理和处分的宗旨,也难免有利益冲突之嫌。鉴于此,为保障信托财产的独立性和安全,对信托财产上债权的抵销有必要作严格限制。

根据我国《信托法》第18条规定,受托人在管理运用、处分信托财产过程中,信托财产所生之债权,与受托人名下不属于该信托财产的其他财产所生之债务不得相互抵销。这一规则实际上包括两方面内容:(1) 受托人管理运用、处分信托财产所产生的债权,不得与其固有财产所产生的债务相抵销。这是指,受托人对同一相对人享有信托财产上的债权,同时负有固有财产上的债务,且都已届清偿期,二者不得抵销。这是因为受托人承担着为受益人利益管理信托财产的义务,如果允许上述两种财产上的债权债务抵销,相当于受托人以信托财产清偿自己的债务,有悖于信托目的。禁止这两种债权债务相抵销,有利于信托目的的实现,保护受益人的受益权。(2) 受托人管理运用、处分不同信托财产所产生的债权债务,不得相互抵销。这是指受托人同时接受多项信托的,同一相对人或多个相对人对处于同一受托人控制支配下的不同信托的信托财产所享有的债权和所承担的债务,即使同时到了清偿期,相互之间也不得抵销。这是因为,虽然从表面上看受托人管理的这些财产都属于信托财产,但每一项信托财产所要达成的目的是不同的,信托财产利益归属的主体也不同,允许二者抵销,相当于以信托财产清偿其他信托的债务,被减损的信托财产对实现信托目的的保障作用就会被削弱,导致有些信托目的难以实现。当然,信托财产抵销禁止制度并不影响同一信托财产上债权债务的抵销。

需要注意的是,根据我国《信托法》的规定,属于信托财产的债务与不属于信托财产的债权不在抵销禁止的范围内。如果信托财产上负有债务,而受托人在其固有财产上享有债权,受托人就可以和第三人根据约定进行债权债务抵销。例如,受托人出售出租信托不动产的时候需要支付有关广告宣传费用,这属于处理信托事务所负担的债务,自然属于信托财产的债务。同时,若债权人曾向受托人借款,则受托人对其享有的债权显然不属于信托财产的债权,此时双方当事人得以主张抵销。这一规则仍出于信托目的的考虑,这种情况下抵销的结果是以受托人的固有财产清偿信托财产的债务,本质上来说不影响信托财产上的权益,也无损受益人的利益。我国《信托法》第37条第1款规定:"受托人因处理信托事务所支出的费用、对第三人所负债务,以信托财产承担。受托人以其固有财产先行支付的,对信托财产享有优先受偿的权利。"根据该条文意旨,受托人以固有财产上的债权与信托财产上的债务

---

① 何宝玉:《信托法原理研究》,中国法制出版社2015年版,第214页。

相互抵销之后,有权在抵销范围内从信托财产中得到补偿。

4. 混同的禁止

混同,是指债权债务同归于一人,导致权利义务关系终止,原则上债的关系消灭的事实。混同是债权、债务归属于同一人的事实,无须任何意思表示,因此混同为法律事件,是债消灭的独立原因。如买卖合同的卖方在交付货物后、收到货款之前吸收合并了买方,此时买方主体资格消失,则产生混同的效果。概括承受是发生混同的主要原因,如两个企业法人合并,债权债务因归于同一企业而消灭。特定承受是债权人承受债务人的债务或债务人承受债权人的债权,此时债权、债务也因混同而消灭。广义的混同,除债权、债务混同之外,还包括所有权与他物权同归于一人和主债务与保证债务同归于一人的情形。

在信托关系中,受托人虽为信托财产的权利主体,但实质上其仅为受益人利益和基于信托目的保有和管理财产,这与其对固有财产的完整所有权不尽相同。信托财产的独立性是信托制度最大优势所在,其核心就是通过所有权、处理权和收益权相分离,最大限度地利用信托财产创造利益,如允许信托财产适用混同制度,信托财产就可能因受托人的行为产生混同而消灭,从而使信托终止。例如,若信托财产原本享有某物的抵押权,而受托人由于合并、继承或其他原因取得该权利目标物之所有权,根据民法规定,抵押权因混同而消灭。显然,信托财产的价值因混同而减损,这样受益人的利益得不到保护,有违"为受益人或者特定目的"的信托宗旨。鉴于此,有必要限制民法中混同制度在信托关系中的适用。

我国《信托法》没有明确规定在信托中禁止混同。可资借鉴的是,我国台湾地区"信托法"第14条规定,信托财产为所有权之外之权利时,受托人虽取得该权利目标之财产权,其权利亦不因混同而消减。即明文排除所有权与其他权利的混同。

三、信托公司固有财产的诉讼保全

原告以信托公司为被告提起诉讼,要求对信托公司的固有财产进行诉讼保全的,应否支持其主张?对此有两种截然不同的观点。一种观点认为,若原告提供了诉讼保全担保,即应对信托公司的固有财产进行保全。另一种观点认为,诉讼保全将给信托公司的正常经营活动带来不利影响,应秉持审慎保全的态度,尽可能降低保全信托公司固有财产给其带来的不利影响。鉴于此,2019年《全国法院民商事审判工作会议纪要》第96条明确规定:"除信托公司作为被告外,原告申请对信托公司固有资金账户的资金采取保全措施的,人民法院不应准许。信托公司作为被告,确有必要对其固有财产采取诉讼保全措施的,必须强化善意执行理念,防范发生金融风险。要严格遵守相应的适用条件与法定程序,坚决杜绝超标的执行。在采取具体保全措施时,要尽量寻求依法平等保护各方利益的平衡点,优先采取方便执行且对信托公司正常经营影响最小的执行措施,能采取'活封''活扣'措施的,尽量不进行'死封''死扣'。在条件允许的情况下,可以为信托公司预留必要的流动资金和往来账户,最大限度降低对信托公司正常经营活动的不利影响。信托公司申请解除财产保全符合法律、司法解释规定情形的,应当在法定期限内及时解除保全措施。"

第四节　信托财产的公示

一、信托公示概述

现代信托源于英国中世纪的土地用益关系,即土地所有人将土地交付他人占有、使用,约定土地收益归属于土地所有人指定的受益人。这一制度产生之初是为了规避英国法律对于土地转移和处分施加的限制或负担。英王亨利三世时,衡平法院根据公平正义原则对约定此种关系的当事人之权益进行了公正保护,到16世纪,最终形成了信托制度,即财产的原所有人基于信任将财产所有权交付给受托人,由受托人占有、使用、处分等,并约定将所得收益交给特定的人或用于特定目的。可以说,英美法系的信托从产生之时就带着些许隐秘信托的色彩,加上英美衡平法中知情原则对信托交易善意第三人利益保护的作用,传统英美信托法并不坚持信托公示的原则。[①]

中国作为大陆法系国家,没有英美法系的"双重所有权"制度,相应地,在继受英美法系信托的过程中,大陆法系发展出"信托财产独立性"这一特殊制度以维护信托财产完整性,从而保护受益人利益。因此,我国的信托制度天然要求登记制度。在信托关系中,受托人享有的名义所有权受到信托目的和受益人利益的限制,信托财产因其独立性也受到"破产隔离""闭锁效应"等特殊安排的保护。如前所述,根据信托财产独立性原则,首先,信托财产原则上不作为委托人、受托人以及受益人中任何一方的责任财产,其虽在受托人名下,却拥有着类似于法人主体的特性,仅为信托目的而独立存在;其次,信托财产不纳入委托人、受托人以及受益人中任何一方的遗产或者清算财产;最后,信托财产在强制执行、抵销、混同以及受托人管理行为方面都有着区别于受托人固有财产的特殊规则。而在受托人管理、处分信托财产的过程中,信托财产不可避免地要与外界发生联系,在坚持信托独立性的前提下,若不对信托财产进行公示,交易相对人则无从得知受托人财产的真相,并可能因此遭受无端损害,交易安全也无法得到维护。此外,如果要求交易相对人在交易之前通过各种途径调查对方身份及其财产的真实权属关系,无疑对交易相对人极为不利,也极大增加了交易成本。可以说,公示制度在任何财产或者财产性权利的领域都属于基础制度,对于信托而言,其产品结构、法律关系、权属状态相较一般交易更为复杂,因此公示制度对其而言格外重要。

二、信托公示的意义

(一) 维护受益人利益

信托关系不是简单的委托代理关系,委托代理不涉及财产所有权的转移,而在信托关系中,信托财产虽为受托人名下的财产,由受托人占有、使用、处分,但财产的实际收益归受益人所有。由于信托财产始终处于受托人管理控制之下,如果没有公示制度,受益人无从得知信托财产的真实情况,也无法有效监督受托人的行为。我国《信托法》第22条和第49条详

---

① 王庆翔:《二重性视角下信托公示制度之构建》,《中国政法大学学报》2019年第1期。

细规定了受益人的撤销权,当受托人违反信托目的处分信托财产时,受益人有权申请法院撤销该行为。在信托财产公示的情况下,受益人得以知晓信托财产的管理处分情况,当受托人违背管理职责时,受益人可以通过及时行使撤销权使信托财产恢复原状。实践中也不乏信托公司以推出各种名目资金信托计划的方式募集资金,却将募集到的资金挪作他用,而投资者对此一无所知的情况。究其原因,在于信托公示的"真空"。[1]这种情况下,信托投资者所持有的信托权益缺乏法律的确认,对投资者的保护也需要付出更高的成本。

(二)保障交易安全

信托财产的独立性是信托制度最重要的特征之一,但由于信托财产处于受托人控制之下,信托事实和财产信息如不采取一定的方式为外人所知,对第三人而言,仍然难以区分信托财产和信托当事人的固有财产,信托财产本身及交易的安全稳定将无法得到保障。信托财产公示制度将信托财产独立性进行外化,使财产上所负担的信托的相关事实和重要信息为外部相关方所知晓,交易相对方通过查询信托登记情况,可以在交易前有效地预见到交易风险,并采取措施以避免无端损害。信托财产公示是有效保护交易安全的重要措施。

三、信托公示的效力

如前所述,信托公示的主要目的在于对外展示信托财产的独立性,维护交易安全,而不在于明确信托财产的权属性质。不可否认,信托制度作为一种灵活的财产安排制度,其本身有着隐蔽性与高效率的优势,在考虑信托公示制度时,不应以牺牲当事人的选择自由为代价,强迫当事人进行登记,有悖于信托制度的初衷。鉴于此,在信托公示效力的选择上,登记对抗主义显然比登记生效主义更具效率与优势。登记生效主义要求信托当事人必须对信托财产进行公示,尽管这提高了信托财产交易的安全性,却违反了信托订立自由原则,过于严格的程序也可能会阻碍信托业的发展。依《信托法》第10条规定,未办理信托登记手续且不补办的,"该信托不产生效力"。试想这样一种情况:委托人设立信托,并将信托财产转移给受托人,双方虽未办理信托登记,但受托人根据信托文件妥当地履行了信托义务,在履行过程中未发生与受益人及交易第三人之间的纠纷,最终信托目的达成。然而仅仅由于当事人未办理信托登记,法律上便不承认该信托的有效性,这无疑令人费解。

登记对抗主义充分尊重信托当事人的选择自由,由当事人选择登记与否,且不登记不影响信托本身的效力,但当受托人违背信托目的处分信托财产时,只要第三人为善意,即可取得信托财产,受益人不得行使撤销权,亦无权主张返回信托财产。若当事人选择信托登记,则产生公信力,第三人得以查阅登记事项确认交易目标的性质,从而被推定为已知情。在此情况下,受益人可有效行使撤销权。登记对抗主义只关注信托的对外效力,侧重于在当事人选择不登记的时候维护第三人的合法权益,但登记与否本身不涉及信托的效力问题。在登记对抗主义下,信托当事人不必前往登记机构进行申报与登记,大大简化了信托设立的程序,也为信托当事人保留了一定的隐蔽性。若当事人设立信托只为达到财产管理或者财产分配的目的,不会涉及第三人的利益,从交易效率与当事人自由价值出发,登记对抗主义显

---

[1]　《信托登记"铺路"信托制度改革》,《中国证券报》2006年6月23日。

然是一种更优解。

四、信托公示的规定

我国《信托法》第 10 条规定:"设立信托,对于信托财产,有关法律、行政法规规定应当办理登记手续的,应当依法办理信托登记。未依照前款规定办理信托登记的,应当补办登记手续;不补办的,该信托不产生效力。"据此,可以明确以下几点:

(一) 信托公示的方式限于登记

目前,我国《信托法》只规定了"应当登记"的信托财产必须办理信托登记,而对于一般动产、普通债权等其他不同类型的信托财产未规定信托公示方式。

(二) 信托公示的范围限于法律、行政法规规定应当办理登记手续的财产

按照我国有关法律的规定,某些特定财产或财产性权利的产生、变更、终止,都必须办理相应的登记或注册手续,这类财产主要包括:不动产;机动车、船舶、航空器等特殊动产;矿业权、渔业权、知识产权等权利。

我国《城市房地产管理法》规定,国家实行土地使用权和房屋所有权登记发证制度;以出让或者划拨方式取得土地使用权的,依法取得房地产开发用地上建成的房屋的,以及房地产转让或者变更的,应当向有关土地管理部门或房地产管理部门办理登记手续。该法还规定,房地产抵押时,应当向县级以上地方人民政府规定的部门办理抵押登记。

我国《民用航空法》规定,民用航空器所有权的取得、转让和消灭,应当向国务院民用航空主管部门登记。该法还规定,民用航空器的融资租赁和租赁期限为 6 个月以上的其他租赁,承租人应当就其民用航空器的占有权,以及民用航空器抵押权等,向民用航空主管部门办理权利登记。我国《海商法》规定,船舶所有权的取得、转让和消灭,应当向船舶登记机关登记。该法还规定,设定船舶抵押权,应由抵押权人和抵押人共同向船舶登记机关办理抵押权登记。

我国关于知识产权的有关法律也规定商标权、专利权的取得、变更、转让、许可他人使用等,应当分别依法向相关主管机关办理注册登记手续。除上述列举的有关规定外,我国《渔业法》《草原法》《矿产资源法》等,也分别就当事人有关权利的取得、转让、变更以及消灭规定了法定登记程序。

(三) 信托登记采取登记生效主义,信托登记可以补正

《信托法》第 10 条确立了我国信托登记的效力为严格的登记生效主义,即按照法律法规应办理登记的,应当办理信托登记,否则信托不生效。在追求便捷、效率的今天,机械的信托登记要求并不能适应信托实践发展的需要。同时,在大陆法系国家中,日本、韩国等信托制度较具代表性的国家,对于信托登记公示的效力采取的均是对抗要件主义,且多年的社会实践效果也表明,立法上对信托登记制度采取比较宽容的态度对信托业的发展有着正向推动作用。

根据《信托法》第 10 条第 2 款规定,如果信托当事人在设立信托时,对应当办理信托登

记的财产未办理信托登记,则应当补办信托登记;不补办的,该信托行为不产生效力。可见,作为严格信托登记生效主义的缓和,我国法律允许事后补正登记,但该法并未明确补办登记的期限,仅笼统地否认未补办登记时信托的效力,从实践层面而言,该规定并不具有操作意义。

(四) 信托登记实施制度缺位

虽然上述条文明确规定了信托登记,但至今信托登记制度仍处于缺位状态,对于信托登记由什么机构负责、如何开展均未明确规定,具有实践意义的信托登记制度及操作规则更是一直没有真正建立,实践由此陷入了"有法可依,无规可循"的窘境。

2017 年《信托登记管理办法》虽确认信托各项要素、厘清各方权责关系,但其所构建的信托登记制度并不涉及信托财产登记,效力层级也无法承担起完善我国信托登记制度的重任,信托登记制度的建立与完善依然任重道远。

因此,未来仍需继续深化信托财产登记制度的研究探索,积极推动《信托法》修订完善,明确信托登记的顶层设计安排。同时,监管部门、信托公司也需继续加强与各有关财产登记部门、法院等的沟通协调,争取在不动产、股权等重点财产的信托登记方面率先突破,完善和落实信托登记制度,确保信托财产独立性和信托灵活性的充分发挥。

思考题

1. "资产收益权"能否作为信托财产设立信托?
2. 论述信托财产中初始信托财产与后续信托财产的范围。
3. 受托人因其地位所获得的利益是否属于信托财产?
4. 如何理解我国信托财产的独立性?
5. 试述信托公示制度的规范价值。
6. 试分析我国信托公示制度待完善之处。

本章思考题参考答案

第四章　委托人的法律地位

[导语]

委托人为信托的设立者,是信托财产的提供者和信托目的的设定者。本章全面介绍委托人的主体资格和条件、委托人的权利(包括委托人的法定权利和保留权利)、委托人的义务和责任以及委托人和第三人的关系。本章的学习目标为:了解委托人的资格和条件,以确保设立有效的信托;理解委托人权利的性质,了解委托人的法定权利和可以约定保留的权利;了解委托人的义务和责任的基本内容;了解委托人与第三人的关系。

第一节　委托人的主体资格

一、原则规定:具有完全民事行为能力

委托人是将其财产权委托给受托人从而设立信托的人。我国《信托法》第19条规定了委托人的资格与范围:"委托人应当是具有完全民事行为能力的自然人、法人或者依法成立的其他组织。"该条对委托人实际上规定了两个方面的内容:(1) 委托人的主体资格,即委托人必须具有完全的民事行为能力;(2) 委托人的范围,包括自然人、法人或依法成立的其他组织。根据我国《民法典》的规定,民事行为能力是民事主体通过自己的行为取得民事权利或者设定民事义务的能力。只有具备民事行为能力的人,才能通过自己的行为取得具体的民事权利或者设定具体的民事义务。因此,无论是自然人还是法人或者其他组织要设立信托,都必须取得民事行为能力。

(一) 自然人

根据我国《民法典》的规定,自然人的民事行为能力分为三种:一是完全民事行为能力。我国18周岁以上的公民是成年人,具有完全民事行为能力,可以独立进行民事活动;16周岁以上不满18周岁的公民,能以自己的劳动收入为主要生活来源的,视为完全民事行为能力人。二是限制民事行为能力。我国8周岁以上不满18周岁的公民以及不能完全辨认自己行为的精神病人为限制民事行为能力人,他们只能进行与其年龄、智力相适应的民事活

动,其他活动由其法定代理人代理或者征得其法定代理人同意或追认。三是无民事行为能力。我国不满 8 周岁的未成年人和不能辨认自己行为的精神病人为无民事行为能力人,他们不能进行民事活动,只能由其法定代理人代理。

根据我国《信托法》的规定,上述三种民事行为能力中,只有具有完全民事行为能力的自然人,即 18 周岁以上的公民和能以自己的劳动收入为主要生活来源的 16 周岁以上不满 18 周岁的公民,才能够作为委托人设立信托,限制民事行为能力人或无民事行为能力人本人不具有信托委托人的资格,如果要设立信托,必须通过其法定代理人代理进行。

(二) 法人

按照我国《民法典》的有关规定,法人的民事行为能力从法人成立时产生,到法人终止时消灭。因此,法人在其存续期间具有完全民事行为能力。但是,法人的民事行为能力的范围取决于其民事权利能力的范围,法人只有在其民事权利能力范围内才享有完全民事行为能力,对于超出其民事权利能力范围的民事活动,法人没有民事行为能力。在实际情形中,法人的民事权利能力是由法律和依法确定的章程规定的,因此,法人只有在法律和章程规定的业务范围内,才能作为信托的委托人。如果法律和章程对法人设立信托的行为作了禁止性规定,法人不得作为信托的委托人;如果法律和章程对法人设立信托的行为作了限制性规定,则在限制范围内,法人不得作为信托的委托人。

(三) 依法成立的非法人组织

在现实生活中,除自然人、法人以外,还存在许多依法成立的非法人组织,它们虽然不具有法人资格,但是,只要在法律、章程或者相关协议允许的范围内,就依法享有完全民事行为能力,可以作为信托的委托人。这些非法人组织包括依法登记领取营业执照的私营独资企业、合伙企业、中外合作经营企业等,经民政部门核准登记领取社会团体登记证的社会团体,法人依法设立并领取营业执照的分支机构,以及经核准登记领取营业执照的乡镇、街道、村办企业等。

◎　**相关案例**

王会荣与四川信托公司营业信托纠纷①

2015 年 3 月,王会荣与四川信托公司签订《四川信托—盈丰 1 号证券投资集合资金信托计划信托合同》,购买 100 万元信托单位,成为该结构化信托的 B 类优先委托人。该信托同时还有 A 类优先委托人和一般委托人自然人李相红。信托合同约定,B 类优先委托人的理论年化信托收益为信托资金的 10%/ 年。同时李相红承诺,若信托计划资产变现后现金部分不足以分配优先委托人的本金及理论收益,则其作为本信托计划的一般委托人,有义务补足差额部分,并对此承担无限连带责任。其后该信托运营未能实现收益目标,造成王会荣收益和本金的损失。王会荣认为,四川信托公司指定信托资金的实

---

①　四川省高级人民法院 (2019) 川民申 3851 号。

际使用方李相红作为委托人代表,且聘请委托人代表作为第三方顾问。四川信托公司按照委托人代表李相红发出的指令管理和运行信托财产,李相红实为个人投资顾问并且直接实施投资行为,其业绩报酬从信托收益中另行支付,均违反了聘请第三方顾问的限制性规定,四川信托公司即使将信托事务委托他人,仍不能免除其对信托事务及代理人行为应承担的责任。

法院在认定信托委托人代表是否为四川信托公司指定时认为,《信托法》第19条规定:"委托人应当是具有完全民事行为能力的自然人、法人或者依法成立的其他组织。"本案中,信托合同明确载明,本信托为自益信托,委托人为具有完全民事行为能力的自然人、法人及依法成立的其他组织,并能够识别、判断和承担信托计划相应风险的合格投资者。信托合同还明确载明,委托人代表/委托人指令权人是指"全体委托人指定及授权为本信托投资提供投资建议的委托人,本信托计划的委托人代表/委托人指令权人为李相红"。王会荣在《认购风险申明书》的尾部对于"推介人员已向本人详细介绍了信托计划要点和投资本信托计划所面临的风险;本人对李相红已有充分了解,充分认可李相红的投资能力,认可并指定李相红作为本信托计划的委托人代表,负责为本信托计划提供投资意见,并充分理解、完全接受委托人代表提供投资建议所可能产生的全部风险;本人已认真阅读并理解了所有的信托文件,已充分了解本信托计划可能发生的各种风险,愿意依法承担相应的信托投资风险"的声明内容全文手抄后并签字确认。因此,王会荣作为信托合格投资者以及理性投资人,其主张李相红是由四川信托公司指定的主张不成立。

二、特定信托的委托人资格

某些特定类型信托的委托人,除了要满足《信托法》规定的主体资格外,相关法规通常对其还有特殊的资格要求。实践中,对委托人的资格有特殊要求的特定信托,目前主要涉及以下几种:

(一)集合资金信托计划

集合资金信托计划是由受托人将两个以上委托人交付的资金进行集中管理运用、处分的资金信托业务,是一种特定类型的营业信托。2007年中国银监会公布的《信托公司集合资金信托计划管理办法》[①]第5条明确规定,信托计划的委托人必须为合格投资者。该办法第6条对合格投资者作出了明确的界定,包括两个方面的要求:一是定性上的要求,即合格投资者必须是能够识别、判断和承担信托计划相应风险的人;二是定量上的要求,即除满足定性上的要求外,合格投资者还必须满足下列条件之一:(1)投资一个信托计划的最低金额不少于100万元的自然人、法人或依法成立的其他组织;(2)个人或家庭金融资产在其认购时总计超过100万元人民币,且能提供相关财产证明的自然人;(3)个人收入

---

① 中国银行业监督管理委员会2007年第3号公布,2009年经中国银监会修订并以2009年第1号发布。

在最近 3 年内每年收入超过 20 万元人民币或者夫妻双方合计收入在最近 3 年内每年收入超过 30 万元人民币，且能提供相关收入证明的自然人。中国人民银行、中国银行保险监督管理委员会、中国证券监督管理委员会、国家外汇管理局在 2018 年联合印发了《关于规范金融机构资产管理业务的指导意见》，把资产管理产品的投资者分为不特定社会公众和合格投资者两大类。合格投资者是指具备相应风险识别能力和风险承担能力，投资于单只资产管理产品不低于一定金额且符合下列条件的自然人和法人或者其他组织。(1) 具有 2 年以上投资经历，且满足以下条件之一：家庭金融净资产不低于 300 万元，家庭金融资产不低于 500 万元，或者近 3 年本人年均收入不低于 40 万元。(2) 最近 1 年末净资产不低于 1 000 万元的法人单位。(3) 金融管理部门视为合格投资者的其他情形。合格投资者投资于单只固定收益类产品的金额不低于 30 万元，投资于单只混合类产品的金额不低于 40 万元，投资于单只权益类产品、单只商品及金融衍生品类产品的金额不低于 100 万元。这意味着，就集合资金信托计划而言，并非所有符合《信托法》要求的委托人均可以成为信托计划的委托人。

（二）信贷资产证券化信托

资产证券化有很多种交易形式，资产证券化的基础资产也有很多类型，但在我国，目前有法律上依据的资产证券化为借助信托方式进行的信贷资产证券化。根据《信贷资产证券化试点管理办法》第 2 条的规定，信贷资产证券化的委托人（发起机构）必须是银行业金融机构。《金融机构信贷资产证券化试点监督管理办法》第 7 条进一步明确规定了发起机构的条件，包括：(1) 具有良好的社会信誉和经营业绩，最近 3 年内没有重大违法、违规行为；(2) 具有良好的公司治理、风险管理体系和内部控制；(3) 对开办信贷资产证券化业务具有合理的目标定位和明确的战略规划，并且符合其总体经营目标和发展战略；(4) 具有适当的特定目的信托受托机构选任标准和程序；(5) 具有开办信贷资产证券化业务所需的专业人员、业务处理系统、会计核算系统、管理信息系统以及风险管理和内部控制制度；(6) 最近 3 年内没有从事信贷资产证券化业务的不良记录；(7) 银监会规定的其他审慎性条件。实际上，对于信贷资产证券化业务的发起机构即委托人，目前我国实行审核制，未经批准的银行业金融机构不得从事信贷资产证券化业务。此外，对于非银行业金融机构，经批准，也可从事资产证券化业务。2006 年 11 月，中国银监会分别批准了中国信达资产管理公司和中国东方资产管理公司开展不良资产证券化业务试点工作。

（三）企业年金信托

关于企业年金信托的委托人资格，人力资源和社会保障部发布的《企业年金基金管理办法》没有明确规定，从该办法第 3 条规定来看，委托人必须是设立企业年金的企业及其职工。但是人力资源和社会保障部和财政部联合发布的《企业年金办法》对建立企业年金的企业有一定的要求，主要包括：(1) 企业依法参加基本养老保险并履行缴费义务；(2) 具有相应的经济负担能力；(3) 已建立集体协商机制等。从上述相关规定来看，设立企业年金是企业及其职工成为企业年金信托委托人的必要条件。如果没有设立企业年金，则该企业及其职工不具备企业年金信托委托人的资格。

(四) 保险资金信托

保险资金利用信托机制进行投资,始于《保险资金间接投资基础设施项目试点管理办法》。基于保险资金的特殊性,安全性一直是保险资金投资与运用的首要原则。1995年的《保险法》对保险资金的运用进行了严格的限制。根据该法第104条规定,保险公司的资金运用限于银行存款、买卖政府债券、金融债券和国务院规定的其他资金运用形式,不得用于设立证券经营机构和向企业投资。此后,随着保险业的发展与资本市场的发展,保险资金的运用范围逐渐扩大。虽然业界一直在探讨保险资金运用信托进行投资的问题,但真正具备可操作性的,是在2006年《保险资金间接投资基础设施项目试点管理办法》制定之后。2016年,中国保监会颁布《保险资金间接投资基础设施项目管理办法》(以下简称《办法》),2006年《保险资金间接投资基础设施项目试点管理办法》废止。根据《办法》,所谓保险资金间接投资基础设施,是指"委托人将其保险资金委托给受托人,由受托人按委托人意愿以自己的名义设立投资计划,投资基础设施项目,为受益人利益或者特定目的,进行管理或者处分的行为"(《办法》第2条)。保险资金的这种投资模式实际上就是委托人设立信托进行投资。该办法对于委托人与委托人的条件均作了明确的规定。《办法》第21条规定,委托人是指在中华人民共和国境内,经中国保监会批准设立的保险公司、保险集团公司和保险控股公司以及其他具有风险识别和承受能力的合格投资者。委托人必须满足下列条件:(1) 具有公司董事会或者董事会授权机构批准投资的决议;(2) 建立了完善的投资决策和授权机制、风险控制机制、业务操作流程、内部管理制度和责任追究制度;(3) 引入了投资计划财产托管机制;(4) 拥有一定数量的相关专业投资人员;(5) 最近3年无重大投资违法违规记录;(6) 偿付能力符合中国银保监会有关规定;(7) 风险管理符合有关规定和要求;(8) 中国银保监会规定的其他条件。随着近年来保险资金运用愈发灵活,现行《保险法》第106条已允许保险资金用于"买卖债券、股票、证券投资基金份额等有价证券"。《办法》删除了此前保险机构担任委托人需要向监管部门提交申请的审批制程序,投资计划产品的发行也由事前备案调整为行业协会注册。

三、外国人作为委托人的资格问题

我国《信托法》对于外国人可否作为委托人的问题没有明确的规定,也没有明确的限制,因此,有学者认为,只要具有完全民事行为能力,不论是中国人还是外国人,都享有成为委托人的权利。[①] 从《信托法》第19条的规定来看,我国《信托法》对委托人的规定没有区分外国人和本国人,因此,应该理解为,只要符合《信托法》第19条的规定,外国人可以作为委托人设立信托。但这里需要注意判断外国人的行为能力的法律适用问题,即根据哪个国家的法律来判断外国人的行为能力。

在自然人行为能力方面,我国采用的是行为地法和居住地优先的原则。我国《涉外民事关系法律适用法》大体上采用了最高人民法院在相关司法解释中的立场,该法第12条规定:"自然人的民事行为能力,适用经常居所地法律。自然人从事民事活动,依照经常居所地法

---

① ［日］中野正俊、张军建:《信托法》,中国方正出版社2004年,第50页。

律为无民事行为能力,依照行为地法律为有民事行为能力的,适用行为地法律,但涉及婚姻家庭、继承的除外。"这意味着,就自然人而言,外国人在中国是否具有信托委托人的资格,将依中国法律而定,如同中国自然人一样。

对于外国法人的民事行为能力问题,依其本国法规定,同时也须满足我国法律对法人行为能力的相关要求。《涉外民事关系法律适用法》第 14 条规定:"法人及其分支机构的民事权利能力、民事行为能力、组织机构、股东权利义务等事项,适用登记地法律。法人的主营业地与登记地不一致的,可以适用主营业地法律。法人的经常居所地,为其主营业地。"从该法的规定来看,外国法人的行为能力由其属人法规定。原则上,外国法人只要依据其属人法具有完全的民事行为能力,就可以在我国成为信托关系中的委托人,但外国法人在我国以委托人身份设立信托,须遵守我国包括《信托法》在内的各项法律的规定。

第二节　委托人法律地位的特殊性

委托人的法律地位是指信托设立后,委托人基于信托关系所享有的权利、所负有的义务和所承担的责任。

一、委托人权利的性质

就委托人的权利而言,信托生效后,委托人已经丧失对信托财产的权利和利益,信托财产归属于受托人,信托财产的利益归属于受益人,因此,委托人对信托财产已经不再享有任何财产性权利,包括信托财产的管理处分权和收益权。虽然委托人也可以成为受益人而对信托财产享有受益权,但此时委托人是以受益人身份而不是以委托人身份享有受益权,这点需要特别注意。在《信托法》上,虽然委托人对信托财产不享有财产性权利,但信托毕竟是委托人设立的,是为了实现委托人的意愿,信托的实施与委托人仍然有着密切的利害关系,因此,委托人基于其设立信托的地位,仍然享有一定的权利,这种权利依据其发生依据可以分为两类:法定权利和保留权利。法定权利是委托人依《信托法》规定享有的权利,保留权利是委托人依信托文件的约定为自己保留的权利。

但是,无论是委托人的法定权利,还是委托人的保留权利,从性质上看,均属于专属权(身份权),即基于委托人身份享有的权利,而不属于财产权。委托人权利的内容也仅限于对受托人管理信托的监督权而不包括财产权,以更好地实现其确定的信托目的。

二、委托人的义务和责任

就委托人的义务和责任而言,信托生效后,原则上委托人对受托人和受益人不再负有任何义务和责任。通常认为,委托人负有将信托财产转移给受托人的义务以及因不履行该义务而发生的实际履行、赔偿损失等责任,但是,委托人负有的转移信托财产的义务以及由此发生的责任,其实仅发生在信托成立阶段,即信托成立后、生效前这一时间段,属于信托成立阶段的义务和责任。由于信托的生效以委托人将信托财产有效转移于受托人为必要条件，换言之，信托的生效以委托人履行信托财产转移义务为前提，因此，信托生效后，委托人已经履行了信托财产转移义务，该项义务及由此产生的责任不属于信托生效后委托人的义务和责任。信托生效后，委托人原则上已经没有任何法定的义务和责任。

信托生效后，虽然委托人不存在法定的义务和责任，但仍然可能发生约定的义务和责任。如果信托文件规定了委托人在信托存续期间应当承担某种义务，则委托人必须履行该义务，如果不履行，委托人应当承担相应的法律责任。通常情况下，信托文件约定的委托人应承担的义务主要有四种：

（一）依约定支付受托人报酬

根据《信托法》第 35 条的规定，受托人有权依照信托文件的约定取得报酬。信托文件未作事先约定的，经信托当事人协商同意，可以作出补充约定，并且约定的报酬经信托当事人协商同意，可以增减其数额。一般情况下，信托报酬应当由信托财产承担，但是，信托文件规定信托报酬由委托人支付的，委托人应当承担支付信托报酬的义务。

（二）依约定补偿受托人费用

根据我国《信托法》第 37 条的规定，受托人因处理信托事务所发生的费用或者对第三人所负债务，如果以固有财产先行垫付的，对信托财产享有优先受偿的权利。如果信托文件规定上述费用由委托人承担，则委托人负有依约定对受托人进行补偿的义务。

（三）依约定更换、补充信托财产

如果信托文件约定，委托人对不符合信托文件规定条件的信托财产负有更换的义务或者当信托财产价值不足时负有补充的义务，则委托人依约定负有更换信托财产或者补充信托财产的义务。比如，在信贷资产证券化信托中，信托文件通常会约定，委托人应当更换不符合资产池条件的信贷资产；又如，在结构化信托中，信托文件也通常会约定，作为次级受益人的委托人负有补足信托财产的义务。

（四）依约定回购信托财产或者受益权

这种情况主要发生在信托公司开展的结构化信托业务中。在结构化信托中，作为次级受益人的委托人对优先受益人负有内部信用增级的义务，信托文件通常会约定，当信托财产不能满足优先受益人的信托利益支付要求时，应当由作为次级受益人的委托人按照约定的价格或者条件回购信托财产或者回购优先受益权。

三、委托人与第三人的关系

信托设立后，对于信托财产，除非法律另有规定，委托人与第三人一般不再发生法律关系。此处的"第三人"是指信托关系以外的第三人，主要包括委托人的债权人和受托人处分信托财产的相对人等。

（一）委托人与其债权人的关系

1. 委托人与信托设立前的债权人的关系

委托人设立信托前就存在的债权人，在信托设立后，原则上不能追索委托人已经设立信托的财产。从委托人的债权人角度看，设立信托导致债务人（委托人）的责任财产减少了，但即便如此，设立信托后，其也不能向委托人或者受托人请求对信托财产进行追索。根据我国《信托法》的规定，只有在两种情形下，委托人的债权人才能就信托财产进行追索：一种情形是根据《信托法》第 12 条的规定，委托人设立信托损害了其债权人利益的，即设立了"诈害债权人的信托"，委托人的债权人可以申请法院撤销该信托，使信托财产复归于委托人的固有财产，从而实现对信托财产的追索；另一种情形是根据《信托法》第 17 条的规定，该债权人在信托设立前已经对信托财产享有优先受偿权利的，可以通过行使该权利，申请对信托财产进行强制执行，以满足其清偿的要求。

2. 委托人与信托设立后的债权人的关系

信托设立后对委托人取得债权的人，不能就信托财产向委托人或者受托人主张任何权利。但是，在日本，也有学者认为，在委托人保留各种权限的场合，可以认为委托人通过保留这些权限还保有对信托财产的影响。例如，在委托人"保留信托撤回权"的情形中 [1]，由于委托人在任何时候都能从受托人处取回财产，因此委托人实质上仍保留着对财产的所有权，可以认为委托人的债权人能追索该信托财产。对此，我国《信托法》并没有相应规定，学理上有进一步探讨的余地。

（二）委托人与受托人处分信托财产的相对人的关系

信托设立后，信托财产由受托人以自己的名义进行管理运用与处分。受托人在符合法律及信托文件要求的前提下，为信托目的的实现可以自由对信托财产进行处分。因此，法律上，信托财产处分行为的相对人只与受托人发生法律关系，与委托人之间不存在任何法律关系，据此，委托人与信托财产处分行为的相对人之间不具有任何权利义务关系。但是，为了防止受托人滥用权利处分信托财产，保护受益人的利益和确保信托目的的实现，根据我国《信托法》第 22 条的规定，受托人违反信托目的处分信托财产或者因违背管理职责、处理信托事务不当致使信托财产受到损失的，委托人有权请求法院撤销该处分行为。原则上，为了交易安全，委托人的撤销权不可以直接对受托人交易的相对人行使，而应当针对受托人行使。但是，撤销的效力将溯及该信托财产的恶意受让人，即该信托财产的受让人明知违反信托目的仍接受该财产的，应当予以返还或者予以赔偿。应当指出的是，委托人行使该项撤销权的，信托财产应当归还受托人而非委托人，即返还的财产应当归入信托财产。此外，委托人享有的该项撤销权附有行使期间，即自委托人知道或者应当知道撤销原因之日起 1 年内不行使的，归于消灭。

由于信托设立后，委托人原则上没有法定的义务和责任，与第三人原则上也不发生直接的法律关系，因此，本章后文主要针对委托人的权利包括法定权利和保留权利进行详细的分

---

[1] 根据委托人保留权利的一般原则，委托人保留的权利不能使委托人像信托财产的所有者那样任意处分信托财产，因此，大部分国家信托法不认可此项保留权。

析,对委托人的义务和责任以及委托人与第三人的关系不再论述。

第三节　委托人的权利

一、委托人的法定权利

就委托人的法定权利而言,我国《信托法》主要规定了知情权,信托财产管理方法调整要求权,信托财产损害救济权,受托人解任权、辞任同意权和新受托人选任权,信托解除权,受益人变更权和受益权处分权,以及信托财产或者信托受益权的归属权等权利。

(一) 委托人的知情权

《信托法》第 20 条规定:"委托人有权了解其信托财产的管理运用、处分及收支情况,并有权要求受托人作出说明。委托人有权查阅、抄录或者复制与其信托财产有关的信托帐目以及处理信托事务的其他文件。"本条是关于委托人知情权的规定,目的在于保证委托人享有比较充分的知情权,并能以法定的方式知悉和掌握发生的事实,以利于委托人对信托财产运作情况实施监督。信托财产原来是委托人的固有财产,委托人设立信托,将财产委托给受托人管理运用、处分,是为了按其意愿实现信托目的。受托人是否尽职管理信托财产、处理信托事务,事关委托人的意愿和信托目的能否实现,与委托人有密切的利害关系。因此,赋予委托人对信托事务处理的知情权,既有法理上的正当性,也有实践中的必要性。

1. 知情权的内容

委托人有权了解受托人管理运用和处分信托财产以及处理信托事务的所有事项,包括但不限于信托财产的保管情况、信托财产的运用与处分情况、信托财产的收入与支出情况、信托利益的支付情况等。委托人为了充分实现其知情权,有权要求受托人对信托事务处理情况作出说明,受托人有义务按照委托人的要求,提供口头形式、书面形式或者其他形式的说明。此外,还有权查阅、抄录、复制与其信托财产有关的信托账目以及处理信托事务的其他文件。信托财产账目包括反映属于信托财产的资产、负债、收入、所有者权益、费用、利润等状况的会计凭证、会计账簿、会计报表及其他有关资料;处理信托事务的其他文件,包括受托人处理信托事务的程序与记录,受托人管理运用、处分信托财产的决策依据,受托人管理运用、处分信托财产时与交易对手之间签订的法律文件,等等。

应当说,委托人享有的上述要求受托人说明权以及对信托事务处理文件的查阅权、抄录权与复制权,既是委托人知情权内容的具体化,也是委托人知情权实现的具体方式与手段。我国《信托法》规定了包括内容和实现方式在内的委托人完整的知情权。

2. 知情权的行使

由于信托事务的处理主体是受托人,因此,委托人知情权的义务主体是受托人,即委托人行使知情权,应当向受托人直接主张。关于委托人知情权的行使方式,我国《信托法》并未作出明确规定。根据民事法律行为的意思自治原则,委托人行使知情权的方式,有约定的依约定,没有约定的依法定。据此,如果信托文件对行使知情权的方式有明确的约定,比如约定知情权的应当以书面方式行使或者以受托人定期向委托人报送报告的方式行使等,则委托人应当依照信托文件约定的方式行使知情权。但是,信托文件不能以对知情权行使方式的限制性规定,剥夺或者变相剥夺委托人享有的法定知情权,这是需要特别注意的。在信托文件对委托人知情权的行使方式没有作出明确规定的情况下,对于特殊的营业信托,有关法规作出了规定的,比如,对于信托公司经营的集合资金信托计划、信贷资产证券化信托、证券投资信托等营业信托,中国银保监会的相关法规均明确规定了受托人就信托事务处理向委托人或者受益人的信息披露义务,并规定了信息披露的条件、内容以及频率等,委托人应当按照有关法规的规定行使知情权。在信托文件对委托人知情权的行使方式没有作出明确规定、有关法规也没有规定的情况下,委托人有权随时行使知情权,既可以采取书面的方式行使,也可以采取口头的方式行使。

3. 知情权的救济

由于委托人知情权的内容是从受托人处获取处理信托事务的信息,因此,没有受托人的配合,委托人的知情权将无法实现。当委托人依法或者依约定行使知情权时,受托人可能会拒绝向委托人提供信息,或者拒绝向委托人作出说明,或者拒绝委托人查阅、抄录、复制处理信托事务的材料和文件。此时,委托人可以向人民法院提出诉讼,通过司法程序强制受托人提供相关文件并予以说明。

(二) 信托财产管理方法调整要求权

信托财产的管理方式由信托文件予以确定。为了保障信托管理的稳定性,原则上,信托当事人非经协商一致,不得就信托文件确定的信托财产管理方法予以调整。但是,信托的本旨是实现受益人的最大利益和充分实现信托目的,如果信托设立时确定的信托财产管理方法,因为情势变迁,不再符合受益人的利益或者不利于实现信托目的,还不允许进行调整,就会违背信托的本旨。因此,信托设立后,有必要赋予委托人对信托财产管理方法的选择和调整一定的发言权。我国《信托法》第 21 条规定:"因设立信托时未能预见的特别事由,致使信托财产的管理方法不利于实现信托目的或者不符合受益人的利益时,委托人有权要求受托人调整该信托财产的管理方法。"据此,在出现该条规定的情形时,委托人有权要求受托人调整信托财产管理方法。

根据我国《信托法》第 21 条的规定,委托人行使信托财产管理方法调整的要求权,应当符合以下两个条件:(1) 出现信托设立时未能预见的特别事由。该事由以信托设立当时不能预见为前提,如果设立信托时已经能够预见,不能以此后发生了该事由为由,要求调整信托财产管理方法。(2) 该事由导致了信托财产的管理方法不利于实现信托目的或不符合受益人的利益。虽然出现了信托设立当时未能预见的事由,但是原来确定的信托财产管理方法并不因此不利于信托目的实现或者不符合受益人利益的,也不能要求调整。例如,以证券投资信托为例,2001 年之前,国家禁止国内投资者购买 B 股,2001 年国家取消了此项限制,信托财产可投资于 B 股市场。此时,如果认为投资 B 股将能更好地实现信托目的,更加符合受益人的利益,委托人即可以此为由,要求受托人调整信托财产管理方法,增加 B 股投资范围。

应当注意的是,我国《信托法》允许委托人直接要求受托人调整信托财产管理方法的做法,不同于英美法系的做法。英美法系强调法院的作用,信托当事人通常只能请求法院作出变更,无权直接要求受托人作出变更。我国之所以作出这样的规定,是从信托的实际出发。从信托实务看,如果信托财产的管理方法确需变更,就应当及时进行,不宜拖延,由委托人直接要求受托人变更可以省去复杂的司法程序,有利于信托的顺利实施。此外,信托关系毕竟是由委托人设立的,只要遇到特殊事由,就应该允许委托人直接要求受托人而非法院来变更这一信托财产的管理方法。当然,在我国,如果受托人拒绝按照委托人的要求调整信托财产的管理方法,委托人也可以向法院提起诉讼,通过司法程序要求受托人变更信托财产的管理方法。

（三）信托财产损害救济权

信托成立后,受托人享有信托财产的管理运用和处分权。为防止受托人故意或者过失致使信托财产不当减少、遭受损失,以保护信托财产的安全,保护受益人利益,我国《信托法》赋予了委托人对信托财产遭受损害时的救济权。我国《信托法》第 22 条明确规定:"受托人违反信托目的处分信托财产或者因违背管理职责、处理信托事务不当致使信托财产受到损失的,委托人有权申请人民法院撤销该处分行为,并有权要求受托人恢复信托财产的原状或者予以赔偿;该信托财产的受让人明知是违反信托目的而接受该财产的,应当予以返还或者予以赔偿。前款规定的申请权,自委托人知道或者应当知道撤销原因之日起一年内不行使的,归于消灭。"根据该条规定,结合《信托法》的其他相关条文,委托人的信托财产损害救济权包括以下几种:

1. 对受托人处分信托财产行为的撤销权

信托设立后,受托人有权对信托财产进行处分,委托人对受托人处分信托财产的行为,原则上不得加以干涉,更不能随意撤销,否则信托财产的交易安全就无法保障。但是,为了平衡受益人和信托财产交易相对人的利益,我国《信托法》第 22 条也规定,在符合以下三个条件时,委托人有权申请法院撤销受托人对信托财产的处分行为:

（1）受托人对信托财产的处分行为违反了信托目的。依照信托的本旨,受托人虽然有权处分信托财产,但是该处分行为应当符合信托目的,违背信托目的对信托财产作出的处分,将损害受益人的利益。此时,委托人有权申请法院撤销该处分行为。这意味着,受托人对信托财产的处分行为,只有在没有违反信托目的前提下,才受到法律保护,一旦违背了信托目的,法律不予保护。

（2）信托财产处分行为的受让人为恶意受让人。所谓"恶意",是指受让人明知违反信托目的仍接受信托财产的主观状态。对于恶意受让人,信托财产处分行为被撤销后,应当返还信托财产,不能返还的,应当赔偿信托财产受到的损失。相反,受让人为善意的,即受让人不知道也不应当知道受托人的处分行为违反信托目的的,委托人不得请求撤销该信托行为,善意受让人可以不返还已经取得的信托财产,对信托财产因此受到的损失,也不承担赔偿责任。

（3）委托人应当在撤销权的消灭时效内行使撤销权。为了保护信托财产的交易安全,《信托法》对委托人的上述撤销权的行使,规定了 1 年期的行使期限,即委托人应当自知道或者应当知道撤销原因之日起 1 年内行使撤销权,否则,撤销权归于消灭。

委托人行使上述撤销权,需要明确一个重要问题,即与受托人交易的相对人应当把财产归还给谁。从撤销权的字面意思理解,撤销权撤销的是受托人与其相对人之间的交易行为,所以信托财产应当归还受托人。因为如果委托人要求受托人的相对人归还信托财产给自己,该权利就不是撤销权,而是追索权。概观诸国及各地区的立法例,也没有任何信托法将原属于受益人的权益通过撤销权赋予不享有受益权的委托人的。

2. 恢复信托财产原状或者赔偿信托财产损失的请求权

在信托关系中,由于受托人是为了受益人或者基于特定目的管理运用和处分信托财产,受托人除依照信托文件的规定取得报酬外,本身对信托财产不享有任何利益,因此,根据权利义务对等原则,只要受托人尽职管理信托财产,处理信托事务没有违反信托目的且没有其他不当行为,即使信托财产因受托人的管理运用和处分行为受到损失,受托人也不承担法律责任。我国《信托法》第34条也明确规定:"受托人以信托财产为限向受益人承担支付信托利益的义务。"这意味着,信托财产的损益归属于信托财产本身,是信托法的一项基本原则。但是,为了保护受益人利益,确保信托目的的实现,防止受托人不当处理信托事务行为的发生,《信托法》第22条不仅赋予委托人对受托人违反信托目的处分信托财产的行为以撤销请求权,还规定在受托人因违反信托目的处分信托财产或者因违背管理职责、处理信托事务不当致使信托财产受到损失的情况下,委托人有权要求受托人恢复信托财产原状或者赔偿信托财产损失。

《信托法》第22条是关于委托人要求受托人承担恢复信托财产原状或者赔偿信托财产损失责任的一般规定。委托人行使该项权利应当具备两个基本条件:一是受托人有违反信托目的的处分信托财产的行为或者受托人有违背管理职责、处理信托事务不当的行为。至于受托人是否违反了信托目的以及是否违背管理职责,应当根据法律和信托文件的规定并结合具体行为加以判定。一般说来,信托目的由信托文件加以确定,受托人管理职责既包括《信托法》规定的法定职责,也包括信托文件规定的约定职责。二是信托财产因受托人的上述行为受到了损失,即发生了损害的结果。虽然受托人有上述不当行为,但没有导致信托财产受到损失的,受托人也无须承担责任。具备上述条件时,委托人有权要求受托人恢复信托财产原状,不能恢复原状的,受托人应当赔偿损失。应当指出的是,委托人行使此项权利的结果,不是由自己取得恢复原状后的财产或者取得受托人对损失的赔偿,恢复原状后的财产或者受托人对损失的赔偿,应当直接归入信托财产。

为了强化受托人的责任,除了《信托法》第22条的一般规定外,《信托法》还特别规定了三种受托人违反信托目的或者违背管理职责、处理信托事务不当的具体情形,在这三种情形下,受托人应当承担恢复信托财产原状或者赔偿信托财产损失的责任,或者承担返还不当利益的责任。这三种具体情形是:

(1)不当利益的归入权。信托是通过受托人对信托财产的管理和处分行为,使受益人取得信托财产利益的民事法律行为。在信托关系中,由于受托人直接控制信托财产,并享有管理运用、处分信托财产的权利,甚至包括一定的自由裁量权,如不加以限制,受托人难免会利用信托财产为自己谋取私利。因此,作为受托人的一项重要义务,各国信托法都规定,受托人不得利用信托财产为自己谋取利益。[①]我国《信托法》第26条也明确规定,受托人除依照本法规定取得报酬外,不得利用信托财产为自己谋取利益。受托人违反前款规定,利用信托财产为自己谋取利益的,所得利益归入信托财产。本条是关于受托人不当利益归入权的规定。受托人违反忠实义务,将信托财产用于为自己谋利的,受托人取得的利益属于不当利益,应当归入信托财产。但我国《信托法》第26条并没有规定谁有权请求受托人将不当利益归入信托财产。由于该情形属于《信托法》第22条一般规定的具体化,因此,关于请求权人的

① 何宝玉:《信托法原理研究》,中国政法大学出版社2005年版,第212页。

规定应当适用《信托法》第 22 条和第 49 条的规定,即委托人和受益人均有权对受托人提出要求。

(2) 违反信托财产独立性的损害赔偿请求权。信托财产所有权虽然置于受托人名下,但应和受托人的固有财产相区别,此乃信托财产独立性的要求。我国《信托法》第 16 条第 1款规定,信托财产与属于受托人所有的财产相区别,不得归入受托人的固有财产或者成为固有财产的一部分。《信托法》第 27 条进一步规定:"受托人不得将信托财产转为其固有财产的。受托人将信托财产转为其固有财产的,必须恢复该信托财产的原状;造成信托财产损失的,应当承担赔偿责任。"与受托人不当利益归入权的规定一样,《信托法》第 27 条也没有明确规定请求权人是谁,但是该条规定的受托人行为显然属于《信托法》第 22 条所规定的"违反信托目的处分信托财产或者因违背管理职责、处理信托事务不当致使信托财产受到损失的"行为 [1],此时委托人和受益人均有权向受托人主张恢复信托财产原状或者请求损害赔偿。

(3) 违反自我交易规则的损害赔偿请求权。为了防止受托人利用其地位损害受益人利益,法律原则上禁止受托人以其固有财产与信托财产进行交易;同时,为了公平对待受益人,防止受托人为了一个受益人的利益而损害其他受益人的利益,法律也禁止受托人将其管理的不同委托人的信托财产互相交易。这就是信托法上的"禁止自我交易规则"。我国《信托法》第 28 条明确规定,受托人不得将固有财产与信托财产进行交易或者将不同委托人的信托财产进行相互交易,否则,造成信托财产损失的,受托人应当承担赔偿责任。但是,为了尊重委托人的意愿和适应现代交易方式发展的需要,禁止自我交易规则也有例外。我国《信托法》第 28 条规定,信托文件另有规定或者经委托人或者受益人同意,并以公平的市场价格进行交易的,受托人可以不受上述自我交易规则的限制。

我国《信托法》第 28 条虽然规定受托人违反禁止自我交易规则,造成信托财产损失的,应当承担赔偿责任,但没有明确请求受托人承担损害赔偿责任的权利人。由于信托是为受益人利益设立的,且该行为损害的也是受益人的利益,因此,受益人无疑享有此权利。至于委托人,基于《信托法》第 22 条的一般规定,受托人违反禁止自我交易规则时,显然属于"违反信托目的处分信托财产或者因违背管理职责、处理信托事务不当致使信托财产受到损失"的行为,因此委托人也享有请求受托人赔偿损失的权利。

3. 对非法强制执行信托财产的异议权

对于信托财产,除非依据法定情形,不得强制执行。我国《信托法》第 17 条仅规定了四种可以强制执行信托财产的特殊情形:(1) 设立信托前债权人已对该信托财产享有优先受偿的权利,并依法行使该权利的;(2) 受托人处理信托事务所产生债务,债权人要求清偿该债务的;(3) 信托财产本身应担负的税款;(4) 法律规定的其他情形。因此,除非依据上述四种情形之一,任何人不得强制执行信托财产。否则,依据《信托法》第 28 条的规定,委托人、受托人和受益人均有权向人民法院提出异议。

就提出异议的方法而言,可以采取向负责强制执行的法院提出异议审查请求的方式,也可以采取向负责强制执行的法院提起异议诉讼的方式。在提起异议诉讼的方式时,因为异议的内容是主张该财产是信托财产,目的是取消债权人的强制执行,所以委托人、受托人和

---

① 此时,可能发生与《信托法》第 22 条请求权竞合的情形。

受益人应为原告,申请强制执行信托财产的债权人应为被告。① 从上述规定的字面意思来看,委托人的继承人不在原告之列,但委托人死亡的,应视其继承人为原告。另外,提出异议可以由委托人、受托人和受益人共同为之,也可以由三者之一单独为之。人民法院经审查或者审理,认定提出的异议有充足理由的,债权人对信托财产的强制执行将被撤销;反之,提出的异议请求将被驳回。

(四) 受托人解任权、辞任同意权和新受托人选任权

1. 受托人解任权

我国《信托法》第 23 条规定:"受托人违反信托目的处分信托财产或者管理运用、处分信托财产有重大过失的,委托人有权依照信托文件的规定解任受托人,或者申请人民法院解任受托人。"据此,委托人享有依法解任受托人的权利。所谓"依法",是指委托人不能随意解任受托人,委托人要行使受托人解任权,必须具备法定条件,即必须有受托人存在违反信托目的处分信托财产的行为或者管理运用、处分信托财产有重大过失的情形。如果受托人仅有一些轻微违背职责的行为,如行为上略有怠慢或处理事务稍有拖沓,则不属于解任受托人的事由。委托人行使受托人解任权的方式,依据信托文件是否作出规定而有所不同。在信托文件对解任受托人的具体条件、程序等有规定时,委托人可以按照信托文件的规定直接行使解任权;在信托文件对受托人的解任事项没有作出规定的情况下,委托人可以通过诉讼的方式行使解任权,即委托人应申请人民法院解任受托人。

2. 受托人辞任同意权

我国《信托法》第 38 条第 1 款规定:"设立信托后,经委托人和受益人同意,受托人可以辞任。本法对公益信托的受托人辞任另有规定的,从其规定。"据此,委托人享有经与受益人协商一致同意受托人辞任的权利。委托人行使受托人解任权和受托人辞任同意权的条件和方式是不一样的。委托人行使受托人辞任同意权的前提是受托人提出辞任请求,委托人行使该权利应当与受益人协商一致,不得单方面作出同意受托人辞任的意思表示。

3. 新受托人选任权

根据我国《信托法》第 39 条、第 40 条和第 52 条的规定,信托设立后,如果受托人因各种原因不能继续履行受托人职责,即发生受托人职责终止情形时,除非信托文件或者法律另有规定,信托不会因为受托人的职责终止而终止,信托仍将继续存续,由依法定程序选任出来的新受托人继续管理。根据《信托法》第 40 条的规定,受托人职责终止的,新受托人依照信托文件的规定选任,在信托文件未加以规定时,委托人享有新受托人的选任权。

(五) 信托解除权

信托设立后,原则上委托人不得解除信托。但根据我国《信托法》第 50 条、第 51 条的规定,委托人在下列情形下,有权解除信托:

1. 委托人设立的信托属于自益信托

《信托法》第 50 条规定:"委托人是唯一受益人的,委托人或者其继承人可以解除信托。信托文件另有规定的,从其规定。"在自益信托中,由于委托人自己享有全部信托利益,委托

---

① 〔日〕三渊忠彦:《信托法及信托业法》,日本评论社 1928 年版,第 59 页。

人当然可以随时解除信托;如果委托人死亡,其信托利益由其继承人全部享有,其继承人当然也有权解除信托。但是,如果信托文件另有规定的,例如信托文件禁止或者限制委托人解除信托的,按照意思自治原则,自应从其规定。

2. 受益人对委托人有重大侵权行为

禁止基于不法行为取得利益是法律的一项基本原则。如果受益人对委托人实施重大侵权行为,受益人通过信托享有的利益当然不应受到保护。对此,我国《信托法》第51条明确规定,受益人对委托人有重大侵权行为的,委托人可以解除信托。委托人解除信托后,受益人的受益权即归消灭。

3. 经受益人同意

受益人是享受信托利益之人,信托的解除将使受益人丧失利益。如果委托人解除信托的行为取得了全体受益人的同意,即意味着受益人自愿放弃信托利益,根据我国《信托法》第51条的规定,此时,委托人可以解除信托。

4. 信托文件规定的委托人解除信托的情形发生

信托是一种民事法律行为,应当遵循意思自治原则。如果信托文件规定了委托人可以解除信托的事由,则该事由发生时,委托人可以解除信托。对此,我国《信托法》第51条第2款明确规定,委托人可以依据信托文件规定的情形解除信托。

综上所述,委托人解除权的行使条件为:在委托人为唯一受益人时,委托人可以随时解除信托,除非信托文件另有规定;其他情况下,委托人在经过受益人同意或遭受其重大侵权时,或信托文件有其他规定时,才可行使信托解除权。应当指出的是,委托人依法解除信托,可能会使无过错的受托人受到损失,比如预期报酬的丧失,此时,根据民法相关规定,委托人应当对受托人因信托解除而受到的损失予以赔偿。此外,受益人或受托人也可以委托人解除信托理由不充分为由,不同意委托人解除信托,此时,委托人可以向人民法院提起诉讼,要求解除信托。

(六) 受益人变更权和受益权处分权

信托一经有效设立,即对信托当事人产生法律效力,委托人原则上必须以信托文件规定的受益人为受益人,而不得另行指定或者更换,也不得处分受益人的受益权。但是,根据我国《信托法》第51条第1款的规定,有下列四种情形之一的,委托人可以变更受益人或者处分受益人的受益权:

1. 受益人对委托人有重大侵权行为

所谓"受益人对委托人有重大侵权行为",是指受益人基于故意或者过失使委托人的财产权、人身权或者其他合法权益受到侵害。受益人的这种侵权行为属于不道德的行为,委托人据此变更受益人从而剥夺其享受信托利益也符合正义要求。

2. 受益人对其他共同受益人有重大侵权行为

禁止基于不法行为取得利益是法律的一项基本原则。如果受益人对委托人实施重大侵权行为,即因受益人之故意或者重大过失致使委托人的财产权、人身权或者其他的合法权益受到侵害的[1],受益人通过信托享有的利益当然不应受到保护。这同《民法典》中剥夺继承

---

[1] 赵廉慧:《信托法解释论》,中国法制出版社2015年版,第275页。

权的相关规定具有共同的道德基础。尚存在其他共同受益人的,直接解除信托将会导致无过错的受益人遭受损失。为了保护无过错共同受益人,我国《信托法》第 51 条明确规定,受益人对委托人有重大侵权行为的,委托人可以变更受益人或者处分受益人的信托受益权,也可以直接解除信托;受益人对其他共同受益人有重大侵权行为的,委托人可以变更受益人或者处分受益人的信托受益权,但不可以直接解除信托。

3. 经受益人同意

所谓"经受益人同意",是指受益人同意委托人变更受益人,夺取其受益权。此情形下,受益人等于放弃了部分或者全部受益权。应当注意的是,在自益信托中,因委托人自己为唯一受益人,因此,委托人可以单方面变更受益人或者处分其受益权;但在他益信托中,委托人需与受益人协商一致,才能变更受益人或者处分其受益权。

4. 信托文件规定的其他情形

所谓"信托文件规定的其他情形",是指信托文件规定的委托人有变更受益人或者处分受益权的情形。在此情形下,依照意思自治原则,委托人可以随意变更受益人或者处分受益人的受益权。

发生上述情形之一的,委托人无须请求人民法院,即可直接变更受益人。从法律条文的字面意义来看,委托人的继承人不享有此项权利,但委托人死亡后,受益人对继承人实施重大侵权行为的,应当视其继承人也享有变更受益人的权利。

(七) 信托财产或者信托受益权的归属权

英美法系承认"复归信托",即在某些情况下,信托财产或者信托受益权可以复归于委托人。在英美法系,通常在两种情况下成立复归信托:一种情况是,委托人提供财产后,信托基于某种原因未能有效设立的,可成立一项以委托人自己为受益人的复归信托,在信托财产返还给委托人之前,原来的受托人应当以委托人为受益人管理信托财产;另一种情况是,信托有效设立后,由于信托目的已经实现或已无法实现等,导致信托终止,但仍有一部分剩余信托财产,信托文件又未规定处理办法的,同样也可成立一项复归信托,在信托财产转移给委托人之前,受托人应当以委托人为受益人管理信托财产。复归信托以委托人为受益人,实际上确认了委托人的归复权,信托财产复归委托人所有,委托人去世的,归入其遗产。

在信托有效设立后,我国《信托法》承认了两种情形下的复归信托:

1. 部分受益人放弃受益权时的复归信托

我国《信托法》第 46 条规定,全体受益人放弃受益权的,信托终止。部分受益人放弃信托受益权的,被放弃的信托受益权按下列顺序确定归属:(1) 信托文件规定的人;(2) 其他受益人;(3) 委托人或者其继承人。据此,信托设立后,当部分受益人放弃受益权时,在信托文件对被放弃的受益权归属没有作出规定而又没有其他受益人的情况下,被放弃的信托受益权复归委托人,由委托人享有。

2. 信托终止时的复归信托

我国《信托法》第 54 条规定,信托终止的,信托财产归属于信托文件规定的人;信托文件未规定的,按下列顺序确定归属:(1) 受益人或者其继承人;(2) 委托人或者其继承人。据此,信托终止后,信托文件没有对信托财产的归属人作出规定,而原来的受益人或者其继承人已经不存在的,信托财产复归委托人,由委托人取得信托财产。

二、委托人的保留权利

(一) 委托人保留权利的原则

委托人的法定权利是法律直接规定的、委托人在信托关系中享有的权利。委托人的保留权利是委托人通过信托文件的约定、在信托关系中为自己保留的权利。信托的本质是委托人通过将信托财产的完整所有权分割为受托人形式上的所有权和受益人实质上的受益权,以实现其设定的信托目的。因此,原则上,委托人于信托设立后,对信托财产不再享有任何法律上的权利。但是,信托毕竟是委托人创设的,目的也是实现委托人自身的意愿,如果委托人认为自己保留一定的权利,更有利于信托的实施和信托目的的实现,按照意思自治原则,委托人当然可以在信托文件中为自己保留一定的权利。因此,各国信托法普遍尊重委托人的意愿,承认委托人有权通过信托文件为自己保留一定的权利。我国《信托法》第2条也明确规定,受托人应当按照委托人的意愿管理运用和处分信托财产。委托人的意愿体现在信托条款的规定之中,当然包括了委托人有权在信托文件中为自己保留一定的权利。

当然,委托人通过信托文件为自己保留权利,也不是毫无限制的,需要受“信托目的合法性原则”的限制。如果委托人保留权利,目的是借“信托的外壳”实现法律禁止的目的,则信托应当归于无效。这里,需要探讨的是,在信托目的并不违法的情况下,委托人可否完全保留管理运用、处分信托财产的权利,从而使受托人徒具虚名或仅成为委托人的“木偶”?对此,有学者认为,委托人保留的权利客观上应当有所限制,即不能使委托人像信托财产的所有者那样任意管理运用、处分信托财产,否则,委托人设立的便是“虚假信托”。本书认为,即使委托人完全保留了信托财产的管理运用、处分权,使受托人的一切行为均听令于委托人的指示,也不能简单地认为该信托是虚假的,从而否认该信托的效力。因为信托是否真实,取决于是否符合信托的法律结构;信托是否有效,取决于是否具备信托的生效要件。委托人是否保留权利,以及保留多少权利,并非信托法律结构所必须,也非信托生效要件所必有。作为一种财产转移与财产管理制度,信托的优越性在于其灵活性,委托人为自己保留权利,哪怕保留了信托财产管理运用、处分的全部权利,只要更加有利于灵活实现其设定的信托目的,在法理上也并无不妥。委托人保留权利的限制应当与信托目的的合法性结合起来判断。如果委托人保留权利并非为了实现非法的信托目的,便不应当因为保留权利的大小而否定其效力。只有委托人保留权利是为了实现违法的信托目的时,才应该否定其效力。

不过,对于委托人保留了信托财产完全管理运用、处分权的信托,有必要在税收上给予特别对待,即委托人为自己保留的权利(如解除信托的权利、指示受托人的权利),如果相当于委托人仍可自由管理运用、处分信托财产,那么,在税收方面应当与一般信托区别对待。比如,继续把信托财产看成委托人的财产予以征税,以防止委托人利用设立信托规避税收。

(二) 委托人保留权利的具体情形

法律上,只要信托目的不违法,委托人可以为自己保留权利甚至保留信托财产的全部管理权。但是,实践中,委托人通常在下列情形下,会在信托文件中为自己保留权利:

1. 管理权的保留

委托人设立信托,通常是为了借助受托人的特殊管理能力,这尤其表现在委托人为实现信托财产保值、增值目的而设立信托的场合,因此,委托人通常不会在信托文件中为自己保留信托财产的管理权。但是,在有些情况下,委托人出于特殊需要,希望在信托财产管理方面保留指示受托人的权利,以便在必要时就如何管理信托事务、运用和处分信托财产,向受托人发出指示,更好地实现委托人的愿望。英美信托法允许委托人通过信托文件明示地保留对受托人的指示权,委托人可以运用这种权利指示受托人,受托人应当听从委托人的指示。包括我国在内的大陆法系信托法对此没有明确规定,但均原则规定了受托人遵循信托文件规定的义务,据此,应当理解为允许委托人保留信托财产的管理权。当然,在委托人为自己保留了信托财产管理权的场合,由于信托财产所有权已经归属于受托人,信托财产的管理运用和处分均应以受托人的名义对外进行,因此,委托人保留的管理权,不能直接针对信托财产本身行使,只能通过向受托人发出指示的方式行使,其实质保留的是对受托人管理信托财产的指示权。

2. 信托解除权的保留

在自益信托中,因信托是为委托人自己利益设立的,除非信托文件另有规定,委托人或者其继承人可以随时解除信托(《信托法》第 50 条),此为委托人的法定权利,不需要委托人在信托文件中加以保留即可行使。在他益信托中,委托人为他人利益设立信托,受益人基于信托享有受益权,委托人可否通过信托文件为自己保留解除信托的权利? 对此,我国《信托法》第 51 条明确规定,如果存在"信托文件规定的其他情形",委托人可以解除信托。这意味着委托人可以为自己保留解除信托的权利。

但是,在实践上,这一问题涉及复杂的利益平衡关系,不能简单化处理。在他益信托中,如果允许委托人保留随意解除信托的权利,一方面会剥夺受益人的受益权,另一方面,又可能会损害委托人债权人的利益。从受益人角度分析,其受益权的取得,情况非常复杂,总的来说,有三种情形:一是基于委托人对受益人履行义务而取得,如委托人通过信托对受益人履行抚养、赡养等法定义务;二是受益人取得受益权向委托人支付了对价,如信贷资产证券化信托的受益人;三是受益人单纯取得受益权,其受益权的取得既非基于对委托人享有的权利,也非基于向委托人支付了对价,实质相当于从委托人处获得馈赠。显然,在前面两种情形下,委托人不得保留解除信托的权利,因为受益人的权利可受到其他法律保护;只有在第三种情形下,委托人才能为自己保留解除信托的权利。

再从委托人债权人利益保护角度分析。在他益信托中,如果允许委托人保留随意解除信托的权利,就意味着委托人可以根据自己的需要,灵活安排信托财产复归于自己固有财产的时间。委托人完全可以借此安排,在其债权人债权存在期间,将固有财产转为信托财产,减少其偿债资产,而在其债权人债权消灭后,再行使解除权,取回信托财产,从而逃避其债务,损害债权人利益。因此,从平衡委托人和其债权人利益角度出发,在委托人保留信托解除权时,如果委托人债权人不能获得清偿,除非依受益权性质不能行使解除权,应当赋予债权人请求委托人及时行使信托解除权的权利,此时,委托人必须解除信托,取回信托财产用以偿还其债务,而不能由委托人自行安排解除信托的时间。换言之,此时,委托人解除信托不仅是其权利,也应当是其一项义务。

3. 受益人或受益权变更权的保留

在信托关系中,受益人和受益权的内容是由委托人指定的,因此,理论上说,委托人可以通过信托文件为自己保留变更受益人或受益权的权利。比如,当信托失去受益对象(如全部受益人死亡或放弃受益权)时指定新的受益人的权利、改变受益人或者改变特定受益人受益权的权利。委托人只要在信托文件中明确地保留了这些权利,就有权在必要的情况下行使这些权利。我国《信托法》第51条第1款第4项明确规定,如果存在"信托文件规定的其他情形",委托人可以变更受益人或者处分受益人的信托受益权。这也意味着我国《信托法》允许委托人在信托文件中保留在规定的情形下变更受益人、处分受益权的权利。

如前关于委托人信托解除权保留的论述,委托人保留受益人或者受益权变更的权利,也应当区别受益权取得的情形而定。如果受益人因为对委托人享有权利或者向委托人支付了对价而取得受益权,委托人不应当享有保留变更受益人或者受益权的权利,只有在受益人单纯取得受益权的情形下,委托人才享有此项变更保留权。

4. 受托人解任权的保留

委托人对受托人的信任是信托成立的基础,英美信托法通常不允许委托人随意保留解任受托人的权利。事实上,委托人出于对受托人的高度信任,很少或者几乎不会解除受托人。受托人违反信托义务的,可由受益人申请法院解任受托人。《日本信托法》也倾向于由法院解任受托人。[①] 但我国《信托法》第23条规定,委托人可以在信托文件中为自己保留解任受托人的权利,在受托人违反信托目的处分信托财产或管理运用信托财产严重不当,已不适合继续担任受托人的情况下,委托人可依保留的权利自行解任受托人;委托人未保留这一权利的,一旦受托人失去管理运用、处分信托财产的能力或丧失担任受托人的资格,或者,受托人违反目的管理运用信托财产或处理信托事务严重不当的,委托人、受益人也可以申请法院解任受托人。由此可以看出,我国《信托法》同时给委托人提供了依保留的权利自行解任受托人与申请法院解任受托人两种选择。

思考题

1. 委托人应当具备什么样的主体资格?

2. 依照我国现行法律规定,对委托人有特别资格要求的信托有哪些? 具体要求是什么?

3. 如何理解委托人权利的性质?

4. 委托人的法定权利有哪些? 如何行使?

5. 如何理解委托人的义务和责任?

6. 委托人如何为自己保留权利?

本章思考题参考答案

---

① 《日本信托法》第58条规定,受托人违背职责对信托财产有严重损害或者有其他重要事由的,法院可以根据委托人或受益人的请求,解除受托人的职务。

第五章　受托人的法律地位

[导语]

　　受托人为信托财产的管理人,对受托人的行为进行规范是信托法规范的核心内容。本章的主要内容有:受托人的资格;受托人的权利;受托人的义务,包括信托文件的遵守义务,忠实义务,谨慎义务,分别管理义务,亲自管理义务,记录、报告和保密义务,交付信托利益义务,以及清算义务等;受托人职责终止的情形及其法律后果;受托人的责任;共同受托人等。本章的学习目标为:掌握受托人的主体资格要求;了解受托人的权利;重点理解受托人义务的内容和各自内涵,特别是忠实义务、谨慎义务、分别管理义务和亲自管理义务;掌握受托人的责任及其内容;了解受托人职责终止的情形及其法律后果;了解共同受托人的法律规定。

第一节　受托人的主体资格

　　受托人在信托关系中占有重要的地位,它是接受委托人的委托,按照信托文件对信托财产进行管理运用、处分的人,对信托财产的安全与收益负有直接的责任,因此,受托人必须具有一定的受托能力,必须具备一定的资格。

一、原则规定:具有完全民事行为能力

　　《信托法》第24条第1款规定:"受托人应当是具有完全民事行为能力的自然人、法人。"该条规定是对受托人资格的基本规定,规定了两个方面的内容:

　　第一,受托人必须具有完全民事行为能力。在信托活动中,受托人必须以自己的名义,为受益人的利益或者基于特定目的,对信托财产进行管理运用或者处分。因此,只有具有完全民事行为能力的人,才能够担任受托人。

　　第二,可以担任受托人的范围仅包括自然人和法人,非法人组织不能担任受托人。如上所述,现实生活中的非法人组织类型多样,不同组织的民事行为能力各不相同,但不论何种其他组织,在现阶段,在我国,都不具有最终承担民事责任的能力,都不同程度地受上级组织

或其成员的干预,而受托人必须具有独立的意志,能够完全以自己的名义从事民事法律行为并承担责任,因此,《信托法》规定只有具有完全民事行为能力的自然人和法人才可以成为受托人。

当然,这并不意味着具有完全民事行为能力的自然人和法人可以担任所有类型信托的受托人。在一般民事信托中,法律对受托人的资格除上述基本要求外,没有特别的限制。但是,一方面,法人的民事权利能力和行为能力受法人设立的目的、任务和业务范围的限制,因此,如果法人的章程或核准的业务范围对其从事信托活动有限制,该法人便不能成为受托人;另一方面,由于信托是为受益人的利益或特定目的服务的,为实现此目的,某些类型的信托要求受托人具有特定的技能、能力、资质要求等,因此,《信托法》第 24 条第 2 款规定:"法律、行政法规对受托人的条件另有规定的,从其规定。"实际上,在营业信托及特定类型的信托中,法律、法规对受托人均有特别的资格要求,不满足这些要求的人不得从事这些信托行为。

二、营业信托受托人的特殊资格

营业信托的受托人必须是信托机构,《信托法》第 4 条明确规定:"受托人采取信托机构形式从事信托活动,其组织和管理由国务院制定具体办法。"这意味着,采取信托机构形式从事信托活动的,要受到信托机构特殊法律法规的规范,不是所有的法人均可以以机构形式从事信托活动。《信托公司管理办法》第 7 条第 2 款明确规定:"未经中国银行业管理委员会批准,任何单位和个人不得经营信托业务,任何经营单位不得在其名称中使用'信托公司'字样。法律法规另有规定的除外。"从该条规定和我国实践来看,我国目前主要的信托营业机构是信托公司,但是,有些机构,如证券投资基金管理公司经营证券投资基金业务,虽然没有明确表明为信托业务,但证券投资基金采取的实际上是信托结构,证券投资基金管理公司经营的是信托业务,但它经营的是特定类型的信托业务,并不能从事一般的和其他类型的信托业务。从经营一般信托业务的受托人主体资格来看,受托人必须是经中国银保监会批准设立和开展业务的信托公司。

通常,信托公司具有从事营业信托的主体资格,但对于特定类型营业信托业务,有关法规通常对受托人有特定的资格要求。

1. 企业年金信托受托人资格

企业年金信托的受托人既可以是企业年金理事会,也可以是符合国家规定的养老金管理公司等受托机构,受托人不限于信托公司。其中企业年金理事会由企业代表和职工代表等组成,依法管理本企业的年金事务,但不得从事任何形式的经营性活动,因此,严格来说,它不是营业信托的受托人。而法人受托机构须满足以下条件:(1) 经国家金融监管部门批准,在中国境内注册的独立法人;(2) 具有完善的法人治理结构;(3) 取得企业年金基金从业资格的专职人员达到规定人数;(4) 具有符合要求的营业场所、安全防范设施和与企业年金基金受托管理业务有关的其他设施;(5) 具有完善的内部稽核监控制度和风险控制制度;(6) 近 3 年没有重大违法违规行为;(7) 国家规定的其他条件。[①] 从这些规定来看,既有对公司本身的

---

① 《企业年金基金管理办法》第 22 条。

风险防范能力、经营能力、经营条件方面的要求,也有对其诚信与守法方面的要求。

2. 信贷资产证券化受托人的资格

在信贷资产证券化中,受托人为特定目的受托机构。《金融机构信贷资产证券化试点监督管理办法》规定,特定目的受托机构首先必须是信托公司或中国银保监会批准的其他机构。而信托公司要担任特定目的受托机构,也必须满足一定的条件,主要包括:(1) 根据国家有关规定完成重新登记 3 年以上;(2) 注册资本不低于 5 亿元人民币,并且最近 3 年年末的净资产不低于 5 亿元人民币;(3) 自营业务资产状况和流动性良好,符合有关监管要求;(4) 原有存款性负债业务全部清理完毕,没有发生新的存款性负债或者以信托等业务名义办理的变相负债业务;(5) 具有良好的社会信誉和经营业绩,到期信托项目全部按合同约定顺利完成,没有挪用信托财产的不良记录,并且最近 3 年内没有重大违法、违规行为;(6) 具有良好的公司治理、信托业务操作流程、风险管理体系和内部控制;(7) 具有履行特定目的信托受托机构职责所需要的专业人员、业务处理系统、会计核算系统、管理信息系统以及风险管理和内部控制制度;(8) 已按照规定披露公司年度报告;(9) 银保监会规定的其他审慎性条件。这些条件既包括对信托公司财务上的要求,也包括对其经营管理、风险防范能力、治理机构、社会声誉等方面的要求。信贷资产证券化受托人的资格采取审批制,信托公司要担任信贷资产证券化受托人,其资格的取得必须获得中国银保监会的事先批准。

3. 保险资产投资信托的受托人资格

保险资金对外投资需要遵循稳健审慎和安全性原则。根据《保险资金管理办法》的规定,保险集团(控股)公司、保险公司根据投资管理能力和风险管理能力,可以按照相关监管规定自行投资或者委托符合条件的投资管理人作为受托人进行投资。其中,投资管理人包括符合规定的保险资产管理机构、证券公司、证券资产管理公司、证券投资基金管理公司等专业投资管理机构。因此,保险资金投资管理人具有较高的门槛。例如,《保险资金间接投资基础设施项目试点管理办法》长期采用事前资质审核的方式对受托人进行管理,要求受托人具有“监管部门认定的最高级别资质”和充分的财务能力,在公司治理结构、项目管理、风险控制以及稽核监控方面也具有形式和实质的要求。如果受托人是信托公司,则需要满足更为具体的审慎性条件。根据 2019 年《中国银保监会办公厅关于保险资金投资集合资金信托有关事项的通知》的规定,保险机构应当明确信托公司选择标准,完善持续评价机制,并将执行情况纳入年度内控审计。担任受托人的信托公司应当具备以下条件:(1) 具有完善的公司治理、良好的市场信誉和稳定的投资业绩,上年末经审计的净资产不低于 30 亿元人民币;(2) 近一年公司及高级管理人员未发生重大刑事案件,未受监管机构重大行政处罚。

随着金融市场的深化发展,保险资金投资范围不断扩大,投资方式也更为灵活。从简化行政许可的角度出发,2016 年《保险资金间接投资基础设施项目管理办法》将受托人业务资质从事前审批改为能力评估。而保险机构自行或受托开展各类投资管理业务的,根据《关于优化保险机构投资管理能力监管有关事项的通知》的规定,监管部门深化“放管服”改革,将保险机构投资管理能力管理方式调整为公司自评估、信息披露和持续监管相结合。

综上所述,营业信托的受托人必须具备一定的资格条件,而且须经过监管部门的批准。自然人、依法设立的其他组织和未经批准的法人均不得经营信托业务,但非营业信托的受托人不受此限制。

第二节　受托人的权利

一、受托人权利的特殊性

在信托法律关系中,受托人地位至为重要。作为信托财产的名义所有人及实际管理人,信托目的的实现,均依赖于受托人的种种努力。受托人积极地管理信托事务、促进信托目的实现的前提条件是享有受托人的权利。但是,受托人的权利极为特殊,依据受托人权利所包含的利益类型的不同,可以将其划分为"他益权"与"自益权"两类。

受托人的"他益权"是与受托人履行信托管理职责相关的权利,目的不是使受托人自身受益,而是更好地实现受益人的利益或者实现信托目的。受托人的他益权包括信托财产的名义所有权、信托财产的管理和处分权、信托财产不当强制执行的异议权、代表信托起诉和应诉权等,这些是受托人为履行管理信托事务、实现信托目的职责所必需的,既是权利,也是义务,受托人不能自主放弃。

受托人的"自益权"是与受托人履行信托管理职责无关的权利,是受托人因为提供了信托管理服务而享有的权利,目的是使受托人自己享受利益。受托人的自益权主要包括受托人的报酬请求权及费用补偿请求权等。这些权利是受托人所享有的一般民事权利,而不是基于信托而特有的权利,依据民事权利意思自治原则,受托人可以放弃自己的"自益权",也可以通过信托文件约定和细化自己所享有的"自益权"的类型、范围及行使方式等。

无论是受托人的他益权还是自益权,其享有和行使均要受到信托文件的约束。受托人权利的范围、行使方式等,要按照信托文件的约定进行。比如,信托文件禁止受托人对信托财产进行股票投资的,受托人对信托财产就没有投资于股票的权利;又如,信托文件约定受托人不得就信托管理享有报酬的,则受托人也无报酬请求权。此外,受托人权利的行使还要受到信托法所规定的义务的限制,比如,受托人行使对信托财产的管理权时,应当依法与自己的固有财产分别管理,不得混合管理;又如,受托人如果违背管理职责,造成信托财产损失,依法也不得行使报酬请求权。

二、受托人的"他益权"

(一) 信托财产的名义所有权

受托人享有信托财产的"名义所有权",是信托财产的"名义所有人"。赋予受托人信托财产名义所有权,是为了使其更好地履行信托职责,更加灵活地实现信托目的。享有信托财产名义所有权也是受托人行使其他类型他益权的基础。据此,受托人可以成为信托财产中动产的实际占有人、不动产以及需经登记的动产的登记名义人。与物权法上的完全所有权不同,信托法上的名义所有权仅包含依据信托目的对信托财产进行占有、使用、处分的权能,而没有收益的权能。受托人必须为了受托人的最大利益、在信托目的范围内进行财产管理,所得利益应当归属于受益人。概言之,信托财产的名义所有权是一种严格受限的所有权。对于此权利的理解,应该从其所包含的具体权能的角度去把握,并使其区分于物权法上的所有权概念。

（二）信托财产的管理和处分权

利用受托人对信托财产进行专业和富有效率的管理是信托制度的核心意义之所在。为充分发挥信托制度的优势,实现信托目的,信托法赋予受托人对信托财产广泛的管理和处分权。在符合信托目的的前提下,受托人可以根据自己的判断对信托财产进行包括事实行为和法律行为在内的各种类型的管理、投资、交易及处分。我国《信托法》对受托人享有的信托财产管理和处分权没有施加强制性限制,委托人意欲对受托人的财产管理权进行必要限制的,可以在信托文件中载明,这属于当事人意思自治的范畴。除此之外,在营业信托中,特别法对受托人的财产管理行为进行限制的,应优先适用特别法。例如,根据《企业年金基金管理办法》第 47 条规定,企业年金基金财产限于境内投资,投资范围包括银行存款、国债、中央银行票据、债券回购、万能保险产品、投资连结保险产品、证券投资基金、股票,以及信用等级在投资级以上的金融债、企业(公司)债、可转换债(含分离交易可转换债)、短期融资券和中期票据等金融产品。

（三）信托财产不当强制执行的异议权

信托财产独立于受托人的固有财产。根据我国《信托法》第 17 条规定,对于信托财产,除以下四种情形以外,不得强制执行:(1) 设立信托前债权人已对该信托财产享有优先受偿的权利,并依法行使该权利的;(2) 受托人处理信托事务所产生债务,债权人要求清偿该债务的;(3) 信托财产本身应担负的税款;(4) 法律规定的其他情形。非以上四种情形之一但法院强制执行的,受托人有权向法院提出异议。[①] 应当指出的是,受托人提起执行异议之诉所产生的费用,属于信托管理费用,受托人可以信托财产支付此项费用。以其固有财产垫付费用的,受托人对此项支出享有补偿请求权。

（四）代表信托起诉和应诉权

受托人是信托财产的名义所有人,信托财产的管理均以受托人名义进行。因此,凡他人对信托财产的非法侵害或者受托人在履行信托事务时与他人之间产生的纠纷,皆由受托人作为诉讼或者仲裁的当事人,进行起诉和应诉。此项仲裁或诉讼所产生的利益归入信托财产,所发生的费用和承担的赔偿责任亦由信托财产支付。

三、受托人的"自益权"

（一）报酬请求权

1. 报酬请求权的取得

我国《信托法》第 35 条规定:"受托人有权依照信托文件的约定取得报酬。信托文件未作事先约定的,经信托当事人协商同意,可以作出补充约定;未作事先约定和补充约定的,不得收取报酬。约定的报酬经信托当事人协商同意,可以增减其数额。"据此,受托人报酬请求

---

① 委托人和收益人也拥有此项权利。

权的取得,在我国以信托文件的约定为前提:如果信托文件约定受托人可以收取信托报酬,则受托人有权按照约定行使报酬请求权,否则受托人不得收取报酬。至于约定的方式,信托当事人可以在信托文件中就报酬事项作出事先约定,也可以在信托文件签订后再就有关报酬事项作出补充约定,信托当事人还可以根据具体情势的变化,就已经约定的报酬事项协商增减其金额。信托当事人未在信托文件中就有关报酬事项作出事先约定,事后又未作补充约定的,受托人不得收取报酬。

信托文件就受托人报酬事项作出约定的,其内容一般应包括信托报酬的金额、计算方法、支付方法、支付时间以及支付义务人等。[①] 就支付方法而言,通常可以有四种情形的约定:

一是从信托财产中支付。信托合同约定受托人报酬从信托财产中支付的,受托人可直接从信托财产中提取自己的报酬。

二是由委托人支付。信托文件规定委托人为信托报酬支付义务人的,受托人可向委托人请求;委托人死亡的,受托人可向委托人的继承人请求。但向委托人的继承人请求的,须以委托人的继承人同意继承委托人的财产为前提,向继承人请求支付的金额不得超过继承人所继承的财产总额。

三是由受益人支付。信托文件可约定由受益人作为受托人报酬的支付义务人。但此项约定,必须以得到具有民事行为能力的受益人或者不具有民事行为能力受益人的法定代理人的有效同意为前提。

四是由第三人支付。信托文件也可以约定由信托当事人之外的第三人支付信托报酬,但以该当事人的有效同意为前提。此时委托人可以向该当事人行使报酬请求权。

2. 报酬请求权的行使

受托人应当按照信托文件约定的报酬金额计算方式、报酬支付方式向报酬支付义务人行使报酬请求权。如果信托文件仅约定了受托人的报酬请求权,却没有规定支付义务人,依法理,受托人既可以向委托人行使报酬支付请求权,也可以自信托财产中自行提取信托报酬。根据我国《信托法》第 57 条的规定,受托人在信托终止后请求支付其担任受托人期间报酬的,受托人可以留置信托财产或者向信托财产的权利归属人提出请求。

应当注意的是,受托人虽可以根据信托文件的约定行使报酬请求权,但仍然受一定的法律强制性规范的限制。《信托法》第 36 条规定:"受托人违反信托目的处分信托财产或者因违背管理职责、处理信托事务不当致使信托财产受到损失的,在未恢复信托财产的原状或者未予赔偿前,不得请求给付报酬。"这说明,受托人的报酬请求权必须以其已经恰当履行信托义务、承担受托人责任为前提,以督促受托人尽职履责,避免受托人为获得个人报酬而置受益人利益于不顾的机会主义行为。

(二) 补偿请求权

1. 补偿请求权的取得

受托人报酬请求权的取得以信托文件约定为前提,与此不同,受托人补偿请求权的取得则是法定的。所谓受托人补偿请求权,是指对于处理信托事务所支出的费用、对第三人

---

① 参见余卫明:《信托受托人研究》,法律出版社 2007 年版,第 156—159 页。

所负债务,受托人因以其固有财产先行支付而享有的从信托财产中获得补偿的权利。我国《信托法》第 37 条第 1 款明确规定:"受托人因处理信托事务所支出的费用、对第三人所负债务,以信托财产承担。受托人以其固有财产先行支付的,对信托财产享有优先受偿的权利。"

补偿不同于赔偿。赔偿是对违法行为所造成的损害进行弥补的民事责任,而补偿则是指对对方或自己的合法的、正常的民事活动所产生合理费用的弥补。受托人在对信托财产进行管理处分时,难免会支出一些相关的费用,并可能发生对第三人债务,比如信托财产的税负,维修信托财产的开支,对财产进行管理、投资、买卖等所支出的费用,利用信托财产进行符合信托目的的交易所产生的债务等。这类费用或债务是受托人管理信托事务产生的,本应由信托财产承担,如果基于某种原因,受托人加以垫付,理应从信托财产中获得补偿。

2. 补偿请求权的行使

受托人补偿请求权只能针对信托财产行使。由于信托财产在受托人名下,一般情况下,受托人可以直接从信托财产中扣回自己代为支付的相关信托事务管理费用和债务。在特殊情况下,主要是在信托财产不足以清偿其应当承担的债务情况下,依照我国《信托法》的相关规定,受托人补偿请求权属于优先受偿的权利,应当优先于信托财产的一般债权人获得清偿。这是因为,在受托人合法、谨慎、尽责地执行信托事务的前提下,管理信托事务所产生的合理费用和对第三人所负债务,本应由信托财产直接承担,受托人先行垫付,属于代付行为,理当优先受偿。此外,受托人如果在信托终止后才请求支付其担任受托人期间所垫付的应当由信托财产承担的费用或者债务,根据《信托法》第 57 条的规定,受托人可以留置信托财产或者对信托财产的权利归属人提出请求。

应当注意的是,与受托人的报酬请求权一样,受托人的补偿请求权也以受托人合法、恰当、尽责地履行信托义务为前提。我国《信托法》第 37 条第 2 款明确规定:"受托人违背管理职责或者处理信托事务不当对第三人所负债务或者自己所受到的损失,以其固有财产承担。"此时,受托人不能要求从信托财产中得到补偿。

(三)受托人的辞任权

信托设立后,受托人即受到信托文件的约束,履行受托人职责。在现实中,受托人可能因为某些客观的或主观的情况发生变化,不能继续很好地履行受托人职责,或者与委托人、受益人发生一些关系上的变故,不便于继续担任受托人。根据《信托法》第 38 条的规定,在这样的情况下,若是私益信托,受托人征得委托人和受益人双方同意后,可以辞任,以解除信托文件的束缚。但在新受托人选出之前,辞任的受托人仍应继续履行管理信托事务的职责。与私益信托不同,公益信托是为不特定的受益人的利益管理和处分信托财产,受托人难以征得全体受益人的同意,因此,《信托法》规定,公益信托的受托人经公益事业管理机构批准后,方得辞任。

需注意的是,受托人的辞任并不能以单方法律行为完成,而必须是双方法律行为。在私益信托中,受托人享有辞任权的前提是获得委托人和受益人的同意;在公益信托中,受托人享有辞任权的前提则是公益事业管理机构的批准。从这个意义上来说,受托人原则上没有辞任权。

第三节　受托人的义务和责任

一、受托人的义务

受托人必须为了信托目的的实现管理运用、处分信托财产。在早期的信托中,信托法律关系的创设多出于规避法律之目的,受托人往往处于消极的地位,其义务多为不作为义务。但随着信托的发展,信托目的从单纯的规避法律转向了通过专业机构管理信托财产,使信托财产获得增值和收益,因此受托人必须积极地管理运用、处分信托财产。同时,为了保证受托人能按照委托人的意思以及信托文件的规定,忠实勤勉地为受益人管理运用、处分信托财产,各国信托法均对受托人规定了严格和具体的义务。

在信托法律关系中,受托人负有的义务理论上一般统称为"信义义务""受信义务"或者"信赖义务",主要原因是受托人的义务源自委托人对受托人的信任。我国《信托法》在第四章第二节"受托人"中,全面规定了受托人的各项义务,主要包括信托文件的遵守义务,忠实义务,谨慎义务,分别管理义务,亲自管理义务,记录、报告和保密义务,交付信托利益义务,以及清算义务等。

(一) 信托文件的遵守义务

《信托法》第 25 条第 1 款明确规定,受托人应当遵守信托文件的规定,为受益人的最大利益处理信托事务。

信托文件是委托人意志的体现,规定了信托目的及信托当事人的具体权利义务。作为信托当事人之一的受托人必须遵从信托目的和委托人意志,因此,受托人有义务按照信托文件的规定处理信托事务。

信托文件一般以信托合同的形式出现,由委托人和受托人协商约定权利义务,因此,按照《民法典》的规定,受托人也应当按照信托文件执行信托事务。信托文件也可以以遗嘱等形式出现,在遗嘱信托中,虽然不存在委托人和受托人的协商约定,但如果受托人表示接受,则其将受信托文件的约束,必须认真遵守。[①]

(二) 忠实义务

1. 忠实义务的含义和性质

我国《信托法》第 25 条第 2 款规定,受托人管理信托财产,必须恪尽职守,履行诚实、信用、谨慎、有效管理的义务。一般认为,该条中"诚实、信用"的措辞规定的是受托人的忠实义务。

信托是基于信任而建立的法律关系,受托人必须忠实地为受益人利益处理信托事务,不辜负委托人和受益人的信任。忠实义务主要体现为一种消极义务,其内涵是受托人不能从事和受益人利益相冲突(conflict of interests)之行为。

---

① 钟瑞栋、陈向聪:《信托法》,厦门大学出版社 2007 年版,第 107 页。

忠实义务主要体现为一种法定义务,这种义务不可以通过约定加以排除,因此被称为信托法中"不可削减之核(irreducible core)"。我国《信托法》虽然没有直接使用"忠实义务"的概念,但第25条确立了受托人对委托人和受益人承担一般的忠实义务,第26条至第28条对忠实义务作了具体的类型化规定。

2. 违反忠实义务行为的类型

(1) 利用信托财产为自己谋利。《信托法》第26条规定:"受托人除依照本法规定取得报酬外,不得利用信托财产为自己谋取利益。受托人违反前款规定,利用信托财产为自己谋取利益的,所得利益归入信托财产。"

受托人虽然是信托财产名义上的所有权人,但其必须按照信托文件的规定,为了实现信托目的而管理运用和处分信托财产。因此,信托财产的使用必须是为了受益人的利益以及信托目的的实现,而不能为受托人自己谋利。虽然《信托法》并未明确,但利用信托财产,以违背信托目的的方式为第三人谋取不正当利益也是被禁止的。

委托人、受益人对于受托人利用信托财产为受托人自己谋利的行为享有归入权,即有权要求受托人将所得利益归入信托财产。

(2) 将信托财产转为固有财产。《信托法》第27条规定:"受托人不得将信托财产转为其固有财产。受托人将信托财产转为其固有财产的,必须恢复该信托财产的原状;造成信托财产损失的,应当承担赔偿责任。"

虽然受托人是信托财产名义上的所有权人,但信托财产独立于受托人的固有财产。信托财产的管理和使用必须是为了受益人的利益以及为了信托目的的实现,这与可以由受托人自由支配和使用的固有财产有明显的区别。将信托财产转为固有财产,无疑违背了委托人设立信托的目的,剥夺了受益人的信托受益权,使受托人获取了不正当的利益。因此,禁止受托人将信托财产转为其固有财产是受托人忠实义务的必然要求。

(3) 受托人自我交易。《信托法》第28条规定:"受托人不得将其固有财产与信托财产进行交易或者将不同委托人的信托财产进行相互交易,但信托文件另有规定或者经委托人或者受益人同意,并以公平的市场价格进行交易的除外。受托人违反前款规定,造成信托财产损失的,应当承担赔偿责任。"

本条是关于受托人自我交易的规定,包括两种形式:受托人将信托财产和固有财产交易,以及受托人将不同委托人的信托财产互相交易。在前一种交易中,受托人与交易存在重大利害关系,无法保证其仍然会为受益人的最大利益处分信托财产;在后一种交易中,无法保证受托人在不同委托人之间的中立地位,受托人无法同时保证两个以上受益主体的利益最大化。并且,无论是哪一种形式的交易,实际上都是由受托人一方代表了交易双方,极有可能造成信托财产的损失,违背信托目的。因此,这样的交易原则上被禁止,即若无特别约定,禁止受托人自我交易。

但是,并非所有受托人的自我交易都一定会造成信托财产损失。现实生活中也不乏委托人给予受托人高度信任,允许其自我交易,并且受托人自我交易公平合理、并未损害信托财产的例子。因此《信托法》并非绝对禁止受托人的自我交易。只要信托文件允许受托人自我交易或者委托人或受益人同意受托人自我交易,并且受托人以公平的市场价格进行交易的,则该项交易合法有效。此处,《信托法》为禁止自我交易的除外规定设置了程序性和实体性要件。其中程序性要件有三项,即信托文件允许、委托人同意、受益人同意,三项中满足任意一项即具备了程序要件；实体要件即受托人以公平的市场价格进行交易。只有程序要件和实体要件同时具备，方能使受托人自我交易合法有效。

除了《信托法》规定的违反忠实义务的三种类型之外，理论上还可以归纳出以下几种类型：

（1）竞争行为。该规则类似公司法上的"公司机会原则"，即受托人不应把自己放在和信托财产竞争的地位，而应当把交易机会让给信托财产。我国《信托法》对此没有规定，但是从法理上看这是忠实义务的应有之义。

（2）收取回扣。受托人在管理信托事务的过程中从第三人处收取回扣的行为也属于典型的利益冲突行为。

（3）其他关联交易行为等。关联交易的重要特点是违背忠实义务，从事利益冲突的行为。理论上，无法归类到上述行为中的其他关联交易行为，如信托财产和受托人的股东或实际控制人进行的交易、信托财产和受托人的配偶或子女的交易等，也属于违反忠实义务的行为。

3. 违反忠实义务的救济

违反忠实义务基本上属于无过错责任。即使受托人是诚实的、善意的，也不会因此被免除责任，除非其行为符合《信托法》第 28 条的例外规定。

违反忠实义务的后果并非行为无效，一般是行为可撤销。也就是说，如果受托人违反忠实义务的行为并没有给信托财产带来损失，甚至还取得了一定的收入，此时，受益人可以选择不撤销受托人的行为，把受托人未经授权所从事交易的后果（包括原本受托人想私自保留的不当得利）归入信托财产。需要指出的是，违反忠实义务的责任承担方式除了一般民事责任中的恢复原状、损害赔偿之外，还有信义法（fiduciary law）[1]中所特有的归入权。即使受托人没有给信托财产带来损害，受托人违反忠实义务取得的非法利益，亦应归入信托财产。

（三）谨慎义务

委托人将信托财产交给受托人是基于其对受托人品格和技能的双重信任，因此受托人在处理信托事务时必须在品格和技能上都不辜负委托人的信任。对受托人品格的要求主要体现在受托人忠实义务上；对受托人技能的要求则主要体现在受托人谨慎义务上。

一般认为，我国《信托法》第 25 条第 2 款规定了受托人的谨慎义务。

1. 受托人谨慎义务是抽象的法定义务

在信托法中，信托行为当事人（委托人和受托人）在知识、信息、专业技能方面是不对等的。对于委托人而言，依据不完备合同理论（incomplete contract），无论其如何努力，都无法通过完美合同条款的设计来保护自己。所以，受托人的义务不能仅仅是约定义务。

为了保护委托人和受益人，现代信托法基本上都把受托人义务规定为一种法定义务，受托人的行为应当符合法律的基本要求。但是，要求立法对受托人的行为标准作出事无巨细的规定是不现实的。原因在于立法者也是人，而人的理性是有限的——过分严厉的受托人行为标准会限制受托人的裁量权，不利于受托人积极履行职责；过分宽松的受托人义务对受

---

[1]　学理上，信托法、公司法、代理法和合伙法等都属于信托法的领域。在这些领域，当事人之间的关系是信任关系或者信义关系（fiduciary relation）。

托人不能产生实质的约束。立法者面对社会生活的复杂性无法扮演全知全能的上帝角色，这是成文法必然要面临的困境。

英国的詹金斯委员会(Jenkins Committee)曾经在其《公司法修改报告》中指出："将董事义务法典化不仅在立法技术上不可行，即便当事人能完备规定董事义务，也会因成文法所固有的滞后性而出现法律漏洞。"[1]信托受托人义务也是如此。因此，在抽象的受托人义务的规范之下，立法、行政监管部门等可以归纳受托人行为，并将其类型化，作出规范的受托人行为指引。监管规范中对信托公司尽职管理义务的规定，可以作为理解受托人谨慎义务的参考，也可以作为司法裁判的参考。例如，2014年4月，银监会发布了《关于信托公司风险监管的指导意见》，可从中总结出对信托业"七个尽责"的要求：产品设计尽责、尽职调查尽责、风险管控尽责、产品营销尽责、后续管理尽责、信息披露尽责及风险处置尽责，这是对信托公司作为营业信托的受托人事前、事中和事后谨慎义务的细化。2018年9月，中国信托业协会组织制定的《信托公司受托责任尽职指引》正式发布。该指引承继《关于信托公司风险监管的指导意见》的规定，进一步作出了更为细密的规定。这些都可以作为判断受托人是否履行了谨慎义务的重要参考。

但是，在判断受托人的某一特定行为是否违反了信托义务之时，靠立法、监管规范以及自治规范仍然无法解决全部问题。解决这一问题的主要方法，是明确承认法院的裁量权，让法院在立法和契约确立的规则框架中，根据具体情形，综合平衡各种价值，作出裁决。[2]

2. 谨慎义务的历史演变过程

历史上，信托主要体现财产转移功能，受托人主要是无偿的、非专业的自然人，所以更侧重"谨慎"这个词的原本内涵，即重视信托财产的安全，受托人主要承担被动管理职责。但是，在现代社会，信托主要体现财产管理功能，受托人更多由取酬的专业机构承担，对受托人的要求不再仅是对信托财产安全性的保障，而是普遍授予受托人投资权，让其运用现代投资和金融工程学的理论，组合投资，分散和对冲风险，为信托财产谋求更大的利益。这就是英美信托法上受托人义务从遵循"谨慎受托人规则(prudent man rule)"到遵循"谨慎投资管理人规则(prudent investor rule)"演进的原因。相应地，关于受托人投资权规则也从"除非法律或信托文件允许，受托人原则上不能有投资权"演进到"除非法律或信托文件禁止，受托人原则上有投资权"。

现代信托法大多授予了受托人宽泛的几乎不受约束的裁量权。据此，受托人在管理信托事务的过程中，除非信托文件授权，原则上不受委托人干涉，只需要严格遵照信托法和信托文件的规定，不需要听从委托人的指示。换言之，受托人有义务不听从委托人的指示。试举一例：某信托公司在管理某证券投资信托过程中，因股市大跌，所投股票跌破止损线。为了稳妥，该信托公司到委托人处寻求指令，确定是否止损，委托人指令观望，结果导致损失扩大。事后委托人反而指责受托人没有及时止损，欲追究信托公司责任。此时，如果委托人没有在信托文件中为自己保留指示权，信托公司便没有义务听从委托人的指示，信托公司就损失的扩大应承担责任。

---

① 转引自林少伟：《英国现代公司法》，中国法制出版社2015年版，第10页。

② 对于法院滥用这种裁量权的担心，本书以为，如果建立"遵循先例"原则，确立法官的论理义务，恰恰构成对法院裁量权滥用的限制。不管是大陆法系还是英美法系，承认法官的裁量权，逐渐确立判例的约束力，都是一种必然。

3. 违反谨慎义务并非违约

谨慎义务不是约定义务,或者至少说主要不是约定义务。在认定信义义务时,容易陷入一个误区,即仅看合同条款,而忽视了信义义务的丰富含义。信义义务是超越合同文本的法定义务,不限于合同的具体约定,它有极高的要求。[①] 即使信托文件中没有约定受托人负有某种义务,如果其行为没有达到作为受托人的一般行为标准,如专业受托人应具有的管理水平,应采取的管理方法和风险控制措施,其责任就成立。例如,在某证券投资基金信托纠纷中,信托公司抗辩说信托文件中没有约定整体止损线,所以信托公司在股票下跌时不能整体止损,造成的损失属于市场风险,自己不应承担责任。这种认识是不正确的。约定止损是一个受托人应当采取的防止损失扩大的基本方法,信托公司没有在信托文件中加以约定,即违反了谨慎义务。

受托人的谨慎义务虽然是法定义务,但可以通过约定予以提高或者减轻,但不能通过约定予以完全排除。通过约定完全免除受托人谨慎义务的信托是不存在的。在这种意义上,即使在所谓的"通道业务"中,受托人也并非不承担任何责任。

4. 违背谨慎义务是过错责任

和违反忠实义务是无过错责任不同,违反谨慎义务是过错责任。过错在认定受托人是否违反谨慎义务的过程中具有关键作用。受托人管理信托事务过程中给信托财产带来的损失(loss),依受托人是否违反谨慎义务而产生不同性质的变化:如果未违反谨慎义务(无过错),则该损失变成委托人或受益人应当承担的风险(risk);如果违反谨慎义务(有过错),该损失就成为应当由受托人承担的损害赔偿责任(damages)。

学理上,受托人应受到一种类似公司董事所享有的经营判断规则(business judgement rule)之保护——损失有时是受托人管理信托事务过程中不可避免的市场风险,此时不能由受托人承担。在这种意义上,受托人并无法律义务进行"刚性承兑"。实务中之所以出现刚性承兑,不仅因为投资者缺乏必要的风险教育,更因为作为受托人的信托公司在早期无法赢得投资者的信赖,只有靠隐性的刚性承兑才能取得一定的竞争力;受托人运用刚性承兑客观上起到了隐藏其违反信托义务所应承担的责任的作用。

如果受托人在管理信托事务中能尽职尽责,符合信托文件和法律法规对受托人行为的要求,即使信托财产遭受损失,受托人也不负赔偿责任。目前,打破所谓刚性承兑的司法判例并不鲜见。

由于投资者很难证明受托人的过错,信托法和相关监管规章才给受托人施加了非常严格的信托披露、报告、保存相关文件等法定义务,以弥补投资者举证和监督能力的不足。另外,在司法实践中,就受托人的过错认定采取举证责任倒置的方式,如果受托人不能证明自己履行了谨慎管理的职责,即推定其存在过错。[②]

(四) 分别管理义务

《信托法》第 29 条规定:"受托人必须将信托财产与其固有财产分别管理、分别记帐,并

---

① 王涌:《信义义务是私募基金业发展的"牛鼻子"》,《清华金融评论》2019 年第 3 期。

② 最高人民法院在 2019 年 8 月发布的《全国法院民商事审判工作会议纪要(最高人民法院民二庭向社会公开征求意见稿)》提出:"受托人不能举证证明其已经履行了法定或约定的受托人义务的,对委托人要求受托人应当承担相应赔偿责任的诉讼请求,应予支持。"这至少反映了最高审判机关在这个问题上的立场。

将不同委托人的信托财产分别管理、分别记帐。"

上述条款是《信托法》关于受托人分别管理义务的规定。《信托法》规定受托人分别管理义务的目的和意义主要在于:一是明确受托人的责任,促使其为受益人的利益管理好信托财产。二是维护信托财产的独立性,便于区分因信托财产产生之债与受托人其他债务的责任。三是便于委托人、受益人查询和了解信托财产经营情况。四是就商事信托而言,便于相关主管部门监管受托人的经营状态。[①]

受托人分别管理义务主要包括两个方面:(1) 将信托财产与固有财产分别管理、分别记账;(2) 将不同委托人的信托财产分别管理、分别记账。就具体内容而言,一般应当包括三个方面:

1. 物理意义上的分别管理

对于非货币信托财产,应当在物理上将信托财产与非信托财产、此信托财产与彼信托财产加以区别。一般说来,土地、房屋等不可替代物,可以自然实现物理上的区分;但动产、有价证券等可替代物,要做到物理上的分别管理,应当进行适当的标记,例如在财产上注明信托。[②]

2. 财务意义上的分别管理

对于货币之类的财产,因其具有高度流动性和可替代性,因此不易在物理上进行分别管理,而应通过在财务记账时分别记账的方式,将信托财产和固有财产以及不同信托财产区分开来。

3. 组织意义上的分别管理

这种意义上的分别管理,一般是指在营业信托中,由于固有财产以及信托财产规模较大,往往需要专门设立一个部门进行管理。因此,在这种情况下,可以通过由不同部门分别管理信托财产和固有财产,或由不同部门管理不同信托财产的方式,实现信托财产的分别管理。

我国《信托法》并未规定分别管理义务的除外条款,故一般认为《信托法》上的受托人分别管理义务属于强行性规定,不允许信托当事人约定排除适用。

(五) 亲自管理义务

《信托法》第 30 条规定:"受托人应当自己处理信托事务,但信托文件另有规定或者有不得已事由的,可以委托他人代为处理。受托人依法将信托事务委托他人代理的,应当对他人处理信托事务的行为承担责任。"

该条款是《信托法》关于受托人亲自管理义务的规定。之所以特别规定受托人的亲自管理义务,是因为委托人将财产信托给受托人是基于对受托人品格和技能的信任,受托人不得辜负此种信任,应以其专业技能和良好品格管理信托财产。因此,受托人对于信托事务原则上应当亲自管理。

但必须明确,此处的亲自管理应作限缩解释,主要指受托人在处理信托事务过程中的指挥、组织、协调作用。考虑到社会分工日益细化,并非一切与信托事务有关的工作都是受托人胜任和擅长的,因此在处理信托事务过程中遇到某一专业领域事务,受托人可以也应当聘请有关领域的专业人士,如律师、会计师,来处理具体问题;受托人也可以聘请助手来完成一

[①]　余卫明:《信托受托人研究》,法律出版社 2007 年版,第 181 页。

[②]　[日]中野正俊、张军建:《信托法》,中国方正出版社 2004 年版,第 146 页。

些琐碎事项,执行受托人的决策。由于上述人员都是在受托人指示下完成某项具体事务,而并非作出独立意思来管理信托事务,因此并不违反亲自管理义务。

受托人亲自管理义务也并非绝对适用,《信托法》对此规定了两种例外情形:

1. 信托文件另有规定

信托文件是确定委托人、受托人、受益人权利义务的依据,其中一些特别规定可以排除一些法定权利义务的适用。例如对于受托人亲自管理义务,法律即承认信托文件可以以另行规定的方式排除其适用。

2. 有不得已的事由

在信托文件没有另行规定时,如果出现了一些特殊的情况,使得受托人无法亲自管理信托财产,再一味以《信托法》中受托人亲自管理义务来要求受托人亲自管理信托财产,不仅不利于信托目的的实现,反而会给信托财产造成损失。因此,《信托法》将"有不得已事由"作为另一例外。在这种情况下,受托人可以将信托事务委托他人处理。那么什么是"不得已事由"? 一般认为,"不得已事由"比不可抗力、意外事件等纯粹的客观因素范围要广,可以认为包括足以使受托人无法亲自管理的所有事件,如患病、出国等。

受托人将信托事务委托他人代为处理的,实际上与民法中的委托代理无异,即受托人处于被代理人地位,代为处理信托事务的人处于代理人的地位,因此,应当适用民法上的委托代理规定,即代理人行为的法律效果归属于受托人,受托人必须对他人处理信托事务的行为承担责任。

(六) 记录、报告和保密义务

《信托法》第 33 条规定:"受托人必须保存处理信托事务的完整记录。受托人应当每年定期将信托财产的管理运用、处分及收支情况,报告委托人和受益人。受托人对委托人、受益人以及处理信托事务的情况和资料负有依法保密的义务。"以上条文规定了受托人的记录、报告和保密义务。该义务主要包含如下三方面内容:

1. 保存完整记录的义务

为了防止受托人利用信托财产为自己谋利,信托制度要求受托人自备书面文件,将其处理信托财产的情况,包括信托财产的收支情况、交易情况、合同、票据等,如实和完整地记载在上面,并且妥善保存,以便受益人、委托人及时检查和监督。委托人和受益人对于信托事务的执行享有知情权,有权查阅、复制、抄录上述资料。[1]

一般认为,《信托法》第 33 条所称"记录"是指处理信托事务的全部、没有任何丢失和伪造的原始记录,包括信托财产目录的编制、账簿的设置、信托财产和财物的收支、金钱的收支、有关交易相对人的状况以及处理信托事务的方法等;"完整"是指有关处理信托事务的所有生产和经营合同、遗嘱、证明材料、公函、表格、传真、信件、电子邮件以及各种票据、有价证券、银行账号等;"保存"是指必须按照会计法、税收管理法、会计监督法等规定,把上述有关处理信托事务的所有事项全部记账并装订成册,使用计算机进行保存的,必须设置专门的保存方式。[2]

---

① 张军建:《信托法基础理论研究》,中国财政经济出版社 2009 年版,第 197 页。
② 卞耀武主编:《中华人民共和国信托法释义》,法律出版社 2002 年版,第 109 页。

2. 报告义务

受托人是为了受益人的利益而管理运用、处分信托财产的,因此受托人有义务将其处理信托事务的情况及时报告给委托人和受益人,以接受委托人、受益人的监督。报告义务包含三方面的要求:(1) 每年定期报告,即每年至少报告一次;(2) 报告信托财产以何种方式进行管理、如何投资以及收益情况等;(3) 既要向委托人报告,又要向受益人报告。

◎　**相关案例**

彭伟与中信信托有限责任公司等营业信托纠纷[①]

2015 年,中信信托有限责任公司(以下简称"中信信托公司")拟发行"中信[安盈安州27 号]证券投资集合资金信托计划"(以下简称"27 号信托计划"),存续期限为 12 个月,准备募集资金 3 000 万元以上。在该信托计划下,信托受益权分为 A、B 两类,且 B 类受益权对应的信托单位份额占信托计划总信托单位份额的 20%。聘请第三人福达公司为该信托计划的投资顾问,委托招商银行担任保管人。2015 年 5 月,彭伟认购了 27 号信托计划产品,成为 B 类受益人,并于 2015 年 5 月 8 日向中信信托公司在招商银行开立的信托资金专户转入认购资金 300 万元。根据信托合同约定,中信信托公司应当每周在网站上披露前一交易周的信托单位净值,每月向委托人和受益人寄送信托单位净值书面材料,按季度制作信托资金管理报告,在网站进行信息披露;如某一交易日信托计划触及预警线,中信信托公司也负有相应通知义务。此后,彭伟时常上网查询披露情况,但一直未能查询到 27 号信托计划产品净值的公布信息。投资过程中,中信信托公司没有通过网站、短信、邮件等任何方式公告、交流产品信息、产品运作情况。2015 年 12 月 11 日,招商银行和中信信托公司突然开始清算 27 号信托计划产品,中信信托公司通过专户分配信托利益 260 670.58 元。几日后,彭伟收到中信信托公司出具的清算报告,但报告极为简略,甚至没有公布净值情况。彭伟投资 300 万元,清算后仅剩 260 670.58 元。

法院认为,本案争议焦点包括:中信信托公司是否尽到报告义务。《信托法》第 33 条规定:"受托人必须保存处理信托事务的完整记录。受托人应当每年定期将信托财产的管理运用、处分及收支情况,报告委托人和受益人。受托人对委托人、受益人以及处理信托事务的情况和资料负有依法保密的义务。"《信托公司集合资金信托计划管理办法》第 34 条规定:"信托公司应当依照法律法规的规定和信托计划文件的约定按时披露信息,并保证所披露信息的真实性、准确性和完整性。"中信信托公司应当依法依约履行信息披露义务。现中信信托公司提供的网页截图没有发布时间,证据来源于中信信托公司官网,中信信托公司可以任意修改官网发布内容,证据本身的真实性存疑。即使中信信托公司确实如其主张履行了每周在其网站就信托单位净值进行公布的义务,其亦无证据证明按照合同约定完成了每月向委托人和受益人寄送单位净值披露的书面材料。故,中信信托公司存在未依约履行信息披露义务的情形。

[①]　北京市第三中级人民法院民事判决书,(2018)京 03 民终 13862 号。

3. 保密义务

由于信托关系系当事人之间的财产委托关系,涉及信托当事人的个人隐私和商业秘密,因此受托人对信托关系中的相关信息负有保密义务,包括委托人和受益人的姓名、收益情况等。但保密义务必须在法律允许的范围内,当法院、检察院等国家机关依法调查信托事务时,受托人有义务进行配合。

(七) 支付信托利益的义务

《信托法》第 34 条规定:"受托人以信托财产为限向受益人承担支付信托利益的义务。"这是关于受托人支付信托利益义务的规定。在信托关系中,受益人享有信托受益权,但由于信托财产以及信托利益均在受托人名下并由受托人控制,因此,受益人信托受益权的实现必须以受托人支付信托利益为前提。

受托人虽然享有信托财产的所有权,并据此对信托财产实施管理运用与处分,但是受托人本身并不享有信托利益,根据责任与利益相一致的基本原则,只要受托人对信托财产尽职管理,即使受托人的管理造成了信托财产的损失,受托人也仅以信托财产为限向受益人支付信托利益。只有在信托财产的损失由受托人违背管理职责的行为造成时,受托人才负有赔偿责任。

(八) 清算义务

《信托法》第 58 条规定:"信托终止的,受托人应当作出处理信托事务的清算报告。受益人或者信托财产的权利归属人对清算报告无异议的,受托人就清算报告所列事项解除责任。但受托人有不正当行为的除外。"该条是关于受托人清算义务的规定。虽然受托人名义上拥有对信托财产的所有权,但其必须为受益人的利益管理运用和处分信托财产。信托终止后,受托人必须就剩余信托财产进行清算并作出清算报告。

受托人的清算工作一般包括:

首先,清理信托财产的债权债务关系。受托人应当追回处理信托事务过程中产生的债权,偿还对第三人所负的债务。

其次,核定并移交信托财产。核定信托财产主要是制作资产负债表和相应财务明细,核定后,受托人还应当根据信托文件和法律的规定,确定信托财产的权利归属人,并将信托财产移交给该权利归属人。

最后,制作并提交清算报告书。受托人完成上述清算工作后,应当制作清算报告书,并向受益人或者信托财产权利归属人提交。清算报告应记载处理信托事务的详细情况,包括但不限于信托资产状况、债权债务情况、信托利益分配情况等。[1]

受益人或者信托财产权利归属人对于清算报告书中所列事项表示认可的,受托人就这些事项解除责任;若不认可,受托人不能解除责任,协商不成可以通过诉讼解决。对于清算报告书中未列事项,不解除受托人的责任。

---

[1]　张军建:《信托法基础理论研究》,中国财政经济出版社 2009 年版,第 199 页。

二、受托人的法律责任

受托人的法律责任,是指受托人因违反法律规定或信托文件约定的信托义务而应承担的法律上的不利后果。

受托人的法律责任包括民事责任、行政责任和刑事责任三个方面,这三种责任共同构成了受托人的法律责任体系。受托人的民事责任,是指受托人因违反信托义务或侵犯其他信托关系人的民事权利而应承担的法律责任,包括内部责任和外部责任。受托人的内部责任,是指受托人因违反信托义务而向委托人或受益人承担的法律责任。受托人的外部责任,是指受托人在管理或处分信托财产过程中,与信托当事人之外的第三人交易所产生的法律责任。

(一) 受托人的民事责任——内部责任

1. 受托人的有限责任

受托人在管理信托事务中,并未因自己的过失致使信托财产遭受损害或者丧失了应得的信托利益时,受托人不承担相应的民事责任,而仅以现存的信托财产为限继续履行其义务,学理上称之为"受托人的有限责任"。根据《信托法》第 26 条的规定,受托人不得利用信托财产为自己谋取利益。因此,受托人管理和处分信托财产并非为自己之利益,而是为受益人的利益。同时,根据《信托法》第 34 条的规定,受托人以信托财产为限向受益人承担支付信托利益的义务。因此,只要受托人在管理和处分信托财产时不存在故意或者过失,即可不承担赔偿信托财产损失的民事责任,仅以现存信托财产为限对受益人履行义务。

2. 受托人的民事责任

受托人违反信托义务的,受托人必须承担包括恢复信托财产原状、返还信托财产、赔偿信托财产损失以及将所得非法利益归入信托财产等在内的民事责任。根据信托法的相关规定,受托人违反信托义务后承担民事责任的情形主要有如下几种:

(1) 受托人违反信托目的处分信托财产或者因违背管理职责、处理信托事务不当致使信托财产受到损失的责任。根据《信托法》第 22 条第 1 款的规定,受托人违反信托目的处分信托财产或者因违背管理职责、处理信托事务不当致使信托财产受到损失的,委托人有权申请人民法院撤销该处分行为,并有权要求受托人恢复信托财产的原状或予以赔偿;该信托财产的受让人明知是违反信托目的而接受该财产的,应当予以返还或者予以赔偿。另根据《信托法》第 49 条的规定,受益人可以行使本法第 20 条至第 23 条规定的委托人享有的权利。

因此,受托人违反信托文件规定处理信托事务,或者违背忠诚义务、谨慎义务、分别管理义务、亲自管理义务、保密义务等,都可能给信托财产造成损害,此时,委托人或者受益人有权请求法院撤销此处分行为。信托财产如果有恢复之可能,并且委托人或者受益人有恢复信托财产之要求,受托人则应承担恢复信托财产原状的责任;如果该信托财产已无恢复原状之可能,或者虽有恢复原状之可能但在经济上不合理,委托人或者受益人要求受托人赔偿信托财产损失的,受托人应承担赔偿损失的责任。

(2) 受托人利用信托财产为自己谋取利益的责任。根据《信托法》第 26 条的规定,受托人除依照本法规定取得报酬外,不得利用信托财产为自己谋取利益。受托人违反前款规定,利用信托财产为自己谋取利益的,所得利益归入信托财产。

本条属于信托法上比较特殊的民事责任承担方式。受托人管理运用、处分信托财产均是为了受益人的利益,受托人除按法律规定或当事人之间的约定获得报酬外,不得享受信托之利益,否则,即使未给信托财产带来直接的损害,其所得利益也应归于信托财产,适用"自动入库"规则。

(3) 受托人将信托财产转为固有财产的责任。根据《信托法》第 27 条的规定,受托人不得将信托财产转为其固有财产。受托人将信托财产转为固有财产的,必须恢复该信托财产的原状,造成信托财产损失的,应当承担赔偿责任。

信托财产具有独立性,这是信托最主要的特征。受托人在管理信托事务,运用、处分信托财产的整个过程中,必须确保信托财产始终具有独立性,不得与其固有财产相混淆,更不得将信托财产转为其固有财产,否则要承担恢复原状以及赔偿损失的责任。

(4) 受托人将其固有财产与信托财产进行交易或者将不同委托人的信托财产进行相互交易的责任。根据《信托法》第 28 条的规定,受托人不得将其固有财产与信托财产进行交易或者将不同委托人的信托财产进行相互交易,但信托文件另有规定或者经委托人或者受益人同意,并以公平的市场价格进行交易的除外。受托人违反前款规定,造成信托财产损失的,应当承担赔偿责任。

受托人应当履行忠诚义务,为受益人的最大利益处理信托事务,不得进行自我交易,不得将同时以自己为受托人的不同信托财产为相互交易,以防止发生道德风险,造成委托人以及受益人的损失。一旦造成损失,受托人要承担赔偿责任。

(二) 受托人的民事责任——外部责任

在信托法律关系中,受托人以自己的名义,受委托人之托,为受益人利益管理信托事务,运用、处分信托财产。例如,将信托财产进行投资、交易等,改变信托财产的形态和价值。受托人管理信托事务、运用和处分信托财产,与第三人进行交易,达成债权债务关系或者权益投资关系,以自己的名义独立对第三人承担责任。

根据《信托法》第 37 条的规定,受托人因处理信托事务所支出的费用、对第三人所负债务,以信托财产承担。受托人以其固有财产先行支付的,对信托财产享有优先受偿的权利。受托人违背管理职责或者处理信托事务不当对第三人所负债务或者自己所受到的损失,以其固有财产承担。据此,受托人实施信托的过程中正当履行职责,与第三人发生交易的,由此产生的权利义务归属信托财产,所支出的费用、对第三人的负债等,允许受托人直接用信托财产支付,或者先以固有财产垫付,再以信托财产予以补偿[①]。但是,受托人违反信托文件或法律的规定与第三人进行交易的,受托人不仅应当以固有财产对第三人承担责任,而且,如果该项交易使信托财产遭受损失,受托人还应当承担恢复信托财产原状或者赔偿损失的责任。

(三) 受托人的行政责任和刑事责任

受托人的行政责任,是指受托人在处理信托事务过程中因违反国家的行政法律法规

---

① 根据信托法原理,原则上,信托财产不足以补偿受托人垫付财产的,风险由受托人承担。

而应承担的法律责任。受托人的行政责任是一种带有惩罚性质的法律责任,其目的不在于对受害人的损失予以补偿,而是对受托人的违法行为予以惩处。从我国目前的法律规定看,受托人的行政责任主要针对营业受托人设定。比如,根据《信托公司管理办法》的规定,受托人违反业务禁止规则,以经营资金信托名义吸收存款、利用受托人地位谋取不当利益、将信托财产挪用于非信托目的的用途、承诺信托财产不受损失或者保证最低收益、以信托财产提供担保、将信托资金投资于自己或者关系人发行的有价证券、将信托资金贷放给自己或者关系人、将不同信托账户下的信托财产进行相互交易、以固有财产与信托财产进行相互交易、虚假出资或者抽逃出资、提供虚假报告的,信托公司都要承担相应的行政责任。[①]

受托人的刑事责任,是指受托人在从事信托活动中因触犯国家刑法,构成犯罪而应承担的法律责任。我国关于受托人的刑事责任也主要针对营业受托人设定。由于营业受托人的主体业务是信托业,而信托业在我国属于金融业的范畴,因此受托人可能涉嫌的犯罪也主要发生在金融领域。我国《刑法》分则第三章"破坏社会主义市场经济秩序罪"规定了"破坏金融管理秩序罪"和"金融诈骗罪",受托人可能涉嫌的犯罪主要有非法吸收公众存款罪、集资诈骗罪等。[②]此外,受托人以欺诈等违法方式侵占信托财产的,还可能构成侵占罪。

第四节　受托人职责的终止

受托人职责的终止,是指在信托存续期间,由于某种事由的出现,导致受托人不能再履行职责的情形。在理解受托人职责终止的时候,要注意将其与信托终止区分开来。信托终止意味着信托关系的消灭,但是受托人职责的终止并不必然导致信托关系的消灭。根据我国《信托法》第 39 条、第 40 条和第 52 条的规定,除非信托文件另有规定,受托人职责终止,并不会导致信托关系的终止,信托将继续存在,此时,应当选任新的受托人继续管理信托。这就是信托特有的"管理连续性"原则。当然,如果信托关系消灭了,受托人的职责自然也就终止了。[③]

在信托人职责终止、信托关系没有消灭的情况下,需要选任新的受托人以使信托关系存续,这时候就产生了受托人变更的情形。信托法一般均会对受托人职责的终止作出相应规定,比如,《日本信托法》第 56 条第 1 款规定,受托人死亡,经审判开始接受监护或者受有准禁治产人之监护,被宣告破产,受托人因合并以外的原因被解散,辞任、被解任或者信托文件中约定的事由发生的,受托人的职责即告结束。我国台湾地区"信托法"第 45 条第 1 款规定,受托人之任务,因受托人之死亡、受破产或禁治产宣告而终了。其为法人者,经解散、破产宣告或撤销设立登记时,亦同。[④]我国《信托法》第 39 条也对受托人职责的终止作了规定。

---

① 余卫明:《信托受托人研究》,法律出版社 2007 年版,第 228—232 页。
② 余卫明:《信托受托人研究》,法律出版社 2007 年版,第 239 页。
③ 余卫明:《信托受托人研究》,法律出版社 2007 年版,第 251 页。
④ 余卫明:《信托受托人研究》,法律出版社 2007 年版,第 253 页。

一、受托人职责终止的情形

根据我国《信托法》第 39 条的规定,导致受托人职责终止的情形有以下六种:

(一) 受托人死亡或者被依法宣告死亡

此情形仅限于自然人受托人,因为法人受托人不存在死亡情形。根据我国《民法典》的规定,自然人的民事权利能力,始于出生,终于死亡。自然人作为受托人,一旦死亡,即丧失了民事权利能力和民事行为能力,丧失了作为受托人的主体资格。从客观上说,自然人受托人死亡,也不可能继续管理和处分信托财产。此外,信托的成立基础,在于信托当事人间主观的信赖关系,因而受托人的地位具有专属性质,受托人如果死亡,不能由其继承人继承。质言之,受托人的任务,即因其死亡而终了。[①]

按照我国法律的规定,死亡包括自然死亡和拟制死亡(即宣告死亡)。受托人自然死亡的,其职责归于终止没有问题。宣告死亡是法律上的拟制死亡,受托人被宣告死亡,并不当然意味着受托人已经实际死亡,但由于其实际上受托人已经不能履行职责,因此,法律上也认定宣告死亡属于受托人职责终止的情形。根据我国的法律规定,宣告死亡,是指自然人失踪达到法定的期间,经过利害关系人的申请,由法院依法定程序宣告其死亡,从而在法律上结束其生前的人身关系与财产关系的制度。[②]宣告死亡的条件包括:(1) 下落不明达到法定的期间。按照《民法典》第 46 条的规定,公民有下列情形之一的,利害关系人可以向人民法院申请宣告他死亡:下落不明满 4 年,或者因意外事故下落不明,从事故发生之日起满两年的。(2) 须经利害关系人申请。根据《最高人民法院关于适用〈中华人民共和国民法典〉总则编若干问题的解释》第 16 条的规定,利害关系人包括被申请人的配偶、父母、子女,以及依据《民法典》第 1129 条规定对被申请人有继承权的亲属。同时,如果被申请人的配偶、父母、子女均已死亡或者下落不明的,或不申请宣告死亡不能保护其相应合法权益的,则被申请人的其他近亲属,以及依据《民法典》第 1128 条规定对被申请人有继承权的亲属应当认定为《民法典》第 46 条规定的利害关系人。此外,如果不申请宣告死亡不能保护其相应合法权益,则被申请人的债权人、债务人、合伙人等民事主体也属于利害关系人。(3) 法院依照法定程序宣告。法院宣告自然人死亡,需要依据《民事诉讼法》中的特别程序进行,按照《民通典》第 48 条的规定,被宣告死亡的人,人民法院宣告死亡的判决作出之日视为其死亡的日期;因意外事件下落不明宣告死亡的,意外事件发生之日视为其死亡的日期。

(二) 受托人被依法宣告为无民事行为能力人或者限制民事行为能力人

此情形也仅适用于自然人受托人,因为法人受托人没有宣告无民事行为能力和限制民事行为能力的制度。由于受托人必须是具有完全民事行为能力的人,无民事行为能力人或者限制民事行为能力人因缺乏判断和认识能力,不能成为信托关系中的受托人,因此,在信托存续期间,一旦受托人被宣告为无民事行为能力人或者限制民事行为能力人,其职责依法

---

①　赖源河、王志诚:《现代信托法论》,中国政法大学出版社 2002 年版,第 151—152 页。

②　江平主编:《民法学》,中国政法大学出版社 2007 年版,第 77 页。

予以终止。

（三）受托人被依法撤销或者被宣告破产

因为自然人受托人不存在被依法撤销的问题，受托人被撤销情形目前仅适用于法人受托人。同时，我国破产制度也主要适用于企业法人，自然人破产制度尚处于试点起步阶段，如果将来我国全面建立了自然人破产制度，则依宣告破产而导致受托人职责终止的情形应根据个人破产制度进行调整。法人被依法撤销是指法人违反国家法律、行政法规被主管部门撤销、从而消灭其主体资格的行为，法人被宣告破产是指企业法人不能清偿到期债务或者资不抵债，由法院依法宣告破产，从而消灭其主体资格的行为。

按照《信托法》第 24 条的规定，法人受托人应当具有完全民事行为能力。《民法典》第 59 条规定，法人的民事权利能力和民事行为能力，从法人成立时产生，到法人终止时消灭。法人受托人一旦被依法撤销、被依法宣告破产，即不再具有完全民事行为能力，其作为受托人的主体资格也随之丧失。因此，在法人受托人发生上述情形时，其受托人职责应当终止。

而在自然人破产的情况下，虽然其民事权利能力和民事行为能力不会完全丧失，但仍应面临相应的限制。由于经济能力恶化，自然人能否继续履行受托人的职责是值得怀疑的。例如，受托人违反信义义务的，应以个人财产承担相应的赔偿责任，而缺乏偿付能力的破产自然人显然并无进一步承担履职风险的能力；同时，自然人破产也是其缺乏财产管理能力的表现。因此，根据设立信托目的和个人破产原因等具体情况，应允许委托人解除信托或变更受托人。

（四）受托人依法解散或者丧失法定资格

此情形也仅适用于法人受托人。依法解散是指法人依其意愿消灭其主体资格的行为；丧失法定资格是指法人依法不再具有担任受托人或者担任特定信托活动受托人的资格，比如，具有信贷资产证券化信托或者企业年金信托资格的信托公司，由于不再具有相关条件或者存在违法经营情况而被主管部门取消该资格。

依法解散属于法人终止的情形，一旦解散，该法人即因丧失民事行为能力而不再具有担任受托人的资格，其作为受托人的职责应当依法终止。法人丧失法定资格后，虽然还具有一般民事行为能力，但已经不具有从事信托活动或者从事特定信托活动的民事行为能力，其受托人职责依法也应当予以终止。

（五）受托人辞任或者被解任

信托关系一旦成立，受托人就负有管理运用、处分信托财产的义务，原则上不得辞任，但经过法定程序，受托人也可以辞任。我国《信托法》第 38 条第 1 款规定："设立信托后，经委托人和受益人同意，受托人可以辞任。本法对公益信托的受托人辞任另有规定的，从其规定。"对于公益信托，基于其特殊性，《信托法》第 66 条规定："公益信托的受托人未经公益事业管理机构批准，不得辞任。"

受托人虽然原则上不得辞任，但依信托文件的规定或者法律的规定，委托人或者受益人可以将其解任。我国《信托法》第 23 条规定："受托人违反信托目的处分信托财产或者管理运用、处分信托财产有重大过失的，委托人有权依照信托文件的规定解任受托人，或者申请人民法院解任受托人。"《信托法》第 49 条第 1 款规定:"受益人可以行使本法第二十条至第二十三条规定的委托人享有的权利。受益人行使上述权利,与委托人意见不一致时,可以申请人民法院作出裁定。"据此,符合一定条件的,委托人、受益人有权解任受托人。受托人一旦辞任或者被解任,将不再继续担任受托人,其职责自然予以终止。

(六) 法律、行政法规规定的其他情形

这是"兜底条款",主要是为了防止以后有新的受托人职责终止的情形出现。从目前情况看,我国的法律、行政法规还没有规定受托人职责终止的其他情形。

二、受托人职责终止的法律后果

如前所述,受托人职责终止,除信托文件另有规定外,信托本身并不终止,由新的受托人替代原受托人,继续管理信托事务。具体说来,受托人职责终止后,将产生如下法律后果:

(一) 新受托人的选任

各国对新受托人选任的方式有不同的规定。日本、韩国等国的信托法规定,受托人职责终止的,通常由利害关系人请求法院选任新受托人。在英国,受托人职责终止的,由信托文件规定的享有选任权的人选任新受托人;如果信托文件没有指定这种人,或者被指定的人不具备选任新受托人的能力或者愿望,则由在任的委托人选任新受托人。[1]

我国《信托法》对原受托人职责终止后新受托人的选任作了具体规定。《信托法》第 40 条第 1 款规定:"受托人职责终止的,依照信托文件规定选任新受托人;信托文件未规定的,由委托人选任;委托人不指定或者无能力指定的,由受益人选任;受益人为无民事行为能力人或者限制民事行为能力人的,依法由其监护人代行选任。"根据该款规定,新受托人须按以下顺序选任:(1) 按照信托文件的规定选任;(2) 由委托人选任;(3) 由受益人选任;(4) 由受益人的监护人选任。

(二) 信托事务的移交

新受托人选出来之后,便取代原受托人的地位,继续按照信托文件的规定,处理信托事务。为便于新受托人履职,新受托人和原受托人之间须进行信托事务的移交。信托事务移交的具体内容,主要包括以下几个方面:

1. 信托财产的保管和协助信托事务的接管

受托人职责终止时,原受托人能够继续履行职责的,比如原受托人辞任或者被解任、原受托人丧失法定资格等的,原受托人应当妥善保管信托财产,并协助新受托人接管信托事务。原受托人不能够继续履行职责的,比如自然人受托人死亡或者被宣告死亡、自然人受托人被宣告为无民事行为能力人或者限制民事行为能力人,以及法人受托人因解散、被依法撤销或者被宣告破产等的,根据我国《信托法》第 39 条第 2 款的规定,原受托人的继承人或者遗产管理人、监护人、清算人应当承担妥善保管信托财产、协助新受托人接管信托事务的

---

① 参见钟瑞栋、陈向聪:《信托法》,厦门大学出版社 2007 年版,第 128—129 页。

义务。

2. 信托事务处理材料的清理和移交

受托人职责终止时,应当清理、整理其处理信托事务的完整材料,包括但不限于信托文件、信托财产管理运用与处分的法律文件及其相关记录、信托利益分配的情况、信托财产清单及相关财务会计资料、应由信托财产承担的费用(包括受托人报酬、受托人垫付的费用以及处理信托事务对第三人的债务等)情况及其材料、正在进行中的信托事务情况说明等。原受托人应当确保上述材料的真实、完整和准确,并在整理、清理上述信托事务处理材料后,将材料移交给新受托人。对于上述材料,新受托人有疑问的,原受托人应当予以解释;新受托人没有异议的,应当与原受托人办理交接手续。

受托人职责终止时,清理和移交上述信托事务处理材料的义务,原受托人能够继续履行的,应当由原受托人履行;原受托人不能够继续履行的,根据我国《信托法》第39条第2款规定的精神,应当由原受托人的继承人或者遗产管理人、监护人、清算人履行。

3. 信托财产及其债务的移转

受托人职责终止时,原受托人不仅应当清理处理信托事务的处理材料并移交给新受托人,还应当向新受托人办理信托财产及其债务的转移手续。信托财产的转移,应当按照转移同类财产所有权的法定方式办理,比如,动产应当交付给新受托人,不动产应当办理所有权变更登记手续,股权和债权应当依法办理相关转移手续,等等。信托财产应当办理信托登记手续的,还应当办理信托登记变更手续。信托财产有债务的,还应当办理债务转移手续,即通知债务人向新受托人行使债权。

受托人职责终止时,办理信托财产及其债务转移的义务,原受托人能够继续履行的,应当由原受托人履行;原受托人不能够继续履行的,根据我国《信托法》第39条第2款规定的精神,应当由原受托人的继承人或者遗产管理人、监护人、清算人履行。

4. 原受托人地位的承继

根据《信托法》第40条第2款规定,受托人职责终止的,原受托人处理信托事务的权利和义务,由新受托人承继。原受托人处理信托事务的权利,不仅包括受托人的"他益权",如信托财产的所有权,信托财产的管理、运用和处分权,对不当强制执行信托财产的异议权,以及代表信托起诉和应诉的权利等,还包括受托人的"自益权",如报酬请求权、费用补偿请求权和辞任权等。原受托人职责终止时,上述权利均由新受托人承继。应当注意的是,对于受托人自益权中报酬请求权和费用补偿权的承继,新受托人只能承继其接管信托以后发生的权利,对于其接管信托以前已经发生的权利,仍然属于原受托人,比如原受托人应当取得的报酬和应当取回的垫付费用,仍然属于原受托人,原受托人可以从信托财产中直接扣除;如果没有扣除,新受托人应当以信托财产向原受托人支付。当然,新受托人承继的权利范围以原受托人的权利范围为限,并按照信托文件的规定和法律规定享有和行使。

原受托人处理信托事务的义务,不仅包括信托文件规定的义务,也包括受托人依法应当承担的法定义务,如忠实义务、谨慎义务、分别管理义务、亲自管理义务等,还包括受托人因管理运用和处分信托财产对第三人负的义务,如对信托财产交易相对人的履约义务等。原受托人职责终止时,上述义务均由新受托人承继。

应当指出的是,在信托受托人变更前,除受托人和第三人约定了以信托财产为限承担信托债务外,债权人不仅可以将信托财产作为偿债的责任财产,还可以把原受托人的固有财产作为偿债财产。否则,在受托人变更后被剥夺这种权利,对债权人是不公平的。因此,在变更受托人的场合,原受托人仍应当为其担任受托人期间的信托债务承担责任。[①]

(三) 原受托人责任的解除

我国《信托法》第 41 条规定:"受托人有本法第三十九条第一款第(三)项至第(六)项所列情形之一,职责终止的,应当作出处理信托事务的报告,并向新受托人办理信托财产和信托事务的移交手续。前款报告经委托人或者受益人认可,原受托人就报告中所列事项解除责任。但原受托人有不正当行为的除外。"从以上规定可以看出,职责终止时,原受托人应当作出信托事务处理报告,载明信托财产管理运用和处分的情况,并将该报告提交给委托人或者受益人。委托人或者受益人对该报告予以认可的,原受托人就报告所列事项解除责任;如果委托人或者受益人对该报告不予认可,原受托人对报告所列事项不能解除责任。此外,原受托人对于该报告没有列明的信托事务处理事项,也不能解除责任。再者,即使委托人或者受益人对该报告予以认可,委托人处理信托事务有不正当行为的,受托人对报告所列事项仍然不能解除责任,即委托人或者受益人可以以此为由推翻自己的认可,要求原受托人承担责任。所谓"不正当行为",主要是指受托人违反信托文件规定和法律规定的义务,不当管理信托财产,造成信托财产和受益人遭受损失的行为。

(四) 共同受托人之一职责终止时的特别后果

我国《信托法》第 42 条规定:"共同受托人之一职责终止的,信托财产由其他受托人管理和处分。"据此,在受托人有两人以上时,其中一个受托人的职责因法定情形予以终止的,因为尚有其他受托人存在,并不发生选任新受托人、移交信托事务的法律后果,信托财产由其他受托人继续管理,信托事务由其他受托人继续处理。但是,共同受托人之一职责终止的,会发生原受托人地位承继和原受托人责任解除的法律后果,即原受托人处理信托事务的权利和义务由其他受托人承继,原受托人应当就其处理信托事务的情况作出报告,经委托人或者受益人认可后,解除其对报告所列事项的责任。

第五节　共同受托人

一、共同受托人的基本原则

同一信托上同时存在的两个或两个以上的受托人,称为共同受托人。我国《信托法》第 31 条第 1 款规定:"同一信托的受托人有两个以上的,为共同受托人。"同一信托上设置共同受托人,既有好处,也有不足。好处在于:(1) 可以提高受托人的整体信用度,保证信托目的顺利实现;(2) 通过共同受托人之间相互监督,保证信托财产的合理管理和处分;(3) 保持管

---

① 　基于受托人对外承担个人责任的信托法基本规则,日本学者道垣内弘人认为,受托人变更时,原受托人应当继续为其担任受托人期间负担的债务承担责任;而新的受托人的固有财产则不承担此责任,只是以信托财产作为责任财产对债权人承担责任。[日] 道垣内弘人:《信托法》,有斐阁 2017 年版,第 287—289 页。采类似观点的著作还有:王志诚:《信托法》,五南图书出版公司 2017 年版,第 264 页;赵廉慧:《信托法解释论》,中国法制出版社 2015 年版,第 404 页。

理信托事务的连续性。不足之处主要体现在共同处理信托事务时容易出现因意见不一致而无法迅速交易,影响管理信托事务的效率,增大信托的管理成本。[①] 委托人设立信托时,是否设置共同受托人,由委托人根据实际需要加以确定。

共同受托人之间的关系是一种平等的关系,作为同一信托关系的一方当事人,其对信托财产的地位类似民法上的共同共有关系,不存在先后顺序,不存在相互递补,不存在各自的份额,共同受托人共同享有和行使受托人的权利、负有共同处理信托事务的义务,并共同承担处理信托事务所发生的责任。这是共同受托人的基本原则,我国《信托法》第 31 条和第 32 条也充分确认了这一原则。以下从共同受托人的权利行使、共同受托人的义务履行和共同受托人的责任承担三方面,加以具体论述。

二、共同受托人的权利行使

我国《信托法》并没有直接规定共同受托人的权利行使原则,但是,《信托法》第 31 条规定,共同受托人应当共同处理信托事务。该规定可以看作既是对共同受托人义务履行的基本原则,也是对共同受托人权利行使的基本原则,因为信托事务的处理,既涉及受托人的权利,也涉及受托人的义务,只有将受托人权利和受托人义务结合在一起,才能正确处理信托事务。

在信托关系中,信托财产的所有权名义由受托人享有,设立信托的财产所有权应当转移至受托人名下。当信托的受托人是唯一受托人时,信托财产的所有权属于该受托人;当同一信托有两个以上受托人的时候,信托财产的所有权应当由共同受托人共同所有,即应当将信托财产的所有权置于共同受托人的名下,并且各个受托人对信托财产的所有不应区分份额,不得请求分割。这是共同受托人对信托财产所有权享有的基本原则。但是,为了信托管理的方便,对于某些特定类型的信托,比如证券投资基金,《证券投资基金法》以法律的形式直接规定基金财产应当置于作为共同受托人之一的托管人名下,此时,共同受托人应当按照法律的规定享有信托财产所有权。此外,我国《信托法》第 31 条第 2 款规定:"共同受托人应当共同处理信托事务,但信托文件规定对某些具体事务由受托人分别处理的,从其规定。" 根据该款的精神,如果信托文件对信托财产所有权归属作了另行规定,比如,只将信托财产所有权置于共同受托人之一的名下,则应当按照信托文件的规定确定信托财产的受托人所有权主体。

除信托财产所有权原则上应当由共同受托人共同所有以外,共同受托人对于信托财产的管理运用和处分权利也应当共同行使。所谓"共同行使",是指共同受托人在管理运用和处分信托财产时,不得单独进行意思表示,针对具体管理事务所采取的一切事实行为及法律行为均应征得全体受托人同意方可执行。原则上,共同受托人必须作为一个整体,共同行使受托人权利,除非信托文件对信托事务的处理权限作了另行规定。依据上述我国《信托法》第 31 条第 2 款的规定,信托文件规定具体信托事务由受托人分别处理的,应从其规定,不需要全体受托人共同行使权利。比如,如果信托文件规定,运用信托财产从事证券投资,由甲受托人负责;运用信托财产从事房地产投资由乙受托人负责,而信托利益的分配则由丙受托

---

①　钟瑞栋、陈向聪:《信托法》,厦门大学出版社 2007 年版,第 102 页。

人负责,各个受托人便应当按照信托文件的规定,各自行使信托管理权。

三、共同受托人的义务履行

共同受托人履行处理信托事务的义务,应遵循两项基本原则:

一是同一信托上虽然存在两个以上的受托人,但各个受托人均应承担信托文件和法律规定的义务,比如《信托法》规定的关于受托人的忠实义务、谨慎义务、分别管理义务、亲自管理义务、保密义务等。

二是共同受托人应当共同处理信托事务,这是共同受托人义务履行的最主要原则。共同受托人应当奉行共同管理原则,共同决策,共同负责。除非信托文件规定某些事务可以由共同受托人分别管理,否则共同受托人应当共同作出决定,任何一个受托人均无权单独决定信托财产的管理运用、处分。当然,根据我国《信托法》第31条第2款的规定,共同受托人共同处理信托事务的义务也可以通过信托文件的规定加以排除,如信托文件规定某些具体事务由受托人分别处理的,各受托人可以分别单独处理信托事务。

应当指出的是,共同受托人虽然在法律上应当共同处理信托事务,但实际运作过程,多个受托人对于处理信托事务的意见并不会总是一致的。当共同受托人就信托事务的处理意见不一致时,应当如何决定? 应以谁的意见为准? 对此,我国《信托法》第31条第3款明确作了规定:"共同受托人共同处理信托事务,意见不一致时,按信托文件规定处理;信托文件未规定的,由委托人、受益人或者其利害关系人决定。"据此,共同受托人意见不一致时,首先,依信托文件规定的办法解决。比如,如果信托文件规定,共同受托人意见不一致的,应当以甲受托人的意见为准,或者以过半数受托人同意的表决方式决定,则应当按照信托文件规定的方式决定。其次,信托文件未规定的,由委托人、受益人或者其利害关系人决定。所谓"其利害关系人",是指委托人和受益人的继承人(委托人和受益人死亡时)或者委托人和受益人的监护人(委托人和受益人丧失民事行为能力时)。这里需要探讨的一个问题是:如果委托人和受益人之间或者他们与一方利害关系人之间或者利害关系人之间(通常利害关系人并非一人)意见不一致时,又如何决定? 依据法理,这种情况下,可以依据《民事诉讼法》的规定,向法院提起确认之诉,由法院裁决。

还应当注意的是,《信托法》第42条规定:"共同受托人之一职责终止的,信托财产由其他受托人管理和处分。"据此,受托人有两人以上,其中一个受托人的职责依法终止的,并不发生新受托人的选任,信托事务移交的法律后果由其他受托人承继。

四、共同受托人的连带责任

(一)共同受托人对外责任的承担

共同受托人因处理信托事务而对外承担责任的情形主要有两种:一种是共同受托人因处理信托事务对第三人所负债务的清偿责任,如第三人保管信托财产产生的保管费、第三人修缮信托财产产生的修缮费、交易信托财产产生的对第三人的债务等;另一种是共同受托人因处理信托事务不当造成信托损失而对委托人或者受益人所负的赔偿责任(赔偿金归入信托财产)。共同受托人负有共同处理信托事务的义务,共同受托人在处理信托事务时所发生的对外责任,不论该行为由全体共同受托人实施还是由共同受托人之一实施,全体共同受托人均应承担连带责任,即权利人可以要求任何一个受托人承担全部责任。对此,我国《信托法》第 32 条第 1 款规定:"共同受托人处理信托事务对第三人所负债务,应当承担连带清偿责任。第三人对共同受托人之一所作的意思表示,对其他受托人同样有效。"第 2 款进一步规定:"共同受托人之一违反信托目的处分信托财产或者因违背管理职责、处理信托事务不当致使信托财产受到损失的,其他受托人应当承担连带赔偿责任。"

(二) 共同受托人责任的内部分担

我国《信托法》仅在第 32 条规定了共同受托人应对因处理信托事务对第三人所负债务以及因处理信托事务不当对信托财产造成的损害承担连带清偿责任或者连带赔偿责任,并未明确规定对外责任承担后,共同受托人的内部责任分担问题。学理上一般认为,共同受托人对外虽然须承担连带责任,但是,在共同受托人内部,每一位共同受托人对其他共同受托人的行为不承担责任,除非他本身有过错。因此,共同受托人对委托人、受益人或者第三人承担了连带赔偿责任或者连带清偿责任后,无过错的受托人有权向有过错的其他受托人追偿。

思考题

1. 受托人应当具有何种主体资格? 营业信托受托人的资格有何特殊要求?
2. 试述受托人的权利及义务。
3. 受托人承担民事责任应满足哪些条件?
4. 受托人民事责任的具体形式如何?
5. 受托人职责终止有哪些情形? 受托人职责终止的法律后果是什么?
6. 共同受托人如何处理信托事务?

本章思考题参考答案

第六章　受益人与受益权

[导语]

　　受益人是信托法律关系中重要的主体,受益人的存在也是信托区别于其他法律制度的重要特征之一。在理论与实践中,受益人的资格、确定性等问题都值得重视。而受益人所享有的受益权性质如何,怎样取得该种权利并实施处分,对信托目的的实现影响重大。本章主要介绍了受益人的概念及其资格、受益人的权利、受益权的取得与处分、受益权的行使和受益人的义务。其中,需要重点掌握受益人权利的内容和性质,理解受益权处分的方式,难点为关于受益权性质的争议。

第一节　受益人的概念及其资格

一、受益人的定义与分类

　　所谓受益人,是指在信托中享有信托受益权的人。受益人可以是自然人、法人或者依法成立的其他组织。委托人可以是受益人,也可以是同一信托的唯一受益人;受托人也可以是受益人,但不得是同一信托的唯一受益人。[1]
　　除了上述依据主体类型作出的基本分类之外,就受益人的数量而言,可以将信托受益人分为单数受益人和多数受益人,在多数受益人的场合,行使受益人权利的方式会有特别的规定。英美信托法上的多数受益人还可以进一步分为收益受益人、本金受益人、连续受益人。其中,收益受益人是指享有信托存续期间受托人管理和处分信托财产产生之利益的受益人;本金受益人是指信托终止时享受信托财产剩余价值的受益人;连续受益人是指信托文件中规定的享受信托利益有先后之分的受益人,如在设立信托时约定,第一个 10 年由甲享有受益权,第二个 10 年由乙享有受益权。[2] 在一些结构化信托中,还存在优先受益人和劣后受益人之分。取得盈利时先向优先受益人按事先约定比例分配,劣后受益人实质上构成对优先

---

① 参见《信托法》第 43 条。
② 参见张军建:《信托法基础理论研究》,中国财政经济出版社 2009 年版,第 167 页。

受益人的担保。

二、受益人的确定性原则及其例外

受益人是信托关系中不可或缺的三方当事人之一,受益人对于受托人来说必须是能够确定的对象,这样受托人才能支付信托利益。在私益信托中,受益人确定也是信托生效的必要条件。受益人的确定性原则,在英美法系被称为"受益人原则",是指信托必须有确定的或者可以确定的受益人,即在设立信托时,委托人要么明确表明某一特定对象就是该信托的受益人,要么通过信托文件载明确定受益人的方法。如果受益人不能确定,该信托就不能成立。值得注意的是,受益人的确定性原则并未要求受益人在信托设立时就必须存在,即使设立信托时并不存在,比如胎儿,但是因为仍旧可以明确知道该胎儿是受益人,在信托存续期间只要该胎儿出生,就可以视为该信托有效。

但是,在公益信托中,因公益信托本就以不特定的社会公众为受益人,受益人当然是不确定的,信托并不会因此而无效。

三、受益人的资格

在我国信托法上,自然人、法人或者依法成立的其他组织都可以作为受益人。由于法人和非法人组织的权利能力与行为能力之取得是协调一致的,不存在限制行为能力的状态,因而当然可以成为信托受益人。然而,限制行为能力的自然人能否充当受益人? 如果将受益人的权利简单地限缩理解为获得信托财产收益分配的权利,依一般法理,自无必要将限制行为能力的自然人排除在适格受益人的范围之外。然而,我国《信托法》还赋予受益人基本等同于委托人的其他重要权利[1],使得受益人的意思表示对信托事务产生直接的影响。该等权利的行使确实对受益人的能力有所要求,但只要合理运用代理制度,尤其是法定代理,仍不必对受益人作出行为能力上的苛刻要求。所以,对信托受益人的身份、能力,原则上没有特殊的限制。

同时,受益人的根本目的是取得信托财产上的利益,这就使受益人、受益权和信托财产的属性无法完全割裂。信托关系围绕信托财产开展,某些财产的特殊属性将会对受益人的资格带来一定的限制。比如,我国台湾地区的"信托法"就规定,如果不能成为特定财产的所有人,也就不能成为该特定财产的受益人。[2]在日本法上,外国人作为受益人在事实上拥有矿业权,保有与此相同利益的信托也是无效的。[3]类似问题在我国立法上却没有明确的回应,比如以宅基地使用权作为信托财产设立信托,不具备农业户口的自然人是否可以充当受益人? 对此《信托法》并未明确规定。

---

① 参见《信托法》第49条。
② 参见我国台湾地区"信托法"第5条。
③ 参见[日]新井诚:《信托法》,刘华译,中国政法大学出版社2017年版,第183页。

第二节　受益人的权利

设立信托的根本目的是令受益人享有信托利益。为了实现该目的,法律赋予受益人一系列的附随权利,以保证受托人忠实、勤勉地履职,维护信托财产利益的最大化。因此,受益人的权利不仅包括请求受托人给付利益的财产性权利,还有其他非财产性的配套权利。

一、受益权的界定

受益权是受益人基于其法律地位可以享有的权利。在受益人的权利项下,最基础的莫过于对信托财产的收益权,这一收益权也是狭义上之"受益权",即受益人依据信托文件所享有的财产权益。然而,在一项独立的信托关系中,从信托成立到信托目的实现,受益人还必须享有一系列保障和辅助信托目的实现的权利,即广义上的"受益权"。为行文的统一、方便,以下所称之"受益权"如无特别说明,均采广义认识,即将受益人享有的各种权利统称为"受益权",而称狭义"受益权"为收益权。

二、受益权的分类

我国《信托法》赋予受益人的权利广泛,从内容上来区分,包括财产性权利与非财产性权利。非财产性权利又可细分为监督类权利和救济类权利。前者包括信托执行知情权、信托财产管理方法调整请求权、受托人解任权、受托人辞任的同意权、新受托人的选任权等;后者包括撤销权、返还财产请求权、恢复原状请求权以及赔偿损失请求权。[1]

从功能来看,对信托财产利益的享有是受益权的主要内容,也是专属于受益人的权利,是不可共享的受益权,除非委托人本身兼为受益人,否则即违背信托之本旨。而其他诸项权利则是附随于收益类权利以保护权利人利益的权利,委托人和受益人可以共享(详见图6-1)。

三、受益权的内容

(一) 收益权

除自益信托外,收益权是受益人独有的基本权利。但是,同一信托可以存在两个或两个以上的共同受益人。共同受益人按照信托文件的规定享受信托利益,信托文件对信托利益的分配比例或者分配方法未作规定的,各受益人按照均等的比例享受信托利益。[2]

(二) 信托执行知情权

我国《信托法》规定,委托人和受益人均有权了解信托财产的管理运用、处分及收支情

---

[1]　参见徐孟洲主编:《信托法学》,中国金融出版社2004年版,第169页。

[2]　参见《信托法》第45条。

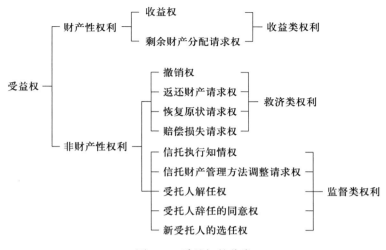

图 6-1 受益权的分类

况,并有权要求受托人作出说明。委托人和受益人也有权查阅、抄录或者复制与其信托财产有关的信托账目以及处理信托事务的其他文件。[①]

信托执行知情权行使也存在限制。判断一项权利的边界,首先需要了解其立法目的。规定受益人的信托执行知情权的目的是保护信托受益权的核心——收取信托利益的权利,因为信托财产的"权利主体"与"利益主体"分离,作为"利益主体"的受益人,本身并没有主动管理处分信托财产的权利,信托执行知情权的设置是为了辅助其获得信托利益,因此受益人信托执行知情权的行使不能妨碍受托人对于信托财产正当的积极管理和处分。受托人的此种积极管理和处分是基于委托人对受托人的信任而设立的,具有一定自由裁量的空间,受托人有权自主决定如何管理运用信托财产,受益人过度行使信托执行知情权可能会侵及受托人的自由裁量权。所以,受益人的信托执行知情权应当受到一定的限制,比如受益人无权得到受托人所有的文件,否则可能导致受益人过分介入,不但不利于受托人的有效决策,还将使受益人的权利蜕变为信托财产的管理权。[②]

◎ 相关案例

与信托计划有关的交易明细和收入分配明细等
是否应当向受益人披露

在常宇诉平安信托一案[③]中,受益人要求信托公司提交信托资金的交易明细清单。为了证明信托公司的交易不存在过错,信托公司向法院提交了交易明细清单作为证据,

---

① 参见《信托法》第 20 条、第 49 条。
② 参见汤淑梅:《信托受益权研究:理论与实践》,法律出版社 2009 年版,第 57 页。
③ 参见常宇诉平安信托有限责任公司、上海市锦天城律师事务所营业信托纠纷案 (2015) 深福法民二初字第 11847 号民事判决。

受益人得以查看,但法院驳回了该诉讼请求。而在江苏倍力公司诉上海国际信托一案[①]中,法院没有支持受益人提出的查阅信托利益分配明细的诉请,受益人也无法通过其他形式获取到这些信息,理由是受益人无法证明信托公司对信托利益的分配不合法,无法就披露这些信息的合理性作出说明。

信托财产投资对象的情况是否应当向受益人披露

如信托财产以股权投资的方式向某公司投资,受益人享有该公司的资本收益,那么受益人能否因此而享有公司股东的知情权呢? 王登杰与中国水利水电第七工程局成都水电建设工程有限公司等信托合同纠纷上诉案[②]中,法院认为,对该公司而言,受益人并不是公司的股东,当然不享有股东的知情权,公司也无须向其提供任何信息。但是,受托人因股东身份而获得的信息是否需要向受益人进行披露呢? 如果需要披露,又如何把握披露的程度? 仍是值得思考的疑难问题。

(三) 信托财产管理方法的调整请求权

受托人必须根据信托协议的规定管理运用和处分信托财产,但是在信托财产的管理过程中难免发生一些客观情况的变化,如果无视这些变化,就可能不利于信托目的的实现或损害受益人的利益。因此,我国《信托法》规定,因设立信托时未能预见的特别事由,致使信托财产的管理方法不利于实现信托目的或者不符合受益人的利益时,委托人和受益人有权要求受托人调整该信托财产的管理方法。[③]

从比较法的角度来看,受益人大多有权请求法院变更信托文件规定的财产管理方法,但对这一权利的行使有着严格的限制。行使该权利,一般应满足以下条件:首先,在客观方面须确实发生了情势变更的情形,且这种变更出现在信托合同生效之后。其次,这种变更须是受益人或者信托其他当事人无法预料到的。最后,依照信托合同约定的方法管理信托财产,将违背设立信托的目的,造成信托目的不能实现。比如,《日本信托法》第23条规定,在信托行为进行过程中,由于不可预见的特殊情况导致信托财产的管理方法不利于受益人的,委托人、其继承人、受益人或者受托人,可以向法院申请变更管理方法。此外,对于申请变更信托财产管理方法的程序也有一定要求,即申请人必须向法院提出申请。相比之下,我国《信托法》直接赋予了受益人要求受托人调整信托财产管理方法的权利,扩张了受益人对于信托财产管理的介入程度,在一定程度上模糊了委托人、受托人、受益人的权利范围,不利于信托财产管理的稳定性与独立性。值得一提的是,信托受益人获取信托利益是一种被动式的接受,受益人不能因为利益最大化的需求未得到满足,就肆意请求调整信托财产的管理方法,否则将有违信托设立的初衷。因此,受益人对信托财产管理方法的调整请求权应当参照其

---

① 参见江苏倍力工程机械有限公司诉上海国际信托有限公司营业信托纠纷案(2015)黄浦民五(商)初字第909号判决书。

② 参见王登杰与中国水利水电第七工程局成都水电建设工程有限公司等信托合同纠纷上诉案(2013)成民终字第4120号判决书。

③ 参见《信托法》第21条、第49条。

他立法例,以向法院请求的方式行使。

(四) 对受托人的权利

出于保护受益人的目的,受托人违反信托目的,损害受益人利益或有重大过失的,应当赋予受益人解任受托人的权利。我国《信托法》第 23 条规定:"受托人违反信托目的处分信托财产或者管理运用、处分信托财产有重大过失的,委托人有权依照信托文件的规定解任受托人,或者申请人民法院解任受托人。"而根据《信托法》第 49 条之规定,受益人也享有此种权利。如果受托人出现了《信托法》第 23 条列举的情况,且信托文件中有规定的,受益人可以依照信托文件的规定解任受托人。如果信托文件中没有对解任事由作出规定的,受益人只能向人民法院申请解任。受益人和委托人意见不一致时,可以申请人民法院作出裁定。在司法实践中,作为受托人的信托公司几乎无一例外地通过信托文件排除了受益人的自行解任权,主要原因在于受托人的管理行为具有一定的专业性,委托人、受益人往往不具有相应的判断能力或资质,而解任权的行使又关乎受益人的重大利益,因此通常将此项权利限定于由法院行使。我国具有选择性的立法模式,符合并顺应了信托的发展现实,当事人可以针对具体情况,在信托文件中确立适当的解任权行使方式。

受益人在两种情况下还享有对受托人的选任权。根据《信托法》第 13 条的规定,遗嘱指定的人拒绝或者无力担任受托人的,由受益人另行选任受托人。受益人为无民事行为能力人或者限制民事行为能力人的,依法由其监护人代为选任。这是在遗嘱信托中受益人享有的选任权。此外,在受托人辞任或无法履职时,根据《信托法》第 40 条的规定,受托人职责终止的,依照信托文件规定选任新受托人;信托文件未规定的,由委托人选任;委托人不指定或者无能力指定的,由受益人选任;受益人为无民事行为能力人或者限制民事行为能力人的,依法由其监护人代行选任。由此可见,在遗嘱信托中,新任受托人的选任权只能由受益人行使;而在信托存续而受托人职责终止时,委托人享有优先的选任权,只有委托人不指定或无能力指定时,受益人才可以选任。

(五) 救济类权利

我国《信托法》第 22 条第 1 款规定:"受托人违反信托目的处分信托财产或者因违背管理职责、处理信托事务不当致使信托财产受到损失的,委托人有权申请人民法院撤销该处分行为,并有权要求受托人恢复信托财产的原状或者予以赔偿;该信托财产的受让人明知是违反信托目的而接受该财产的,应当予以返还或者予以赔偿。"根据《信托法》第 49 条,受益人同样享有此权利。

受益人享有的救济类权利包括撤销权、对受托人的恢复(返还)财产请求权或者求偿权,但这些权利不是并行的,而是竞合的关系。具体而言,在明知受托人违反信托目的处分信托财产时,受益人有权向法院请求撤销受托人与第三人的交易行为,要求恢复或返还信托财产;在无法完全恢复信托财产或受托人的行为已经造成了信托财产损失的情况下,则可以请求赔偿。从大陆法系的视角来看,我国的信托委托人或受益人可以行使的权利在性质上更趋近于债权性救济。

对于信托受益人权利的保护方式,英美法系的规定有所不同。英美法系承认"双重所有权",受益人对于信托财产具有衡平法上的所有权。在信托有效存续期间,受托人违反应尽义务而损害受益人权利的,受益人可以启用衡平法上的物权救济方式寻求救济,即赋予受益人对于信托财产的追踪权,无论信托财产本身的形态发生何种变化,信托财产均不因这些变化而改变其性质,这又称为信托财产的物上同一性。具体而言,如果委托人交付给受托人的信托财产,因受托人违反信托目的管理信托财产使其从一种物的形态转变为另外一种物的形态,或者受托人违反信托目的将此信托财产转移给信托合同约定不得转移的第三人,甚至因为某些原因导致信托财产灭失的,变化后的财产作为原信托财产的代位物,受益人依然可以对其提出主张。一个善意购买了信托财产普通法上所有权的第三人,只有在支付了合理对价方能排除受益人的追踪权。受益人作为衡平法上的信托财产的所有人,其追踪权不但对受托人和任何获得信托财产的第三人适用,还优先于受托人其他债权人的担保权,以便恢复信托财产,达到保护受益人权利的目的。[①]

(六) 剩余信托财产的分配请求权

受益人在信托终止后获得剩余财产分配的权利实质上是受益权的延伸。我国《信托法》第 54 条规定,信托终止后的信托财产归属于信托文件规定的人;信托文件未规定的,按下列顺序确定归属:(1) 受益人或者其继承人;(2) 委托人或者其继承人。据此,信托终止时有剩余财产,信托文件没有特别规定的,受益人是第一顺位的财产归属人,享有剩余财产的分配请求权。

四、关于受益权性质的争议

关于信托受益权的法律性质,一直存在着很大的争议,对此出现了"物权说""债权说""物权债权并行说"以及"物权债权与监督权集合说"。

(一) 物权说

支持"物权说"的学者提出了较多的论据:(1) 受益人对于信托财产的受益权优先于受托人债权人的债权;(2) 信托受益权基于受益人的撤销权对信托财产具有物权上的追及效力;(3) 信托受益权在受托人不当处分信托财产时对该项财产具有可以经过撤销程序实现的直接支配力;(4) 信托受益权在受托人不当处分或者不当毁损信托财产时具有以返还财产或者恢复原状为内容的物权请求权的效力;(5) 信托受益权在信托法要求就信托财产办理信托登记的情形下具有物权的绝对性和公示的要求。[②]

(二) 债权说

如果对信托受益权做狭义的理解,即将"受益权"限定为"收益权",包括信托剩余财产的分配请求权,受益权就变成了一种债权。[③]尤其在我国的社会经济生活中,信托一般由委托人与受托人通过订立信托合同的方式设立。关于信托受益权纠纷的审判实践还存在适用

---

① 参见[英]D.J.海顿:《信托法》,周翼、王昊译,法律出版社 2004 年版,第 204 页。
② 参见徐卫:《信托受益权:物权? 债权? 抑或新权利? 》,《安徽大学学报(哲学社会科学版)》2006 年第 5 期。
③ 参见张淳:《关于信托受益权的性质——对有关国家法学界的有关研究的审视与检讨》,《湖南大学学报(社会科学版)》2010 年第 5 期。

债法规定的倾向,而未见适用物权法的情形,似乎也佐证了受益权的债权性质。

(三)物权债权并行说

该学说认为,信托受益权具有债权与物权双重属性,严格地说兼有绝对权和相对权双重属性。其债权属性表现为对受托人的债权,也可以说是对信托财产的债权,包括对受托人违反信托文件的行为请求赔偿的权利;其物权属性则表现为对信托财产的物权性权利,对于信托财产不法强制执行的异议权、受托人破产时的取回权、对受托人违反信托文件处分信托财产的撤销权以及返还信托财产、恢复信托财产原状的权利等都是物权性权利的表现。[①]

(四)物权债权与监督权集合说

该观点认为,受益权是兼具物权性质、债权性质与监督权性质的权利。主要原因在于受益人通常可以行使信托执行知情权、信托财产管理方法的调整请求权、对信托财产不当处分的撤销权以及对受托人的解任权等,致使信托受益权无法归入传统的物权、债权体系,而只能将它视为一种特殊的权利。[②]

事实上,各种学说所描述、界定的"受益权"是有所差异的,"债权说"采狭义理解,而其他三种均在广义的基础上讨论。作为受益权核心内容之一的收益权属债权并无争议,澄清受益权性质的真正难点在于如何概括复合的受益权内涵。本书认为,信托受益权表现出物权特征的根本原因在于信托财产的独立性,表现出债权特征则是为了实现信托令受益人取得经济收益的目的,监督权则是保障前者、实现后者的必要手段。因此,"物权说""债权说"有失偏颇,"物权债权并行说"在学理上难以自洽,"物权债权与监督权集合说"虽较为全面地揭示了受益权的内容,但本身尚无法成为一种性质的提炼。从性质与内容来看,信托受益权与公司的股权是高度相似的,公司是一个社团法人,信托财产的独立性也使其愈发趋近一个法律主体(具有特殊目的的财产集合),从这个角度来诠释受益权或许有助于破解当前的理论困局。

第三节　受益权的取得与处分

一、受益权的取得

我国《信托法》第 44 条规定:"受益人自信托生效之日起享有信托受益权。信托文件另有规定的,从其规定。"由此可见,信托受益权原则上产生于信托生效之时。一般情况下,信托成立即生效,但在以下特殊情形下,信托的成立与生效时间不一致,受益权自信托生效时取得:(1) 遗嘱信托,以遗嘱设立信托的,立遗嘱之人死亡时,遗嘱信托方生效并产生受益权;(2) 信托当事人自行约定受益人取得受益权的时间和方式,例如信托合同附期限或停止条件的,信托自期限届至或条件成就时才生效,此时才能取得受益权;(3) 信托财产依法应当登记

[①]　参见唐义虎:《信托财产权利研究》,中国政法大学出版社 2005 年版,第 45 页。

[②]　参见陈向聪:《信托法律制度研究》,中国检察出版社 2007 年版,第 255 页。

的,信托在登记完成后生效,受益权同样也在登记后取得。

对于基于登记要求而令受益权取得时点区分于信托成立的情形,有必要专门加以解释。我国《信托法》第 10 条规定:"设立信托,对于信托财产,有关法律、行政法规规定应当办理登记手续的,应当依法办理信托登记。未依照前款规定办理信托登记的,应当补办登记手续;不补办的,该信托不产生效力。"据此,信托财产种类不同,信托生效的时间也不同。当设定信托的财产为法律、法规规定应当办理登记的财产时,该信托财产登记时信托生效;而以无须办理登记的财产设立信托的,信托成立时,信托即生效。尽管法律明确了受益人因信托生效而取得受益权,实践中信托受益权的取得却因为信托财产登记规定得不明确产生诸多困惑:(1) 必须登记的信托财产范围难以准确限定。以不动产权利设立信托为例,因受托人须取得不动产的相应权能,不动产信托均应进行登记。可是,除不动产的所有权和抵押权、建设用地使用权等少数几项权利有较为成熟的登记程序外,广泛存在的土地承包经营权、宅基地使用权、地役权、采矿权等均缺乏相应的登记办法。如果委托人以这些权利设立信托,难免受制于无法完成的登记而不能生效,受益人也就无法取得合法的受益权。事实上,法律、行政法规规定的各种财产或权利登记的效果不尽相同,《信托法》第 10 条所指之"应当办理登记手续"是否还包括备案、对抗效力的登记,需要认真地厘清、限定。对"应当办理登记手续"做过于宽泛的解释,会影响大量客观存在的信托的效力,令受益人取得受益权的目标落空。(2) 对信托登记的类型定位不清。《信托法》要求依法办理的"信托登记",从文义来说也有歧义。基于登记客体是财产(财产权利)的背景,实务界很自然地尝试将"信托登记"接入到我国既有的财产登记体系中。传统的财产登记体系不仅因客体不同呈现出割裂、零散之特征,还对"信托登记"表现出排斥性——尚无一个财产登记机构接受"信托"类属的登记申请,也无法在普通的财产登记之下添加"信托"字样的附注。为解决这一问题,大陆法系的日本、韩国以及我国台湾地区,都将信托财产一般意义上的登记和信托登记作为两个体系分别构建,在登记簿上进行两项独立而又关联的记载。因而,从比较法的经验出发,如何解释我国《信托法》中的"信托登记"既是一种困惑,也是一个改革的契机。如处置不当,也会直接妨碍受益人取得受益权。[①]

此外,值得说明的是,信托生效后受益人可自动取得受益权,而无须作出接受信托利益的意思表示。即使受益人不知道信托的设立,也不影响受益权的产生与取得。在此情况下,受托人有义务及时通知受益人取得受益权的事实,以确保受益人及时行使自己的权利。

二、受益权的转让

(一) 受益权的可转让性

受益权作为具有一定经济价值的权利,能否予以转让? 对此认识不尽一致。英美法系的一般解释是,受益人是信托财产的衡平法所有人,这种利益构成财产,因此受益人可以像转让自己的其他财产一样转移受益权。[②] 例如,《美国信托法重述》便允许具有行为能力的受益人自愿转让其信托利益,这种转让可以有对价,也可以没有对价。而大陆法系信托法对

---

① 参见季奎明:《中国式信托登记的困境与出路:以私法功能为中心》,《政治与法律》2019 年第 5 期。
② 参见赵廉慧:《信托法解释论》,中国法制出版社 2015 年版,第 458—459 页。

受益权转让没有完善的规定,学者们对于受益权能否转让也存在不同意见。有学者认为,即使信托文件没有明确规定受益权只能由受益人享有,受益人将其转让给他人也是委托人未曾预见的,因此应当排除受益权的可转让性;也有学者认为,受益权是具有债权、物权性质的财产权,原则上应当可以转让或进行其他处分。[1] 不过,大陆法系信托法主要考虑的是民事信托受益权的转让,而不是商事信托受益权的转让。

我国《信托法》第 48 条规定:"受益人的信托受益权可以依法转让和继承,但信托文件有限制性规定的除外。"可见,在我国,受益权原则上可以转让。《信托法》对受益权转让没有具体规定的,可以参照民法有关债权让与的规定。受益人可以转让全部或部分受益权,且无须经过委托人或者受托人同意。转让行为一般应由具有行为能力的受益人作出,受益人是无民事行为能力人的,受益权转让应由其法定代理人实施。但是,从保护受益人利益的角度考量,一般认为未成年受益人的受益权不得转让。

(二)受益权转让的限制

首先,信托文件可以禁止受益权转让。有些情况下,受益权的转让可能不符合委托人的愿望或者违背受益人的利益,因此信托文件可能会约定禁止受益权的转让。比较典型的有英美法系的反挥霍信托(spendthrift trust)和保护信托(protective trust),在这两类信托的信托文件中设置受益权转让限制的条款都得到了法律的承认。反挥霍信托起初是为保护挥霍者的利益而设立,现在已成了限制受益人转让受益权条款的代名词。反挥霍条款有两种:一是禁止信托受益权之意定转让(voluntary transfer);二是禁止信托受益权之非意定转让(involuntary transfer),亦即受益人之债权人无法请求法院强制拍卖信托受益权。[2] 但在英国及美国极少数州,反挥霍信托不被承认。保护信托则是结合确定的终身受益权和裁量信托来保护信托财产免受受益人之债权人的追索。[3] 典型做法是设置"没收条款":在受益人企图转让其信托利益或信托利益被债权人追索之时,终止受益人的信托利益,而使该信托自动转换为"自由裁量信托",以保障信托财产不为债权人追及。不过,保护信托的此种功能若被滥用于躲避债务,显然对债权人有失公平,因此法律对保护信托的适用也加以限制:在英国法上,法院不再承认委托人设立自己为主要信托受益人的保护信托之效力;而美国法则规定,自益信托的信托文件禁止转让信托受益权的,委托人的受让人、债权人不受该条款的约束,仍可以追索信托利益。[4]

此外,信托文件对受益权转让之禁止作为一种信托的内部约定,其效力能否对抗第三人,值得思考。善意第三人违反信托文件的规定受让受益权的,有权取得受益权。《日本信托法》第 93 条即明确规定,信托文件对信托受益权转让有限制的,该限制不得对抗善意第三人。具体而言,在外部关系上,第三人可依善意取得的规则取得受益权;在内部关系上,受益人违反约定转让受益权的,将构成违约,需承担违约责任。如此规定既尊重当事人意思自治,又兼顾交易安全,保护了第三人的信赖利益,颇值借鉴。

其次,依受益权的性质和法律规定,某些受益权不得转让。受益权本身的性质具有人身

---

[1]　参见何宝玉:《信托法原理研究》,中国法制出版社 2015 年版,240 页。

[2]　参见赵廉慧:《信托法解释论》,中国法制出版社 2015 年版,第 468—470 页。

[3]　See J.E.Penner, *The Law of Trusts*, 4th ed., Oxford University Press, 2005, p. 86.

[4]　See Restatement 2nd of Trusts, § 156.

性或者专属性时,一般不能进行转让,如以抚养受益人为目的的信托(特定未成年人的抚养教育信托、残疾人抚养信托等)。此类信托之设立往往是为了特定受益人的特殊利益,受益权具有由特定受益人专属的性质,不得随意转让。另外,法律、法规还可能对受益权的转让对象予以限制,比如我国《信托公司集合资金信托计划管理办法》第29条就规定,受益人只能向合格投资者(通常为机构投资者)而不得向自然人转让或拆分转让其受益权。

(三) 受益权转让的效力

受益权转让合同的生效不以委托人或者受托人的同意为要件,除非信托文件、转让合同另有约定。如果信托文件约定受益权不得转让,而受让人不知情并支付了合理对价,那么第三人可善意取得该受益权,否则该等受益权转让无效。如果受益权依性质不得转让,从保护受益人利益的角度出发,应当认为违反此限制的受益权转让无效。如果受益权属于法律禁止转让的类型,转让因违反法律、法规的强制性规定而无效。

受益权的转让须在通知程序完成后方得对抗受托人。具体而言,信托受益权转让后,原受益人、受让人应当以适当的方式及时通知受托人,该转让对受托人才具有约束力;未通知受托人的,该转让对受托人不生效力,即使受托人仍向原受益人支付信托利益,也无须对此承担责任。而受托人接受转让通知后,可用来对抗原受益人的事由亦可对抗受让人。

(四) 受益权的继承

信托受益权作为一种具有财产属性的复合权利,与股权有颇多相似之处,在受益人死亡时可列入受益人的遗产范围,由其继承人继承,其本质上是一种特殊的受益权转让。我国《信托法》第48条明确规定了受益权的可继承性,受益人生前立有合法遗嘱的,其受益权应当由遗嘱指定的人继承,否则适用法定继承。

三、受益权的放弃

(一) 受益权的可抛弃性及其方式

信托受益权作为受益人享有的一项权利,并不具有不可排除的人身依附性,因而可以放弃。我国《信托法》第46条明确规定,受益人有权放弃信托受益权。我国台湾地区"信托法"第17条也规定,受益人得抛弃其享有信托利益之权利。

受益人原则上有权拒绝或放弃受益权,但与取得受益权不同的是,受益人拒绝或放弃受益权须有明确的意思表示。在默示情况下,通常推定受益人接受受益权,其拒绝接受或者放弃受益权的意思必须以明确的方式作出。受益人既可以在信托生效之前明确表示拒绝,自始放弃受益权;也可以在信托实施过程中表示放弃,但对于已经享有的信托利益所产生的债务或义务,不得同时放弃。例如,依照信托文件应当向受托人支付报酬或相应费用的,在放弃信托受益权后,对其既得部分仍须承担支付义务。

(二) 受益人放弃受益权的法律效果

第一,全体受益人放弃受益权的效果。根据我国《信托法》第46条第2款的规定,全体受益人放弃受益权时,信托终止。此时,信托目的无法实现,信托理应随之终止。之后,信托财产应按照信托终止后的规则(即《信托法》第54条)确定归属。但这种情况只适用于私益信托,在公益信托的情形下,受益人是不特定的社会公众,即使一定时期内可以确定的具体受益人全部拒绝或放弃,也可以根据近似原则另行选择其他人享受信托利益。

第二,部分受益人放弃受益权的效果。此时,信托得以存续,被放弃的受益权依《信托法》第46条第3款的规定,依次归属于信托文件规定的人、其他受益人、委托人或其继承人。如此规定,首先考虑的是信托当事人在制定信托文件时的意思自治,以求最大限度地反映委托人设立信托的本意。如果信托文件未涉及该等事项,在其他受益人与委托人(及其继承人)之间,其他受益人可优先获得被放弃的受益权。委托人设立信托后,信托的受益权原则上归属于受益人,在委托人和受益人不同的情况下,信托的设立本就是为了他人(受益人)的利益,而非委托人自己或其继承人的利益。所以,在信托文件没有特别规定的情形下,优先考虑其他受益人是合理的。大陆法系立法并不承认归复信托,[①] 如果委托人有其他打算或希望在受益人放弃受益权时将信托利益归复于己,可通过信托文件的约定来实现。

(三) 受益人放弃受益权的限制

原则上受益人有权放弃受益权,但应对其有所限制。在受益人负有债务时,如果其放弃受益权的行为足以使其一般责任财产有无法清偿债务的可能,受益人的放弃行为则将受到债权人撤销权的限制。除此以外,《日本信托法》第99条还对放弃受益权的限制规则作了扩张,更广泛地规定受益权的放弃不能侵害第三人的权利,例如在就受益权设定担保的情形中,即不得放弃受益权等。我国《信托法》对受益权放弃时如何保护第三人的利益没有规定,《日本信托法》的相关规定值得借鉴。

四、受益权的质押

信托受益权质押是指信托受益人将其合法拥有的信托受益权作为质物,为债务人提供债务履行的担保。债务人不履行债务时,债权人即质权人以拍卖、变卖该受益权的价款优先受偿。

对于信托受益权是否可以质押,我国法律并无明确规定,理论探讨也存在不同观点。我国关于权利质押的法律、规范性文件有《民法典》《最高人民法院关于适用〈中华人民共和国民法典〉有关担保制度的解释》等,但对信托受益权都没有提及,对受益权质押登记的受理主体及登记的程序性规范更是没有规定。例如,我国《民法典》第440条规定,可以质押的权利有:(1) 汇票、本票、支票;(2) 债券、存款单;(3) 仓单、提单;(4) 可以转让的基金份额、股权;(5) 可以转让的注册商标专用权、专利权、著作权等知识产权中的财产权;(6) 现有的以及将有的应收账款;(7) 法律、行政法规规定可以出质的其他财产权利。可见,《民法典》中没有明确信托受益权是否可以质押,其他法律、法规及司法解释至今也没有清晰的态度。对此,存在两种观点。一种观点认为,根据物权法定原则,凡是未被明确列举在法律中的权利客体,都不能作为权利质押的标的物,因此信托受益权也不能用作质押。另外一种观点认为,

---

① 英美法系承认归复信托。受益人放弃信托受益权且信托文件未规定处理方法的,在放弃的受益权之上成立一项归复信托,以委托人为受益人,受托人以归复信托的形式为委托人持有信托财产。不论受益人放弃全部还是部分受益权,归复信托均可成立。

根据民法理论,质权以质权人取得质物的交换价值为实质内容,因此质押的标的物只要具有独立的交换价值并能依法予以变现即可。而根据信托受益权的特点,其依法可以转让、具有交换价值、因交付而转移占有,具备法律所要求的作为质押标的物的要件,因此归属于《民法典》允许的质押标的物范畴。

现有的司法实践对信托受益权质押的效力基本持肯定的态度。对于受益权能否质押的争议,一些法院依据《民法典》第 440 条第 7 项"法律、行政法规规定可以出质的其他财产权利",以及《信托法》第 47 条"受益人不能清偿到期债务的,其信托受益权可以用于清偿债务,但法律、行政法规以及信托文件有限制性规定的除外"、第 48 条"受益人的信托收益权可以依法转让和继承,但信托文件有限制性规定的除外"的规定,在裁判逻辑中将信托受益权的质押界定为"转让"的一种特殊处分方式,继而将《信托法》中允许受益权转让的规定认定为《民法典》第 440 条所谓之"法律、行政法规",据此肯定受益权的可质押性。[①] 至于受益权如何质押,只要受益人签订了担保合同,并将相关信托受益凭证交付债权人实际占有,且在受托人处办理了登记,法院一般即认可债权人基于受益权质押的优先受偿权。[②]

信托受益权质押对增强受益权的流动性、发挥信托受益权的融资担保功能具有重要意义,司法裁判予以认可的一般态度也增强了当事人的信心,维护了交易稳定,这种"司法先行"总体上是值得肯定的。信托受益权的可质押性事实上并不存在立法上的障碍,只需通过恰当的法律解释即可平息争议。而受益权质押的程序则可借助业已成立的中国信托登记有限责任公司来实现,该公司是唯一的全国性信托登记平台,并将受益权登记作为核心业务之一,由其充当受益权质押的登记主体并制定相应的具体规则,是最为合适的。

◎　**相关案例**

某银行与温州市一家体育商城有限公司(以下简称"体育公司")签订《最高额融资合同》,约定体育公司在最高融资额度内向某银行申请借款并就每笔借款与某银行另行签订《流动资金借款合同》;就体育公司向某银行偿还借款的债务,体育公司与某银行签订《最高额质押合同》,同意以其持有的信托受益权向某银行提供质押担保。因体育公司到期未偿还借款,原告某银行向人民法院起诉要求体育公司清偿债务,并就质押财产信托受益权拍卖、变卖所得价款优先受偿。被告则主张,信托受益权的质押并未有效设立。

一审法院认为,《最高额融资合同》《流动资金借款合同》和《最高额质押合同》均合法有效,当事人应按照合同约定全面履行义务。关于本案中信托受益权质权是否有效设立的问题,一审法院认为,《物权法》《担保法》未要求以信托受益权出质须办理登记手续,体育公司已向某银行交付了相关凭证,质权已设立。二审法院审理后也驳回上诉,维持原判。[③]

---

①　参见浙江省杭州市中级人民法院(2015)浙杭商终字第 845 号判决书。

②　参见浙江省温州市鹿城区人民法院(2012)温鹿商初字第 1264 号判决书。

③　参见华夏银行股份有限公司温州分行与温州市一家体育商城有限公司、温州市弗斯特建筑材料有限公司等金融借款合同纠纷案(2014)温鹿藤商初字第 36 号判决书。

第四节 受益权的行使

当今的信托已经逐步摆脱了受益人单一的初始形态,在复数受益人之间如何协调权益进而形成意思表示,成为新的挑战。而且,我国《信托法》允许委托人与受益人分享大部分权利,这在比较法上是非常少见的,两者之间的冲突解决机制也值得关注。

一、受益人相互之间的行权规则

(一)复数受益人信托收益权的行使

信托有数位受益人的,信托文件通常会对各个受益人应当享有的信托利益作出明确约定,促使受托人顺利实施信托,避免数位受益人之间产生不必要的争议。英美信托法通常区分本金受益人和收益受益人、终身权益受益人与剩余权益受益人,各个受益人的信托利益的范围是确定的。

具体而言,信托文件可以明确规定各受益人享有信托利益的具体数额、比例或者范围,也可以规定分配信托利益的原则或方法,由受托人据此确定各个受益人应当享有的信托利益,甚至还可以授权受托人根据信托目的对受益人的信托利益份额进行自由裁量,例如自由裁量信托只需明确受益人的大致范围,具体的受益人及其信托利益完全交由受托人确定,信托文件无须作出明确规定。

在特殊情况下,假如信托文件未能明确各位受益人的收益权份额,也没有约定分配原则或授权自由裁量,英美法院会适用衡平法格言——"均等即公平",在各受益人之间平均分配信托利益。事实上,英美信托实践中很少采用这种办法,因为多数信托的受益人属于不同类型,不宜均分信托利益,而且信托文件基本由律师起草,通常会充分考虑不同受益人的实际情况,明确各受益人的份额或分配方法。我国《信托法》第45条也规定,信托有数位受益人的,应当按照下面两种方式确定各自的信托利益:(1)信托文件对信托利益的分配有规定的,受益人分别按照信托文件的规定享受信托利益;(2)信托文件没有规定信托利益的分配比例或分配方法的,各受益人按照均等的比例享受信托利益。

(二)复数受益人行使非财产性权利的特殊机制

当信托目的从传统的家族财产传承拓展为投资、融资之后,受益人的数量开始增加,而且受益权逐渐呈现出流动性特征,使得复数受益人如何介入信托事务成为一个重要的议题。

1. 复数受益人行权方式的流变

早期的英美法中并不存在复数受益人以某种方式共同介入信托事务的特殊机制。比如,英国法律规定,受益人为两人以上的,行使变更权需经所有受益人的一致同意。而《美国信托法重述》(第二次)第337条则规定,如果信托的全部受益人均有行为能力,并且他们一致同意,就可以共同强制终止信托。英国1841年的 *Sauders v.Vautier* 案也确立了受益人利益优先于信托目的的类似规则,即如果受益人确定且全部具有完全民事行为能力,可以一致同意终止信托。这与《美国信托法重述》不谋而合。在这个阶段,受益人基本只拥有对信托予以变更或终止的权利,复数的受益人也仅采用"一致决"的原始议决机制。

　　然而,随着商事信托的兴起,上述情形发生了变化。商事信托越来越趋近于一种企业组织形态,商事信托中受益人的法律地位与现代公司中的股东颇为相近,甚至在公司特许经营制时期,商事信托被直接用来替代公司实施融资。[①] 这样的背景自然使得受益人有参与信托事务的愿望与可能。根据美国普通法,在制定法没有规定的范围内,普通信托受益人根据信托文件的规定可以行使信托文件授予的信托管理参与权,但自马萨诸塞州 1913 年的 *Williams v. Inhabitants of Milton* 案和联邦最高法院 1919 年的 *Crockers v. Malley* 案之后,普通法确立起商事信托受益人控制检验规则:受益人对商事信托的管理参与权一旦构成受益人对信托事务的控制,该法律关系就可能被认定为份额可转让合伙而非信托,受益人对信托事务的参与只限于不干涉受托人或未取得信托管理控制权的范围内。后来,马萨诸塞州的信托制定法进一步规定,受益人不享有法定的信托管理参与权,但信托文件可以为受益人保留自治性管理参与权,该项自治性管理参与权却不能构成对受托人或信托财产的实质控制,否则商事信托的信托属性会受到挑战。亚利桑那等州的信托制定法则实行公司法默示规范主义,在信托文件未排除的范围内,受益人享有如同公司股东的管理参与权。[②] 鉴于商事信托受益人的群体性以及公司法理论与实践的影响,复数信托受益人共同行使信托管理参与权的受益人大会形式开始出现。

　　受益人大会制度真正在成文法中得以发展是在大陆法系。特别是 2006 年《日本信托法》在第四章"受益人等"中专门规定了第三节"二人以上之受益人为意思决定方法之特别规定",分为总则与受益人大会两部分。总则部分主要阐述了在受益人有二人以上之信托中,受益人之意思一般由全体受益人一致决定,但信托文件另有规定的除外。即允许通过信托文件约定受益人大会以多数决替代一致决。有关受益人大会的主要规定有:受益人大会在必要的情形下,得随时召集,受益人大会由受托人召集(存在信托监督人时,由受托人或信托监督人为之);受益人请求召集的,受益人得表明受益人大会之目的事项及召集理由,请求受托人召集受益人大会(存在信托监督人时,由受托人或信托监督人为之);受益人大会之召集决定应包括受益人大会时间、场所、决议事项及远程表决的方式等内容;有关受益人大会之召集通知要求的规定;受益人大会之表决,由得行使表决权之受益人之表决权过半数出席,及已出席受益人之表决权过半数(或 2/3)通过;有关代理行使表决权、书面行使表决权、会议记录、会议决议效力以及会议费用承担等事项的规定。[③]

　　2. 我国当前关于受益人大会的实践

　　我国《信托法》没有规定受益人大会制度,现有实践的依据是《信托公司集合资金信托计划管理办法》。当然,仅凭一个部门规章难以完全发挥受益人大会对受益人利益的保护功能,特别是在商事信托日渐发达的背景下,在立法中规定受益人大会作为复数受益人的行权默示规则,显得十分必要,而《信托公司集合资金信托计划管理办法》可以作为制定相关规则的蓝本。

　　(1) 受益人大会的法律地位。在一个集合资金信托计划中,受益人大会并不是一个法定

　　① 　参见季奎明:《从合伙、公司到信托:英美商事信托的演进历程及其启示》,陈小君主编:《私法研究》(第 20 卷),法律出版社 2016 年版。

　　② 　参见刘正峰:《美国商业信托法研究》,中国政法大学出版社 2009 年版,第 305—309 页。

　　③ 　参见《日本信托法》第 105—122 条。

的常设机构,集合资金信托计划实际运作过程中也很少召开受益人大会。按照《信托公司集合资金信托计划管理办法》第42条的规定,只有在出现一些重大事由,且信托计划文件对这些重大事项没有进行事先约定的情况下,才应当召开受益人大会。这些重大事项包括:提前终止信托合同或者延长信托期限;改变信托财产运用方式;更换受托人;提高受托人的报酬标准;信托计划文件约定需要召开受益人大会的其他事项。因此,根据目前的规定,如果信托计划文件对上述事项进行了事先约定,则召开受益人大会的前提就不存在了,无须受益人通过会议的机制进行表决、参与决策。相比之下,公司法中的股东大会与企业破产法中的债权人会议的地位和职权都是明确的,而且在公司运营或者破产程序中召开股东大会或债权人会议都是必经的程序。

需要注意的是,《信托公司集合资金信托计划管理办法》第5条对信托公司设立信托计划还有一个明确的要求:参与信托计划的委托人为唯一受益人。因此,集合资金信托计划中的受益人大会只是自益信托复数受益人的特定行权机制,远没有传统信托的法律关系那么复杂。《信托法》修订时对此是否需要加以拓展,有待进一步的考量。

(2) 受益人大会的通知召集。根据《信托公司集合资金信托计划管理办法》第43—45条,受益人大会由受托人负责召集,受托人未按规定召集或不能召集时,代表信托单位10%以上的受益人有权自行召集。召集受益人大会,召集人应当至少提前10个工作日公告受益人大会的召开时间、会议形式、审议事项、议事程序和表决方式等事项。受益人大会不得就未经公告的事项进行表决。受益人大会可以采取现场方式召开,也可以采取通讯等方式召开。每一信托单位具有一票表决权,受益人可以委托代理人出席受益人大会并行使表决权。

(3) 受益人大会的议决方式。《信托公司集合资金信托计划管理办法》第46条规定,受益人大会应当有代表50%以上信托单位的受益人参加,方可召开;大会就审议事项作出决定,应当经参加大会的受益人所持表决权的2/3以上通过;但更换受托人、改变信托财产运用方式、提前终止信托合同,应当经参加大会的受益人全体通过。这意味着,在应当召开受益人大会提请议决的事项中,延长信托期限和提高受托人的报酬标准及兜底条款涵盖的未尽事项,应以2/3的绝对多数决通过;而更换受托人、改变信托财产运用方式、提前终止信托合同均被认为是直接影响信托计划存续的特别重大事项,须由参加大会的全体受益人一致通过。

我国《公司法》规定,有限公司的股东会作出修改公司章程、增加或者减少注册资本的决议,以及公司合并、分立、解散或者变更公司形式的决议,必须经代表2/3以上表决权的股东通过;其他一般议决事项只需经代表1/2以上表决权的股东通过。股份公司的股东大会作出上述决议的,其表决通过比例与有限公司相同,但计算的基数被限定为参加股东大会的股东所持表决权,且法律未规定参会股东所持表决权的最低比例。而《企业破产法》则规定,债权人会议的决议,由出席会议的有表决权的债权人过半数通过,并且其所代表的债权额占无财产担保债权总额的1/2以上;重整、和解的决议须经债权总额的2/3以上通过。

就表决机制而言,受益人大会的方式与股东大会、债权人会议均不相同:股东大会是典型的资本多数决,开放性更强的股份公司在表决计数时也仅以出席会议的股东所持全部表决权为基数,只要通知程序合法,即便出席会议的股权比例较低也不影响决议效力;债权人会议采取了人数与资本的双重多数决方式,要求出席会议的半数以上债权人通过,且所持债权占全部无担保债权的多数。而受益人大会有两个特殊之处:① 要求出席会议的受益人所持权益比例达到多数,方可议决;② 采取了资本绝对多数决或一致决的通过方式,显得较为苛刻。与其较为类似的基金份额持有人大会的表决也没有如此高的要求。根据《证券投资基金法》的规定,基金份额持有人大会有代表 1/2 以上基金份额的持有人参加,方可召开;大会就审议事项作出决定,应当经参加大会的基金份额持有人所持表决权的 1/2 以上通过;但是,转换基金运作方式、更换基金管理人或者基金托管人、提前终止基金合同、与其他基金合并,应当经参加大会的基金份额持有人所持表决权的 2/3 以上通过。鉴于商事信托的受益权具有一定流动性,受益人结构复杂,将表决通过的比例设定得过高,不利于受益人大会的意思形成。而且,基于信托特殊的法律结构,受益人大会的表决究竟应当采取资本决还是资本、人数双重决,表决基数应当选取全体受益人还是出席会议的受益人所持之收益权,都需要在立法中予以明确。

(4) 受益人大会决议瑕疵的救济。在对权利人大会的决议效力存在争议时,公司法、企业破产法等均规定了救济的途径。《公司法》第 22 条规定,公司股东会或者股东大会、董事会的决议内容违反法律、行政法规的无效;股东会或者股东大会、董事会的会议召集程序、表决方式违反法律、行政法规或者公司章程,或者决议内容违反公司章程的,股东可以自决议作出之日起 60 日内请求撤销。《企业破产法》第 64 条第 2 款规定,债权人认为债权人会议的决议违反法律规定,损害其利益的,可以自债权人会议作出决议之日起 15 日内请求法院裁定撤销该决议,责令债权人会议依法重新作出决议。但是,目前《信托公司集合资金信托计划管理办法》并没有规定受益人大会决议瑕疵的救济途径,一旦受益人认为大会决议违法或侵害其权益,将难以及时获得救济。《信托法》修订时有必要借鉴《公司法》与《企业破产法》的相关规则,对此予以完善。

(三) 复数受益人场合下对知情权的限制

我国《信托法》第 20 条、第 49 条确立了受益人的知情权。对于受托人是否为实现信托目的管理、处分信托财产,是否按照信托文件管理信托事务,受益人应当享有知情权,这也是各国信托法的共同规则。

然而,传统信托法关于受益人知情权的规定主要针对只有个别受益人的信托,对于受益人众多的信托,尤其是商事信托,某一位受益人查阅可能涉及其他受益人的信息资料的,容易形成知情权与其他受益人隐私权之间的冲突,受托人需要适当限制受益人的知情权,厘定受益人知情的边界。我国台湾地区"信托业法"第 32 条针对营业信托规定,信托经营机构办理集合资金信托或者共同基金信托业务,持有受益权 3% 以上的受益人,得以书面附具理由,向信托经营机构请求阅览、抄录、复制相关的文件资料。但有下列情形之一的,信托经营机构可以拒绝:(1) 并非为了确保受益人的权利;(2) 有碍信托事务的执行或者妨害受益人的共同利益;(3) 请求人从事或经营的事业与信托经营机构具有竞争关系;(4) 请求人是为了将阅览、抄录、复制的资料告知第三人,或者在请求前两年有过此种行为。日本 2006 年《信托法》也明确,受益人有权请求阅览、复制与信托财产有关的账簿以及处分信托财产的相关文件,但受托人有正当理由的,可以拒绝。此种立法态度值得借鉴。

(四) 复数受益人场合下撤销权的行使

受托人违反信托目的处分信托财产的,受益人一般享有撤销权。就行使撤销权而言,受益人有数人的,各受益人可以单独行使撤销权,不必共同为撤销的意思表示。因此,信托的任一受益人均可行使撤销权,且任一受益人行使撤销权的效力及于其他受益人,其他受益人不得另行作出撤销的意思表示。因为法律行为撤销的效果具有不可分性,这也是各受益人均享有撤销权的必然结果。①

二、受益人与委托人行权的冲突及其解决

依英美信托法,委托人在信托有效成立之后享有的权利很少,受益人享有信托财产的收益权以及由此派生出的各项权利。而且,受托人处理信托事务遇到疑问的,可以请求法院作出指示或者决定。但是,依大陆法系的信托法,受益人的许多权利都是与委托人共享的。根据我国《信托法》第 49 条和第 20—23 条的规定,委托人和受益人共同享有知情权、调整权、选任权、解任权、撤销权及损害赔偿请求权。当该信托为自益信托即委托人和受益人为同一人时,行使以上权利不会产生分歧;或者委托人与受益人虽非同一人,但委托人已经去世或丧失行为能力的,只能由受益人行使权利,也不会产生矛盾,在此不予讨论。在他益信托中,受益人与委托人针对同一事项(例如指定新受托人)可以分别行使权利,由于利益主体不同,难免意见不能统一。对此,我国《信托法》第 49 条规定,受益人相关权利,与委托人意见不一致时,可以申请人民法院作出裁定。这种情况下,意见不一的当事人有权也应当向法院提出申请,而人民法院作出的裁定对全体受益人和委托人有效。

值得注意的是,在当前的实务中,尤其是商事信托的信托文件通常会直接规定,如遇委托人和受益人意见不一致,以受益人的意见为准。因为营业信托受益人多付出对价才能取得信托受益权,所以信托制度的整体发展趋势是扩大受益人的影响,增加受益人大会的权利。上述做法有利于避免冲突,更好地保护受益人的利益,提高受托人管理信托财产的效率,降低内部钳制带来的效益减损。

第五节　受益人的义务

我国《信托法》只对受益人的权利加以规定,却并未对受益人的义务作出明确规定。在信托关系中,受益人往往被误认为是纯获利益的人,不承担特定的义务。然而,根据其他国家的信托法律,受益人在享有权利的同时也要承担相应的义务,其中最主要的两项义务是补偿义务和支付报酬的义务。

一、补偿义务

对于受托人在处理信托事务时所支出的费用以及非因受托人的过失所造成的损失,受益人需要承担补偿或者提供担保的义务。如《日本信托法》第 36 条规定,对信托财产所负担的租税、课捐、其他费用,或者对在处理信托事务时不是由于自己的过失所蒙受的损失,受

---

① 参见何宝玉:《信托法原理研究》,中国法制出版社 2015 年版,第 263 页。

托人有权获得补偿,出售信托财产的,受托人可优于其他权利人行使该权利。受托人也可向受益人索取前项之费用和损失补偿,或令其提供相应担保。但受益人不特定或尚不存在的,不在此限。前项之规定,受益人放弃其权利时,不在此限。同时该法第38条对受托人行使追偿权利进行了一定的限制,即在受托人承担信托财产的费用、损失及信托财产复原之前,不得行使该权利。《韩国信托法》第42条也有相似的规定。

二、支付报酬的义务

受托人为受益人的利益处理信托事务或管理信托财产的,受益人负有向受托人支付报酬的义务。如《日本信托法》第37条规定,受托人应从信托财产中取得报酬的,其报酬标准用第36条的规定。受托人应从受益人处得到报酬的亦同。《韩国信托法》第43条也有相似的规定。

但以上两项义务,皆以受益人对信托财产享有受益权为前提,在受益人放弃受益权的情况下,法律不得要求受益人承担以上两项义务。我国《信托法》第37条规定:“受托人因处理信托事务所支出的费用、对第三人所负债务,以信托财产承担。受托人以其固有财产先行支付的,对信托财产享有优先受偿的权利。”可以看出,我国与其他国家信托法的规定有所不同,受益人的财产责任以信托财产的范围为限,受益人并不承担补偿或担保的义务。

三、其他特殊义务

在我国现行《信托法》下,也有一些特殊情形须由受益人承担一定的义务。比如,《信托法》第13条规定,在遗嘱信托的情形下,遗嘱指定的受托人拒绝接受信托或者无能力接受信托的,受益人须另行选任新受托人,这也可以被视为受益人的特殊义务。此外,委托人也可以通过信托文件对受益人的义务作出规定,受益人必须依据信托文件承担相应的义务。

思考题

1. 试比较公益信托与他益信托、自益信托、私益信托的区别。
2. 简述受益权的主要内容。
3. 委托人和受益人共同享有哪些权利?
4. 在他益信托中,如果委托人和受益人在行使权利时意见不一致,应当如何处理?

本章思考题参考答案

第七章　信托的变更与终止

[导语]

　　信托的变更与终止是信托成立之后所要面对的重要问题。在我国信托法中,信托关系原则上需签订信托合同方能成立,因此,信托关系的变更与终止必须和合同的变更加以区分。由于信托的变更与终止将会给已经依法成立的信托关系带来巨大的影响,特别是在我国的实践中信托多是商事信托,因此信托关系的变更与终止还会给信托市场乃至整个资本市场带来巨大的影响,所以必须慎重对待信托的变更与终止。带着这些问题,本章将以《信托法》的规定为基础,全面介绍我国信托法制中信托的变更与终止问题。

第一节　概　　述

　　信托在依法成立之后,并不会一成不变。在信托运行过程中,可能会出现变更与终止的问题。信托的变更是指信托关系依法成立后,对于信托目的、信托财产的管理方法等事项进行变更的行为。信托的终止是指信托因出现法律规定的事由或信托文件规定的事由而归于消灭。

　　一般而言,在信托依法成立之后,原则上是不允许对信托关系中的有关事项进行变更的。但是,在信托成立后,可能会出现信托设立当初没有预想到的问题,此时也不宜重新制定信托文件,因此作为一种例外,在信托存续过程中如果出现严重损害信托当事人利益的情形,为了保护信托关系中各当事人的利益,有必要在法定的范围内允许对已经设立的信托进行变更。

　　作为一种私法领域的法律关系,一般而言法律并不允许信托永续存在(公益信托是否可以永续存在存有争议)。信托的设立有其自身的追求(信托目的),那么当信托实现了其追求或无法实现其追求等情况出现时,依法成立的信托关系将会终止。信托的终止意味着信托关系的消灭,它将会给信托关系中的各当事人的权利义务带来巨大的影响,因此,法律有必要对信托终止的事由以及信托终止的程序等相关问题予以严格规制。

　　如上所述,信托的变更与终止作为信托法中的重要内容,各国信托法中都会对其进行详细规范,我国也不例外。以下,将围绕我国信托法中的具体规定,对我国信托的变更与终止的具体内容进行说明。

第二节 信托的变更

一、信托变更的概念

信托变更是指在法定或约定的范围内对信托财产当事人以及信托财产的管理方法、信托的目的等信托文件中记载的事项通过法定的程序进行变更的行为。

从外观上来看，信托的变更是对信托文件中的记载事项进行变更，因此有些类似于合同的变更。但是，必须要考虑到信托关系中作为当事人的委托人、受托人以及受益人之间的法律关系与合同关系当事人之间的法律关系是截然不同的，因此信托变更行为与合同变更行为之间是存在显著差别的。此外，在信托法领域，存在一个被称为"信托连续性"的原则，也就是英美法中的"信托不因受托人缺失而消灭（Equity will not allow a trust to fail for want of trustee）"的原则。信托连续性原则是指在信托法律关系中，为了确保信托目的的实现，即使受托人发生变动，甚至缺位，信托也不会因此而终止。其原因在于信托作为一种基于信托目的而成立的法律关系，信托目的可以说是信托法律关系运转的核心动力，因此，显然有必要尽可能地使信托存续，从而促进信托目的的实现。

我国《信托法》也明确承认信托连续性原则。例如，《信托法》第52条明确规定，信托不因委托人或者受托人的死亡、丧失民事行为能力、依法解散、被依法撤销或者被宣告破产而终止，也不因受托人的辞任而终止。第13条规定，在遗嘱信托中，遗嘱指定的人拒绝或者无能力担任受托人的，由受益人另行选任受托人。换言之，遗嘱信托不因受托人缺失而终止。第72条规定，公益信托终止时，没有信托财产权利归属人或者信托财产权利归属人是不特定的社会公众的，经公益事业管理机构批准，受托人应当将信托财产用于与原公益目的相近似的目的，或者将信托财产转移给具有近似目的的公益组织或其他公益信托。显然，上述规定也同样体现了信托连续性原则。

二、信托变更的原则

由于对于已经成立的信托进行变更，会对信托产生重大的影响，因此信托法对于信托的变更给予了严格的限制。在信托变更的过程中应当遵循下列基本原则。

（一）法定主义原则

信托的变更事关已经设立的信托的运行以及相关利害关系人的利益，因此，在对信托进行变更时，应当遵循法定主义原则。所谓法定主义原则，是指信托的变更内容应当在法定的范围之内，变更的程序应当遵守法律的规定。由于一致同意原则的本质是当事人约定主义，因此，法定主义原则可以说是对一致同意原则的一种制约。这样一种互相牵制的机制设定，有助于建立有效而安全的信托变更制度。

在我国的法律实践中，目前信托主要集中在商事领域。由于商事领域的信托通常会涉及数量众多的投资者利益，因此在信托的变更中更有必要强调法定主义原则，以保护投资者。

（二）不得损害社会公共利益的原则

信托的变更不得损害社会公共利益。信托的变更，无论是在内容、形式方面，还是在主体方面都必须符合法律的规定，不得滥用法律的授权性规范或者任意性规范达到规避法律强制性规范的目的，也不得违背社会公共利益。

（三）保护信托当事人原则

信托的变更会给已经成立的信托带来重大的影响，信托当事人是信托关系最直接的利益相关者，因此，信托的变更应当充分考虑信托关系中当事人的利益，尽可能地从实体与程序两个方面保护信托当事人的利益。

三、信托变更的方式

（一）当事人合意进行变更

当事人合意进行变更是信托变更中最主要的方式。所谓当事人合意进行变更，是指信托关系中的委托人、受托人以及受益人之间只有达成合意才能对信托进行变更。

当然，由于需要获取委托人、受托人以及受益人的同意，可能花费较长的时间以及较多的费用，因此，当事人合意进行变更的方式在有些时候并不一定完全符合信托当事人的利益。由此，为了使信托的变更更为符合信托当事人的利益，有必要建立更为灵活的信托变更制度。比如，如果信托变更的内容明显不会损害信托当事人中某一方的利益，就可以认为该信托当事人与该信托变更之间不存在利害关系，因此该信托变更就不需要获得该当事人的同意。通过这样的制度设计，可以在当事人合意进行变更的基本原则之下，区分出一部分不需要当事人合意的特殊情形，使信托变更制度变得更为合理。对于这些特殊情形的梳理，日本信托法中有着极为详细的规定，值得我国参考。例如，《日本信托法》第149条规定，如果信托变更的事项明显不会和信托的目的发生冲突，只需要受托人和受益人之间达成合意就可以进行变更；如果信托变更的事项明显不会和信托的目的发生冲突，并明显符合受益人的利益，受托人只需通过书面的方式就可以进行变更。

对于上述当事人通过合意变更信托的方式，我国《信托法》并没有明确的规定。由于我国《信托法》强调依法进行变更，所以一般认为我国不允许当事人通过合意的方式变更信托。对此，本书认为，信托关系本质上是一种民事法律关系，应当充分尊重当事人的意思，明确允许当事人之间通过合意的方式变更信托。

（二）当事人依法进行变更

在信托关系中，作为信托当事人的委托人、受托人以及受益人根据法律的规定对信托进行变更。根据信托变更的具体内容，信托的变更不仅会影响信托关系中当事人的利益，也有可能损害信托债权人的利益，在这种情况下，信托的变更还应当考虑信托债权人的利益保护问题。

此外，作为一种特殊的情形，在公益信托中，公益事业管理机构虽然不是信托的当事人，但是其在特定的情况下，享有对公益信托进行变更的权利。因此，以下对当事人依法进行变更的具体介绍中,也会对公益事业管理机构变更信托的问题进行介绍。

1. 委托人进行变更

根据我国《信托法》的规定,委托人在特定情形下有权对受托人、受益人以及信托文件中的有关内容进行变更。

首先,作为信托当事人的委托人可以变更受托人。根据我国《信托法》第 23 条的规定,如果受托人违反信托目的处分信托财产或者管理运用、处分信托财产有重大过失的,委托人有权依照信托文件的规定解任受托人,或者申请人民法院解任受托人。根据该条的规定,委托人只有在以下两种情形下,才可以解任受托人:(1) 受托人违反信托目的处分信托财产;(2) 受托人管理运用、处分财产有重大过失。值得注意的是:首先,上述两种情形并不要求同时发生损害后果,只要出现这两种情形,委托人就可以解任受托人。其次,对于上述(2) 中的“重大过失”,法律并没有明确其具体的判断标准,这将会给委托人依照该条款解任受托人带来不确定因素。

其次,委托人在特定的情况下可以变更受益人。根据我国《信托法》第 51 条规定,在信托依法成立后,只有出现下列四种情形时,委托人才可以变更信托的受益人或者处分受益人的信托受益权:(1) 受益人对委托人有重大侵权行为;(2) 受益人对其他共同受益人有重大侵权行为;(3) 经受益人同意;(4) 信托文件规定的其他情形。

最后,根据我国《信托法》第 21 条的规定,委托人有权要求受托人调整信托财产的管理方法。信托财产的管理方法是信托文件记载的重要内容,也是信托运行的重要依据,因此保持信托管理方法的稳定性对于信托的运行显然至关重要。在我国信托法中,只有出现设立信托时未能预见的特别事由,并且该事由的出现导致或将会导致信托财产的管理方法不利于实现信托目的或者不符合受益人利益的时候,委托人才可以依法要求受托人调整信托财产的管理方法。

必须要指出的是,委托人所享有的调整信托财产管理方法的权利是一种间接权利。换言之,即使出现《信托法》第 21 条规定的“因设立信托时未能预见的特别事由,致使信托财产的管理方法不利于实现信托目的或者不符合受益人的利益”的情形,委托人也无权直接修改信托财产的管理方法,而只能要求受托人调整。在委托人向受托人提出修改信托财产管理方法的请求时,受托人是否享有拒绝委托人请求的权利? 关于这一点,虽然《信托法》并没有明确规定,但结合《信托法》第 21 条以及该条的主旨综合考虑,本书认为受托人不应当享有拒绝委托人的权利。

2. 受托人进行变更

受托人是信托运行的执行者。根据信托运行的实际情况,受托人在一定范围内享有一定程度的变更信托的权利,似乎也是合理且必要的。但是,我国《信托法》对此采取严格禁止的态度。根据我国《信托法》规定,受托人无权对信托进行变更。

3. 受益人进行变更

根据我国《信托法》的规定,受益人可以在特定情况下选任受托人。具体而言,当受托人职责终止时,应当根据信托文件的规定选任新的受托人,如果信托文件中对于选任新受托人没有规定的,应当由委托人来选任受托人,如果委托人不指定或者无能力指定受托人的,受益人才可以选任受托人(《信托法》第 40 条)。因此,受益人所享有的选任受托人的权利在顺位上是一种劣后的权利,只有当信托文件中没有规定且委托人也不选任受托人时,才能由受益人决定新的受托人。

此外,根据我国《信托法》第 13 条的规定,在遗嘱信托中,如果遗嘱指定的人拒绝或无能力担任受托人,受益人有权另行选任受托人。

4. 公益事业管理机构进行变更

公益事业管理机构并非公益信托的信托当事人。在公益信托的架构中,将公益事业管理机构视为一个监督者或许更符合其地位。依照我国《信托法》的规定,在公益信托的运行中,为了更好地保护公益信托,公益事业管理机构在特定的情形下,享有变更公益信托的权利。

具体而言,首先,根据我国《信托法》第 68 条的规定,公益信托的受托人违反信托义务或者无能力履行其职责的,公益事业管理机构有权变更受托人。其次,根据我国《信托法》第 69 条的规定,在公益信托成立后,如果出现设立信托时不能预见的情形,公益事业管理机构可以根据信托目的,变更信托文件的有关条款。

(三) 法院判决变更

在信托变更的方式中,在允许当事人合意进行变更的前提下,如果信托关系中当事人人数众多,通过当事人之间达成合意的方式进行变更就会变得非常困难。在这种情况下,作为信托当事人的委托人、受托人以及受益人可以通过向法院起诉的方式,请求法院变更信托。这种信托变更的方式就是通过法院判决来变更信托。

由于我国不承认当事人通过合意变更信托,所以也不存在上述意义中的通过法院判决变更信托的情形。

(四) 监管机关进行变更

信托基于信托目的而设立,根据信托目的可以将信托区分为公益信托与私益信托。在公益信托中,为了保护受益人的利益,通常都会赋予信托的主管机关或监管机关在特定的情况下变更信托的权利。

我国《信托法》第 69 条规定,公益信托成立后,发生设立信托时不能预见的情形的,公益事业管理机构可以根据信托目的变更信托文件中的有关条款。该规定明确赋予了公益事业管理机构在特定情况下依照信托目的变更信托文件相关条款的权利。

四、信托变更的内容

(一) 变更信托当事人

变更信托当事人是指对信托关系中作为信托当事人的委托人、受托人以及受益人进行变更的行为。虽然信托的变更具有其合理性与必要性,但是信托当事人的变更显然会对已经设定的信托产生较大的影响,因此信托当事人的变更不能是一种完全自由的行为,法律有必要对变更信托当事人的行为进行严格的规范。

我国《信托法》对于变更信托当事人的行为有着严格的规制。首先,委托人是无法变更的。其次,对于受托人,在特定的情况下,委托人以及受益人都有权变更。具体而言,委托人可以在受托人违反信托目的处分信托财产或者管理运用、处分信托财产有重大过失的情况下,依照信托文件的规定解任受托人,或者申请人民法院解任受托人(《信托法》第 23 条)。

依照《信托法》第13条的规定,在遗嘱信托中,遗嘱指定的人拒绝或无能力担任受托人的,受益人有权另行选任受托人。在公益信托中,受托人违反信托义务或者无能力履行其职责的,公益事业管理机构有权变更受托人(《信托法》第68条)。最后,根据我国《信托法》第51条规定,委托人在以下四种情形下,有权变更受益人或者处分受益人的信托受益权:(1) 受益人对委托人有重大侵权行为;(2) 受益人对其他共同受益人有重大侵权行为;(3) 经受益人同意;(4) 信托文件规定的其他情形。

(二) 变更信托内容

变更信托内容是指在信托依法成立后,信托当事人对于信托文件记载的内容进行变更的行为。

我国《信托法》允许对信托的内容进行变更。但是,除了在特定的情况下变更信托当事人以外,作为原则,可以变更的信托内容仅限于信托财产的管理方法。因此,可以说我国对于信托变更的内容是有严格限制的。

根据我国《信托法》第21条的规定,只有在出现设立信托时未能预见的特别情况,致使信托财产的管理方法不利于实现信托目的或者不符合受益人的利益时,委托人才可以要求受托人调整信托财产的管理方法。在委托人要求受托人调整信托财产的管理方法时,受托人无权拒绝,应当按照委托人的指示及时变更信托财产的管理方法。

如上所述,我国《信托法》对于信托的变更有着严格的限制,但是能否通过信托的变更在信托文件中增加内容? 我国《信托法》没有明确规定。特别是对于受托人对第三人承担的责任,可否通过信托变更的方式增加、减轻或免除受托人的责任,从而改变受托人责任承担的现状? 对此,本书认为考虑到对债权人利益的保护,对此应当加以禁止。

此外,作为一种特殊情形,在公益信托中,可以变更的信托内容,除了信托财产的管理方法以外,还包括信托文件中规定其他任何事项。具体而言,根据我国《信托法》第69条的规定,在公益信托依法成立后,如果发生了设立信托时不能预见的情形,公益事业管理机构可以根据信托的目的,变更信托文件中的有关条款。对比一般信托,在公益信托中,不仅可以变更的信托内容更为宽泛,而且有权进行变更的主体并非一般信托中作为信托当事人的委托人,而是公益事业管理机构。将信托内容变更的权利赋予公益事业管理机构,显然有利于实现对公益信托的有效监管。

五、信托的合并与分立

信托的合并与分立主要适用于商事信托领域。信托的合并与分立会使信托本身发生变更,因此从广义上来讲,信托的合并与分立也可以归属于信托变更的范畴。

信托的合并是指将相同的受托人管理、处分的复数以上的信托财产合并为一个信托财产的行为。信托的合并还可以进一步区分为信托的新设合并与信托的吸收合并两种方式。信托合并后,不需要经过信托清算程序,合并前的信托全部归于消灭。从外观上来看,信托的合并可以将数个信托财产加以统合,以降低信托管理的成本,提高信托投资的效率。[1]

---

① [日]新井诚:《信托法》,有斐阁2014年版,第381页。

信托的分立是指将一个信托财产分割为受托人相同的两个以上的信托财产。信托的分立进一步还可以区分为新设信托分立与吸收信托分立。[①] 信托的分立可以使信托分割为两个以上的信托,从而使信托的管理以及信托财产的运用更有效率。

不论是信托的合并还是信托的分立,通常都需要委托人、受托人以及受益人一致同意才能实施。由于信托的合并与分立将会给信托关系带来重大的变化,因此除了信托当事人以外,还要充分考虑对债权人利益的保护。总体而言,信托的合并与分立从结构上与《公司法》中公司的合并与分立非常相似。关于信托的合并与分立的具体制度设计,《日本信托法》有着较为详细的规定[②],而我国《信托法》目前没有规定信托的合并与分立制度,理论上一般也认为我国不承认信托的合并与分立。但是,考虑到在实践中,我国的信托多运用于商事领域,为了提高信托的效率,增加信托法的制度供给,应当尽快对信托的合并与分立制度进行立法。

六、信托变更的效力

信托的变更必然会导致已经设定的信托发生相应的变化。由于信托的变更只是对于信托的一部分内容进行变更,因此不会导致该信托全部发生效力上的变化。换言之,信托的变更只会导致已经设立的信托发生变化,其只在被变更的部分产生效力,没有发生变更的部分不受信托变更的影响,仍然继续有效。

第三节　信托的终止

信托关系作为法律关系的一种,与其他任何法律关系一样,有一个产生、变更和消灭过程。所谓信托的终止,就是指信托关系因法律的规定或者信托文件规定事由的出现而归于消灭。

一、信托终止的事由

关于信托终止的事由,我国《信托法》有明确的规定。根据我国《信托法》第53条的规定,信托终止的事由共有六种:(1) 信托文件规定的终止事由发生;(2) 信托的存续违反信托目的;(3) 信托的目的已经实现或者不能实现;(4) 信托当事人协商同意;(5) 信托被撤销;(6) 信托被解除。此外,根据《信托法》第46条的规定,如果全体受益人放弃受益权,信托也将终止。

值得注意是,除了《信托法》,我国《信托公司管理办法》也对信托终止的事由作出了规定。该法第41条规定,信托公司经营信托业务,有下列情形之一的,信托终止:(1) 信托文件约定的终止事由发生;(2) 信托的存续违反信托目的;(3) 信托目的已经实现或者不能实现;(4) 信托当事人协商同意;(5) 信托期限届满;(6) 信托被解除;(7) 信托被撤销;(8) 全体受益人放弃信托受益权。

对比上述《信托法》与《信托公司管理办法》对于信托终止事由的规定,可以发现,除了

---

① ［日］新井诚:《信托法》,有斐阁2014年版,第384页。
② 《日本信托法》在第六章第二节、第三节规定了信托的合并与信托的分立。

"信托期限届满"以外,《信托法》与《信托公司管理办法》关于信托终止事由的规定是一致的。

总体而言,我国《信托法》与《信托公司管理办法》规定的信托终止事由主要是以信托当事人的合意为中心构建的。考虑到有可能出现"信托当事人之间对于是否终止信托存在对立的意见"等信托当事人之间无法达成合意的情形,以及在信托终止的事由之外可能会有一些不应当或不适合允许信托继续存续的特殊情形,有必要建立相应的机制。关于这一点,《日本信托法》在信托终止的事由中规定了法院裁定信托终止制度(《日本信托法》第 165 条),即法院可以根据委托人、受托人、受益人这些信托当事人的申请裁定信托终止。

关于我国《信托法》与《信托公司管理办法》中规定的信托终止事由的具体内容,以下将进行详细说明。

(一) 信托文件约定的终止事由发生

信托关系作为私法中法律关系的一种,其设立当然适用私法中的重要原则,即意思自治原则。依照意思自治原则,信托关系当事人可以约定设立信托关系,当然也可以通过信托文件约定终止信托的事由,依照意思自治原则,法律对此应当予以尊重并加以保护。

具体而言,信托当事人可以在信托文件中约定信托关系终止的事由,当当事人在信托文件中约定的信托终止事由发生时,信托归于终止。比较常见的情形,例如信托当事人设立信托时在信托文件中明确约定信托存续期限的,一旦期限届满,该信托关系就会归于终止。

◎　**相关案例**

北京国际信托有限公司与尤保英合同纠纷案 [1]

2004 年 7 月 6 日,尤保英作为委托人与受托人北京国际信托有限公司(以下简称"北京信托公司")签订《股权信托合同》。其中,第 1 条约定,兰州英格公司、葫芦岛英格公司与北京信托公司就北京信托公司以 3 500 万元买断葫芦岛英格公司的自污水处理厂建成并投入使用之日起 25 年内运营管理该项目而获得的污水处理费收益权事宜签署了《污水处理费收益权转让协议》,基于合作和信任,委托人自愿将其合法拥有且有权处理的葫芦岛英格公司 40% 股权信托给受托人,受托人以自己名义持有该股份,行使股东权利,承担股东义务,为受益人的利益进行管理运用和处分。第 5 条约定,信托期限自信托生效之日起至葫芦岛英格公司回购或者提前回购污水处理费收益权之日止。第 16 条约定,信托成立后,除非信托合同另有规定,未经受托人同意,委托人和受益人不得变更、解除、撤销或者终止信托;信托期限届满,信托终止;信托终止后,受托人应按合同约定的信托财产的归属处置信托财产。

同日,北京信托公司与葫芦岛英格公司、兰州英格公司签订了《框架协议》及《收益权转让协议》。北京信托公司依据上述协议的约定履行了支付信托计划资金 3 500 万元的义务,但是葫芦岛英格公司未能于 2004 年 8 月 31 日前完成污水处理厂的工程验收工作,污水处理厂未能正式投入使用,且北京信托公司截至 2007 年 1 月 22 日连续 6 个月

---

① (2007)二中民初字第 07754 号民事判决。为了便于读者阅读与理解,本案例进行了相应的精简编排。

以上未收到污水处理费。2007 年 1 月 29 日,葫芦岛英格公司和兰州英格公司收到了北京信托公司发出的《提前回购污水处理费收益权并支付回购价款的函》。因发生纠纷,北京信托公司起诉葫芦岛英格公司、兰州英格公司、尤保英等人,请求法院判令解除上述《框架协议》及《收益权转让协议》,判令葫芦岛英格公司向北京信托公司提前回购污水处理费收益权,支付回购价款 4 025 万元,并判令兰州英格公司、尤保英等人承担抵押担保责任、股权质押担保责任和连带责任等。北京市第二中级人民法院判决:确认《框架协议》及《收益权转让协议》于 2007 年 1 月 29 日解除;葫芦岛英格公司、兰州英格公司向北京信托公司支付回购款等。该判决已生效。

本案争议焦点为涉案信托合同是否因约定信托终止的条件已经成就而终止。对此,法院认为,《股权信托合同》第 5 条约定信托期限自信托生效之日起至项目公司回购或者提前回购污水处理费收益权之日止;第 16 条第 2 款约定信托期限届满,信托终止。故双方信托权利义务的关系自出现上述约定情形之日起终止。北京信托公司与葫芦岛英格公司、兰州英格公司之间签订的《收费权转让协议》已于 2007 年 1 月 29 日解除,葫芦岛英格公司、兰州英格公司应提前回购本案合同约定的污水处理费收益权;因《股权信托合同》约定股权信托终止的条件已经成就,尤保英与北京信托公司的股权信托关系终止,北京信托公司要求确认《股权信托合同》于 2007 年 1 月 29 日终止的诉讼请求,法院予以支持。

(二) 信托的存续违反信托目的

信托目的是委托人设立信托所要实现的意图,也是信托关系存在的内在动力。信托目的的设定对于信托关系从成立到消灭的法律关系具有重大影响,如果信托的存续已经不再符合信托目的的要求,该信托的存续显然已经丧失了最基本的依据,该信托当然应当归于终止。

(三) 信托目的已经实现或不能实现

信托目的是信托成立的最重要基础。因此,如果信托目的已经实现,该信托关系也就自然失去了存续的意义。例如,如果设定信托的目的为负担受益人上大学的全部学费,那么,从该受益人顺利从大学毕业的时间点开始,该信托目的就已经实现,该信托也就没有继续存在的意义了。关于信托目的不能实现的具体情形,例如,信托设定的受益人全部放弃了受益权,该信托无论设定了什么目的,在客观上都已经不能实现,因此该信托也就丧失了其存在的价值与必要性。

◎　**相关案例**

北京信诚达融资产管理有限公司与中粮信托

有限责任公司信托纠纷案①

2015 年 10 月 14 日,北京信诚达融资产管理有限公司(以下简称"信诚达融公司",

---

①　参见北京市高级人民法院(2018)京民终 508 号判决书。为了便于读者阅读与理解,本案例进行了相应的精简编排。

委托人)与中粮信托有限责任公司(以下简称"中粮信托公司",受托人)签订了《信托合同》,约定委托人按照本合同的约定将信托资金委托给受托人,由受托人按委托人的意愿以自己的名义,为受益人的利益管理、运用和处分信托财产,并向受益人分配信托利益。双方在"资产管理与运用"条款中约定委托人向受托人交付信托资金4 000万元,用于设立中瑞公司。中瑞公司应将资金运用于对中实公司、中实公司母公司新中实公司以及中实公司作为业主的B座项目的资产重组以及B座项目的后续建设运作。此外,双方约定,如信托目的已经实现或不能实现,则信托终止。

2017年4月28日,中粮信托公司向信诚达融公司发送了《关于终止并承接股权的通知》,主要载明:新中实公司以函件方式明确告知中粮信托公司停止关于B座项目的融资,信托目的已不能实现。因此,根据《信托合同》的约定,本信托终止,《信托合同》亦因此终止。

本案争议焦点之一为涉案信托是否因信托目的无法实现而终止。

一审法院认为,涉案信托目的仅限于B座项目的资产重组和后续建设运作,故可以确认涉案信托的目的是委托人将信托资金委托给受托人,由受托人按照委托人的意思,以自己的名义,为受益人的利益,在B座项目资产重组和后续建设运作方面管理、运用和处分信托财产,并向受益人分配信托利益。现B座项目的相关方已经明确表示该项目不再通过中瑞公司实施,不与信诚达融公司合作,故涉案信托目的已经不能实现,进而导致《信托合同》目的不能实现。根据涉案《信托合同》第11条、第16条和第17条,信托目的不能实现的,信托终止,信托终止时,信托利益以信托财产原状形式分配,中粮信托公司于2017年4月28日向信诚达融公司发出通知,要求终止涉案信托和《信托合同》,并向信诚达融公司原状返还信托财产,有合同依据,不构成违约。

二审法院认为,所谓信托目的,是指委托人通过信托想要实现的目的,是委托人设立信托的出发点。从受托人的角度看,信托目的是信托存续过程中受托人实施行为的准则,是检验受托人是否完成信托事务的标志。没有信托目的存在,或信托目的不明,就会令受托人在管理信托过程中不知所措,就会失去判断受托人是否违反信托的标准。

本书认为,对于信托目的,案涉《信托合同》中的约定显然过于笼统,对于受托人如何管理、运用和处分信托财产并未明确约定,很难依照此约定看出委托人的目的,也很难检验受托人是否完成信托事务。因此,必须结合《信托合同》的其他条款来确定。从《信托合同》交易结构以及受托事项的约定中可以看出,其信托目的为最终完成对B座项目的资产重组和后续建设。信托的交易结构决定了委托人信诚达融公司的信托目的,也决定了受托人中粮信托公司的管理义务。从上述交易结构的约定看,无法得出信诚达融公司有将中瑞公司作为融资平台,投资除B座项目之外的其他项目的意思表示。

信托为达到一定的信托目的而设立,当信托目的已经实现或者不能实现时,信托就失去了存在的意义。根据已经查明的事实,新中实公司确认其与信诚达融公司已就B座项目停止合作,B座项目融资不再通过中瑞公司实施。故案涉《信托合同》的信托目的已无法实现,信托终止。

（四）信托当事人协商同意

信托关系的本质是一种民事法律关系,应按照意思自治原则,对当事人的意思给予充分的尊重与保护。当事人协商同意作为信托终止的一项法定事由,其本质就是法律基于当事人意思自治原则,允许当事人之间通过协商的方式终止信托关系。

如果信托的受益人或者受益人之一尚未出生,能否通过当事人协商同意的方式终止信托关系? 对此,为了保护受益人的利益,我国《信托法》不允许他人代理未出生人,进而通过当事人协商同意的方式终止信托关系。

（五）信托期限届满

根据当事人意思自治原则,在信托文件中设定信托期限是被法律允许的。换言之,如果信托文件中明确约定了信托存续的具体期限,一旦该期限届满,信托将终止。

当事人之间约定的信托存续的期限可否为"永远"? 对此,我国《信托法》并未作出明确规定。在学理以及法律实践中,一般认为有必要将信托区分为公益信托与私益信托两种类型,并对这两种类型的存续期间区别对待。具体而言,对于公益信托的存续期间,法律不予以限制,可以由当事人通过信托文件自由设定;对于私益信托的存续期间,法律应当加以一定的限制,当事人只能在法律规定的范围内自由设定信托的存续期间。

对于当事人可否将信托存续期间设定为"永远"的问题,英美法系信托法中存在着著名的"禁止永久权规则"（rule against perpetuities）,即财产所有人对于财产的控制,不得超过永久权规则允许的合理期限。换言之,就是在设定私益信托时,委托人必须在信托文件中设定信托的存续期间。对此,回归到信托关系的属性来思考,信托关系作为一种经法律确认后才成立的法律关系,给信托设定一定的期限显然对于法律的规范以及监管是有意义的。

（六）信托被撤销

通过撤销来终止信托关系是终止信托关系的一种重要方式。信托的撤销是指在信托关系中享有撤销权的人通过行使撤销信托的权利,使处于生效状态的信托关系终止的行为。

信托的成立在客观上会造成委托人的财产减少,因此为了防止委托人恶意利用信托制度损害委托人的债权人的利益,我国《信托法》规定,信托关系中委托人的债权人在其利益受到委托人侵害的情况下享有撤销信托的权利。具体而言,根据我国《信托法》第12条第1款的规定,信托关系中的委托人设立信托损害其债权人利益的,该委托人的债权人有权申请人民法院撤销该信托。对于债权人所享有的撤销权,为了维护法律关系的稳定,《信托法》第12条第3款进一步规定,债权人自知道或者应当知道撤销原因之日起1年内不行使撤销权的,撤销权归于消灭。

（七）信托被解除

信托被解除是指在信托存续期间,由信托的当事人根据信托文件的约定或法律规定,通过行使解除信托的权利,使处于生效状态的信托关系终止的行为。

信托被解除与信托被撤销之间存在异同,二者之间的相同之处在于均使处于生效状态的信托关系终止。不同之处包括:(1) 从发生原因来看,解除的原因可以由法律规定,也可以由当事人约定或协商同意;而撤销的原因是法律直接规定的。(2) 从程序来看,信托的解除则可以通过当事人协商或一方行使解除权而达到目的,不必经过法院裁决;而信托的撤销必须由撤销权人提出,并由法院确认。(3) 从效力来看,信托被解除的效力只向将来发生,没有溯及力;而信托被撤销具有溯及既往的效力,即一旦撤销可以溯及信托关系成立之时。

如上所述,信托被解除是信托当事人根据约定或法定的事由解除信托关系。事实上,作为原则,在信托关系中,已经成立的信托关系是不允许当事人解除的。因为,如果当事人可以随意解除已经形成的信托关系,不仅会造成信托关系的混乱,还可能导致受托人以及受益人的权利受到损害。但是,在一些特定的情形下,为了保护委托人等信托当事人的利益,有必要允许委托人等当事人通过解除信托终止信托关系。对于这些例外情形,法律应当严格规范。目前,我国《信托法》对于解除信托的行为有着严格的限制。根据我国《信托法》第50条的规定,在受托人是唯一受益人的情况下,委托人或者其继承人可以解除信托。信托文件另有规定的,从其规定。

(八) 全体受益人放弃信托受益权

信托受益权是一种财产权,受益人当然享有放弃的权利。如果全部的受益人都放弃了受益权,在一般情况下,该信托也将会失去存在的意义。如果信托的目的无法实现,很显然,将有必要终止该信托。

值得注意的是,为了保护受益人的利益,受益人放弃受益权的,必须具有明确的意思表示,即放弃信托受益权必须采用明示的方式。

此外,全部受益人都放弃了信托受益权的,委托人是否可以重新选择受益人? 根据我国《信托法》第46条以及《信托公司管理办法》第15条的规定,在这种情况下不能重新选择受益人。关于这个问题,日本信托法规定,信托文件规定当全部信托受益人放弃受益权时可以重新选择受益人的,该信托当然也不会终止,只有在信托文件规定不能重新选择受益人时,信托才会终止。在英美法中,即使全部信托受益人放弃了受益权,也并不必然导致信托终止。

二、信托终止后的法律后果

信托终止后,信托当事人之间基于信托关系所产生的权利与义务将不复存在,进而会出现相应的法律后果。

(一) 信托财产的归属

信托终止后,还存有剩余财产的,如何确定信托财产的归属是必须要考虑的问题。在信托关系中,随着信托的终止,由受托人享有管理以及处分等权利的信托财产必须要确定其归属。在确定信托财产归属时,首先要确定信托财产的归属人,确定了信托财产归属人之后,受托人应当将信托财产移交给信托财产归属人。

关于信托财产归属人的确定,我国《信托法》第54条规定,当信托终止时,信托财产归属于信托文件规定的人。信托文件对此没有明确规定的,应当按照受益人或者其继承人、委托人或其继承人的顺序确定信托财产权利的归属。

简单来说,在确定信托财产的归属人时,首先应当尊重信托文件中的规定;其次,信托文件没有规定的,应按照受益人或其继承人、委托人或其继承人的顺序确定信托财产归属人。即有受益人或其继承人的,应当以受益人或其继承人为信托财产归属人;没有受益人或其继承人的,应当以委托人或其继承人为财产归属人。

英美信托法虽然更为重视受益人的权利保护,但事实上,英美信托法中有一种被称为归复信托的制度,也就是信托终止时,如果信托文件中没有作出安排,将以委托人为受益人成立一个信托的信托,这个信托显然考虑到了委托人的利益。

《日本信托法》第182条规定,在信托终止时,剩余的信托财产应首先归属于信托文件指定的主体;信托文件没有指定的,归属于信托的委托人或其继承人;没有委托人及其继承人的,归属于信托的清算委托人。

我国《信托法》第54条对于信托终止时信托财产归属的规定,显然更为保护受益人的利益。将委托人及其继承人以及受益人及其继承人都纳入信托财产归属人的法定范畴的做法也可以从侧面推测立法者希望在委托人与受益人之间寻找一个妥协点,这种制度安排对于委托人显然是不利的,似乎也是不妥的。

（二）信托财产转移过程中信托被视为存续

信托关系终止并确定信托财产的归属之后,尚需要办理相应的转移手续,但是信托财产的转移程序需要一定的时间来完成,因此,有必要确定信托财产转移过程中信托的状态。

根据我国《信托法》第55条的规定,确定信托财产的归属后,在该信托财产转移给权利归属人的过程中,信托视为存续,其信托财产的权利归属人视为受益人。根据该规定,在信托财产完成法定的移交手续之前,已经被终止的信托仍然被认为是有效存续的,并以此为基本依据判定在此期间信托关系中各当事人权利义务关系等问题。

（三）受托人的清算义务

信托必须经过清算方能终止。清算包括信托关系中的债务清理、信托财产的清算、提交信托清算报告等内容,因此有必要确定信托终止时的清算人,这对于信托关系终止时各项程序的展开以及法律关系的处理具有重要意义。我国《信托法》明确规定受托人为信托事务清算的义务人。

根据我国《信托法》第58条的规定,信托终止的,受托人应当作出处理信托事务的清算报告。受益人或信托财产的权利归属人对清算报告无异议的,受托人就清算报告所列事项解除责任,但受托人有不正当行为的除外。此外,根据《信托公司管理办法》第42条的规定,信托终止的,信托公司应当依照信托文件的约定作出处理信托事务的清算报告。受益人或者信托财产的权利归属人对清算报告无异议的,信托公司就清算报告所列事项解除责任,但信托公司有不正当行为的除外。

负有清算信托事务义务的受托人如果在清算过程中存在弄虚作假等或者没有尽到应有的谨慎注意义务,信托受益人或信托财产的归属人也可以对受托人的清算报告提出异议,受托人将会对此承担相应的损害赔偿责任。

（四）以权利归属人为被执行人

我国《信托法》第 56 条规定："信托终止后，人民法院依据本法第十七条的规定对原信托财产进行强制执行的，以权利归属人为被执行人。"

在信托关系中，信托财产具有独立性，这也是信托的一个基本特征。为了维护信托财产的独立性，无论是委托人的债权人还是受托人的债权人或者是受益人的债权人，原则上都不能要求对信托财产进行强制执行。

但是考虑到有必要对信托依法成立前已经在信托财产上存在的权利加以保护等问题，我国《信托法》第 17 条对于信托财产的强制执行规定了以下四种例外情形：(1) 设立信托前，债权人已对该财产享有优先受偿的权利，并依法行使该权利的；(2) 受托人处理信托事务所产生债务，债权人要求清偿该债务的；(3) 信托财产本身担负的税款；(4) 法律规定的其他情形。当出现上述例外情形时，即使在信托存续期间，相关债权人也可以请求人民法院对信托财产强制执行。在信托终止后，债权人不应因为信托的终止而丧失请求人民法院对信托财产强制执行的权利。但是，由于在信托终止后信托财产已经转移或正在转移给信托财产的权利归属人，我国《信托法》规定，在信托终止后，应当以信托财产的权利归属人为被执行人。

思考题

1. 简述信托变更的基本原则。
2. 简述信托连续性原则的含义。
3. 信托变更的内容包括哪些？
4. 信托终止的事由有哪些？
5. 信托终止的法律后果是什么？
6. 信托终止时信托财产的强制执行规则有哪些？

本章思考题参考答案

第八章　公益信托

[导语]

作为一种特别目的信托，公益信托必须基于公益目的方能成立。基于这个核心特征，公益信托的运行以及监管甚至公益信托所展示出来的效果都与一般信托存在明显区别。在具体的制度设计上，公益信托在很多地方都区别于一般信托。此外，对于公益信托，国家一般都会持鼓励的态度，如何才能真正地激励资本投入到公益信托也是公益信托制度设计必须要考虑的问题。本章以我国《信托法》的规定为基础，针对上述问题以及公益信托制度的整体情况进行全面介绍。

第一节　公益信托概述

一、公益信托的含义

公益信托是指基于公益的目的依法设立的信托。因此，公益信托与其他信托的核心区别就在于公益信托必须具备公益的目的。例如，常见的公益信托目的一般包括资助科学、教育、文艺、卫生、宗教事业，举办社会福利事业，资助开展某种或某些符合公共利益的活动等。

二、公益信托的特点

第一，公益信托是基于公益目的设立的信托。这是公益信托最重要的特征，也是其与一般信托最重要的区别。

第二，与公益法人不同，公益信托仅是一个依法成立的信托关系，它不是一个组织，也不是一个法人。

第三，由于公益信托是以公益为目的设立的信托，所以公益信托的受益人具有数量多且不特定的特点。因此，相比一般信托，有必要强化对公益信托的监督管理。关于公益信托的监管，首先，考虑到公益信托的特征，国外的立法一般都会授权公益信托的主管机关或者监管机关对公益信托进行监管。我国《信托法》采用了这种模式，由公益事业管理机构依法对公益信托进行监督管理。根据我国《信托法》的规定,公益信托的设立、受托人的确立等诸多问题都需要公益事业管理机构予以批准。其次,我国《信托法》要求公益信托必须设立信托监察人,通过信托监察人实现对公益信托运行的监督。公益信托监察人由公益事业管理机构指定。通过上述公益信托监管的制度可以发现,相较一般信托,公益信托明显具有浓重的行政管理色彩。

三、公益信托的立法

公益信托通过信托的方式开展公益事业、实现公益目的,允许公益信托这一具有特殊目的的信托存在,对于促进公益事业的发展具有重要的推动作用。因此,很多国家的信托法都允许公益信托的存在,支持公益信托的发展。我国不仅在《信托法》中明确规定了公益信托,并在第 61 条以明文规定的方式明确鼓励公益信托的发展。

我国《信托法》在第六章"公益信托"专门规定公益信托的相关法律问题,显示了我国对于公益信托的重视与期待。

《信托法》第 59 条规定,《信托法》第六章对公益信托有明确规定的,适用第六章的规定,没有规定的,适用其他相关规定。

四、公益信托与税收

在公益信托发展过程中,税收制度是一个不可忽视的重要问题,也是长期影响我国公益信托发展的一个因素。由于公益信托主要是通过民间资金来开展公益事业的,公益信托的繁荣与发展将会为国家节省大量的财政支出,因此,很多国家都会大力鼓励公益信托的发展。在国家支持公益信托发展的具体政策中,很多国家都通过税收优惠政策来鼓励公益信托的开展,激励民营资本投入到公益信托中。

我国的《企业所得税法》以及《公益事业捐赠法》等法律中也存在一些有关公益信托的税收优惠规制。但是从整体而言,应当承认我国对于公益信托给予税收方面的优惠政策尚不完整也并不清晰,因此构建完善的公益信托税收制度对于推动公益信托制度的发展不仅非常必要也非常紧迫。

第二节 公益信托的要素

一、公益信托的当事人

公益信托的当事人除了委托人、受托人以及受益人一般信托主体外,还必须设立监察人。以下将对这些公益信托的当事人进行逐一说明。

(一)委托人

与一般的信托结构相同,公益信托当事人也包括委托人。对于公益信托的委托人,《信托法》第六章并没有予以特别的规定,只在第73条规定,公益事业管理机构违反《信托法》相关规定的,公益信托的委托人有权提起诉讼。

从公益信托的基本结构来看,必须要明确的是,《信托法》第六章虽然没有对委托人进行特别规定,但这并不意味着公益信托的委托人不适用信托法,按照处理一般法与特别法的基本原则,公益信托委托人的权利与义务等应当适用《信托法》的其他规定。因此,可以认为,公益信托的委托人与一般信托的委托人的权利义务大致相同。在此基础之上,相比一般信托的委托人,公益信托的委托人所适用的法律规范有以下几点值得注意。

第一,我国《信托法》第68条规定,公益信托的受托人违反信托义务或者无能力履行其职责的,由公益事业管理机构变更受托人。公益事业管理机构是公益事业的监管机关,所有的公益信托的设立都需要经过公益事业管理机构的许可。但是,必须明确,公益事业管理机构并不是信托的当事人,当信托的受托人违反信托义务或者无能力履行其职责时,将会对信托财产的运行以及受益人的利益产生重大影响,也会对信托目的的实现产生重大障碍。受托人的变更显然是事关委托人的重大利益与公益信托存续的重大问题,而由公益事业管理机构决定受托人的变更或许有利于公益信托的存续,但完全剥夺委托人变更受托人的权利的做法恐怕将会使公益信托的整体结构出现显著的不平衡,也会增加委托人的担忧与不安,这对于我国鼓励发展公益信托的宗旨显然会产生不利的影响。

第二,我国《信托法》第72条规定,公益信托终止,没有信托财产权利归属人或者信托财产权利归属人是不特定的社会公众的,经公益事业管理机构批准,受托人应当将信托财产用于与原公益目的相近似的目的,或者将信托财产转移给具有近似目的的公益组织或者其他公益信托。

第三,我国《信托法》第73条规定,公益事业管理机构违反了信托法规定的,公益信托的委托人、受托人或者受益人可以向人民法院提起诉讼。该规定明确赋予了公益信托委托人起诉公益机构的权利。这对于公益信托委托人保护自身权利显然是重要的,对公益事业管理机构与委托人权利的平衡与制约也具有重要的意义。

(二) 受托人

与一般信托受托人相比,公益信托的受托人存在以下特殊之处。

第一,关于公益信托受托人的选任与变更。在一般信托中,受托人通常是由委托人选择并决定的。但是,在公益信托中,根据我国《信托法》第62条的规定,受托人的确立必须要经过公益事业管理机构的批准。这也就意味着,即使委托人与受托人商定有关公益信托的相关计划,委托人也不能享有选任受托人的最终权利。

关于公益信托中受托人的变更,根据我国《信托法》第68条的规定,如果公益信托的受托人违反了信托义务或者无能力履行其职责的,由公益事业管理机构变更受托人。另外,公益信托中的受托人在履行职权的过程中,未经公益事业管理机构的批准不得辞任(《信托法》第66条)。

从上述规定来看,相比一般信托,公益信托受托人的选任与变更显然受到监管机关的更多监管。

第二,关于公益信托受托人的权利与义务。根据我国《信托法》第72条的规定,在公益信托终止时,没有信托财产权利归属人或者信托财产权利归属人是不特定的社会公众的,在获得公益事业管理机构批准之后,受托人应当将信托财产用于与原公益目的相近似的目的,或者将信托财产转移给具有近似目的的公益组织或者其他公益信托。

关于公益信托受托人的义务,根据我国《信托法》第 67 条的规定,我国公益信托受托人负有制作清算报告的义务。具体而言,当公益信托终止时,受托人应当清算信托事务并制作清算报告。同时,《信托法》第 71 条还规定,由受托人制作的清算报告必须获得信托监察人的认可,并经过公益事业管理机构核准,然后由受托人进行公告。此外,《信托法》第 70 条规定,在公益信托终止时,受托人还必须在终止事由发生之日起 15 日内,将终止事由和终止日期报告公益事业管理机构。

此外,受托人还享有起诉公益事业管理机构的权利。《信托法》第 71 条规定,公益事业管理机构存在违反信托法规定行为的,受托人有权向人民法院提起诉讼。

总体来看,在我国,公益信托对于受托人限制较多,从促进公益信托发展的角度而言,有必要减少对公益信托中受托人的限制。

(三) 受益人

相比一般信托受益人,公益信托受益人是比较特殊的。公益信托是基于公益目的设立的信托,而在公益的目的之下,很多时候只会根据该公益信托的目的确立一个受益人的范围,因此,公益信托的受益人在信托文件中可能并不是一个特定的对象,而只是一个概念或范围,其具体人数可能会比较多。公益信托受益人数量众多可以说是公益信托的一个特点,当然这也是由公益信托的性质决定的。例如,如果设立一个公益信托是为了帮助残疾人,残疾人便是一个概念、一个范围,而具体帮助的残疾人的数量可能会很多。

需注意的是,由于公益信托中受益人具有不特定多数的特点,如何确定受益人就成为公益信托需要解决的一个问题。关于这一点,一般认为具体受益人的确定及其变更由受托人决定。

此外,基于公益信托的特殊性,公益信托受益人放弃信托受益权的,公益信托受托人应当按照近似原则重新选择受益人。

(四) 信托监察人

根据我国《信托法》的规定,公益信托必须设立信托监察人,来监督公益信托的运行。

那么,由谁来担任公益信托中的信托监察人? 我国《信托法》并没有对担任公益信托监察人的任职条件以及主体范围作出明确规定。在我国的法律实践中,律师事务所、会计师事务所以及商业银行等都有在公益信托中担任信托监察人的情况。

关于公益信托监察人的具体制度,本书会在后面进行详细说明。

二、公益信托的目的

公益信托是基于公益的目的而设立的信托,可以说公益信托的目的是公益信托得以成立的灵魂,也是公益信托运行的最高准则。从另一个角度出发,"公益"也是一个范围,只有归属于"公益"的内容,才可以成立公益信托,适用公益信托的相关制度。有必要先了解什么是"公益"。对于该问题,信托法理论界尚没有形成统一的认识,有学者认为可以将判断公益的标准区分为严格基准和宽容基准,然后依据这两个标准判断"公益"。具体而言,严格基准是指从社会上大多数人的立场出发,判断该信托是否积极地对多数人产生利益,也就是说,"公益"必须符合社会多数人期待的目的。而宽容基准则是从保护委托人意愿的立场出发,认为任何公益信托首先是委托人意愿的体现,只要其不违反强制性规定和公序良俗,不危害社会,不使特定少数人获得利益,即使该信托的目的是不受欢迎或者无价值的,也可被认定为"公益"。[1]

但是,当公益信托作为一种法律制度被确立下来之后,公益信托中的公益目的必然要受到法律中的立法价值的约束,因此,从信托法的角度来考虑,公益信托的目的必然不能脱离立法的价值判断与追求。结合我国社会的实际情况以及我国所弘扬的社会主义价值观,我国《信托法》将公益信托的"公益"目的明确确定为以下方面:(1) 救济贫困;(2) 救助灾民;(3) 扶助残疾人;(4) 发展教育、科技、文化、艺术、体育事业;(5) 发展医疗卫生事业;(6) 发展环境保护事业,维护生态环境;(7) 发展其他社会公益事业。事实上,上述关于公益信托中"公益"目的的规定和日本、美国等国家的规定基本是一致的。

如何在立法上对公益的范围进行规范,是一个复杂的问题。由于公益信托享有税收等制度上的优惠,因此公益信托涉及公共资源以及公共利益,对于公益信托的范围进行一定的限制显然是合理且必要的。但是,由于公益信托是基于公益目的存在的,从弘扬公益事业、鼓励公益事业的角度出发,对于公益信托的范围也不宜规定得过于严格,以避免公益事业的展开受到不必要的限制。上述我国《信托法》对于"公益"的界定,一方面采用了罗列的方式,使"公益"的内容更为清晰,也为司法提供更多的便捷;另一方面,规定了兜底条款,为对接未来社会发展对公益事业的需求留下了空间与对接的路径。因此,我国《信托法》对于公益目的的规范方式是较为妥当的。

三、公益信托的财产

关于公益信托的财产,与一般信托相同,由公益信托的委托人将财产作为公益信托的财产委托给受托人运行、处分,在公益信托运行期间,公益信托的财产所有权由受托人享有。这样的制度安排,也比较符合信托制度的基本体系与当前我国社会对于信托的认知。

在公益信托中,考虑到公益信托的公益目的以及其涉及公众利益的特征,即使在特定情况下无法判断公益信托财产的归属,作为一个原则,也不宜将公益信托的财产再返还给委托人。

◎　**相关案例**

北京市朝阳区自然之友环境研究所与现代汽车(中国)投资有限公司大气污染责任纠纷案 [2]

2013 年 9 月,北京市环境保护局对现代汽车(中国)投资有限公司(以下简称"现代

---

[1]　金锦萍:《论公益信托之界定及其规范意义》,《华东政法大学学报》2015 年第 6 期。

[2]　参见北京市第四中级人民法院(2016)京 04 民初 73 号调解书。为便于读者阅读与理解,本案例进行了精简编排。

汽车")自韩国进口的全新胜达3.0车型进行了车辆环保一致性抽检,认定现代汽车自2013年3月1日至2014年1月20日进口至中国并在北京地区销售的全新胜达3.0车辆的排气污染数值中颗粒物一项数值排放超过京V标准的限值。据此,北京市环境保护局于2014年9月11日作出行政处罚决定,责令现代汽车停止违法行为,限30日内改正,没收违法所得13 510 231.53元,并处以罚款1 351 023.15元。北京市朝阳区自然之友环境研究所(以下简称"自然之友")提起本案诉讼。

在审理过程中,经调解,自然之友与现代汽车均同意就修复生态环境及赔偿生态环境服务功能损失的资金进行公益信托,现代汽车向长安国际信托股份有限公司交付信托资金120万元,该项公益信托属于本案调解确定的专项信托,信托目的、资金管理使用均严格执行本案调解书内容,公益信托资金用于保护、修复大气环境、防治大气污染,支持环境公益事业。

当事人自愿达成如下协议,请求法院确认:

一、现代汽车已经停止在北京地区销售不符合《轻型汽车(点燃式)污染物排放限值及测量方法(北京V阶段)》(DB11/946-2013)规定的排放标准的全新胜达3.0车辆;

二、现代汽车已经通过技术改进等方式对所有在北京地区销售的不符合《轻型汽车(点燃式)污染物排放限值及测量方法(北京V阶段)》(DB11/946-2013)规定的排放标准的全新胜达3.0车辆进行维修,并达到排放标准;

三、现代汽车于调解书生效之日起30个工作日内向信托受托人长安国际信托股份有限公司交付信托资金120万元,用于保护、修复大气环境、防治大气污染,支持环境公益事业;

四、现代汽车就本案所涉销售车辆不符合排放标准一事向社会公众致歉,并承诺支持环境公益事业;

五、现代汽车于调解书生效之日起30个工作日内支付自然之友因本案诉讼所支出的各项费用20万元。

法院于2019年3月28日将调解协议在人民法院报上进行了为期30日的公告。公告期满后未收到任何意见或建议。

上述协议不违反法律规定和社会公共利益,法院予以确认。

第三节　信托监察人

一、信托监察人的功能

由于公益信托中的受益人具有不特定多数的特点,对公益信托的运行需要进行有效监督。根据我国《信托法》的规定,所有的公益信托中都必须设立信托监察人。信托监察人作为公益信托中的法定监督机关,履行对公益信托进行监督的职能。

二、信托监察人的选任

根据《信托法》第 64 条规定,信托监察人的选任包括两种方式:(1) 根据信托文件选任。由于信托文件通常是由委托人决定的,因此由信托文件来选任的实质其实是由委托人来决定监察人。(2) 由公益事业管理机构指定。需要注意的是,两种选任方法之间存在顺序的先后,即公益事业管理机构指定的前提是信托文件没有规定,也就是只有在委托人没有行使确定信托监察人的权利的情况下,才能由公益事业管理机构指定信托监察人。如果信托文件明确规定了信托监察人,公益事业管理机构是无权决定信托监察人的。

有必要注意的是,我国《信托法》虽然明确规定了公益信托必须设立信托监察人,但是对于信托监察人的任职要求,也就是信托监察人的适格要件,并没有作出明确规定,因此任何法人或者自然人在理论上都可以担任公益信托的信托监察人。在我国的法律实践中,除了律师事务所、注册会计师事务所、慈善机构、商业银行等存在担任公益信托的信托监察人的情况以外,也有信托公司在公益信托中担任信托监察人的情况。

关于信托监察人的适格要件,由于在我国的法律实践中,公益信托受托人通常都是信托公司,因此为了避免自己监督自己的情形出现,保证公益信托中信托监察人可以有效履行职权,至少要明确作为公益信托受托人的信托公司不宜在该公益信托中再担任信托监察人。

三、信托监察人的权利、义务与责任

根据我国《信托法》的规定,公益信托的信托监察人最主要的权利是对受托人制作的报告的认可权。具体而言,无论是受托人每年制作的信托事务处理情况及财产状况的报告书还是公益信托终止受托人制作的处理信托事务的清算报告书,都要经过公益信托监察人的认可,才能报送公益事业管理机构批准(《信托法》第 67、71 条)。通过上述许可权,公益信托的信托监察人可以对公益信托运行活动的合规情况以及公益信托的财务情况进行监督。

当发现受托人的行为损害了受益人的利益时,信托监察人可以以自己的名义提起诉讼追究受托人的责任(《信托法》第 65 条)。因为信托监察人是以自己的名义提起诉讼的,所以,信托监察人并非受益人的代理人,作为公益诉讼的监督机关,信托监察人属于独立的诉讼主体,享有完整而独立的诉权。

由于公益诉讼的受益人具有不特定多数人的特点,公益诉讼的信托监察人可否代表全部的受益人提起诉讼? 对此,我国《信托法》并没有明确的规定。我国《信托法》65 条明确要求公益诉讼的信托监察人提起诉讼必须是为了受益人,但对受益人并没有作出任何的限定,因此将"受益人"扩大解释为"全体受益人"并非不可。考虑到公益信托是涉及公共利益以及多数受益人利益的特殊信托,从强化监督的角度出发,本书认为将此处的"受益人"解释为"全体受益人",把信托监察人提起的诉讼界定为代表诉讼,是符合我国实践需要的,也是较为妥当的。

此外,信托监察人如果没有履行好上述职权,根据权责一致原则,应当对受益人承担相应的法律责任。

第四节　公益信托的终止和近似原则

一、公益信托的终止

公益信托的终止是指公益信托在法律上不复存在,也可以将其称为公益信托的消灭。我国《信托法》第六章"公益信托"并没有规定公益信托终止的具体事由,可以适用信托法规定的一般规则。

根据《信托法》第53条规定,信托的终止事由包括:(1) 信托文件规定的终止事由发生;(2) 信托的存续违反信托目的;(3) 信托目的已经实现或者不能实现;(4) 信托当事人协商同意;(5) 信托被撤销;(6) 信托被解除。对于这六种终止事由,本书在前文中已经详细说明,此处不再赘述。需要说明的是,上述《信托法》规定的六种终止事由是否完全适用于公益信托,不能一概而论,应考虑公益信托的性质与特点,根据实际情况分析与判断,但应当尽可能地维护公益信托的存续。

公益信托终止时,受托人应当在终止事由发生之日起15日内将终止事由、终止日期报告公益事业管理机构(《信托法》第70条)。

公益信托终止时,如果没有信托财产权利归属人或者信托财产权利归属人是不特定的社会公众,是否可以将信托财产归属于委托人或其他主体? 对于这个问题,从《信托法》第72条的规定来看,如果信托文件对此进行了规定,法律似乎并没有禁止该行为;从信托关系属于民事法律关系的角度来看,似乎这样的结论也无可厚非。但是,考虑到公益信托的特殊性,本书认为,为了更好地贯彻公益信托的立法宗旨,不应当允许在上述情形下将信托财产归属于信托关系中的委托人或其他主体。

二、近似原则的适用

所谓近似原则,是指在公益信托依法成立后,当出现公益信托的目的已经实现或已经不能实现的情况时,该公益信托中的信托财产应当按照该公益信托成立时设定的公益信托目的或与该目的相近似的公益目的继续使用。近似原则的核心内容在于公益信托财产必须按照公益信托设定的目的或相似的目的继续使用,从而排除公益信托财产用于私人目的等其他用途。近似原则是源自英美法的一项信托法原则,现在也被诸多大陆法系国家的信托法接受。我国《信托法》也明确承认近似原则。

根据我国《信托法》第72条规定,在公益信托终止时,没有信托财产权利归属人或者信托财产权利归属人是不特定的社会公众的,经公益事业管理机构批准,受托人应当将信托财产用于与原公益目的相近似目的的公益组织或者其他公益信托。该条规定显然是我国《信托法》中近似原则的一个具体体现。

此外,我国《信托法》规定,公益信托成立后,当发生设立信托时不能预见的情形时,公益事业管理机构可以根据信托目的,变更信托文件中的有关条款(《信托法》第69条)。此处的"信托目的"究竟是指信托文件规定的"信托目的"还是可以作出扩大解释,不仅包括"信托文件中记载的信托目的",还包括与该信托目的"相似的信托目的"? 对此,本书认为,为了实现公益信托目的以及公益信托背后的社会价值,可以根据近似原则,将上述信托目的解释为"信托文件中记载的信托目的及与其相似的目的"。

思考题

1. 公益信托与一般信托之间有何区别?
2. 如何判断公益信托是否具有"公益目的"?
3. 简述公益信托的监管机制。
4. 公益信托终止的事由有哪些?
5. 什么是近似原则?

本章思考题参考答案

第九章　信托业的法律规制

[导语]

　　信托业的发展已成为我国金融史上的奇特景观和一个典型的经济现象，成为新时代中国特色社会主义市场经济建设中不可或缺的一环。而发展信托业的关键在于监管，创制和完善信托业监管法律制度，有待从理论与实践的摸索、反思和总结中，形成统一认识。本章主要讲述了信托业的概念和定位、信托业的发展趋势、信托业的法规体系、信托业的经营模式和法律困境、信托业的监管、营业信托的法律规制等基本内容。本章的学习重点是信托业的概念和定位、信托业的监管和营业信托的法律规制。本章的学习难点则是信托业监管的界定和营业信托的法律制度。

第一节　信托业概述

一、信托业的概念

　　在中国改革开放以来金融体制变革中，定位于现代四大金融支柱之一的信托业是在计划经济向市场经济转轨的过程中重建的。从监管角度而言，关于信托业的概念描述，一般有三种看法：(1) 将信托业理解为信托公司或信托机构。例如《信托公司管理办法》第 1 条明确规定该办法是为了规范信托公司的经营行为，促进信托业的健康发展。将信托业局限在信托公司或信托机构是针对现行法规规定的机构监管上的"业"。(2) 将信托业理解为信托业务或者信托活动。只要相关业务或活动符合信托的定义即属于信托业，这是从功能监管上理解的信托业。(3) 将信托业理解为金融信托产业，这是从宏观经济意义上对信托业的理解。

　　广义的信托业是指以信托业务作为主要业务的商事主体。在我国，一段时间内，银行、证券、保险、期货公司均作为受托人为委托人进行"理财"与"资管"。但是，本章的信托业是狭义上的信托业，指信托公司作为受托人进行的信托展业。目前，我国的信托业法定监管机构为中国银行保险监督管理委员会，但是目前尚无《信托业法》来统摄相关部门规章及其他各类规范性文件。《信托法》第 3 条规定："委托人、受托人、受益人（以下统称信托当事人）在中华人民共和国境内进行民事、营业、公益信托活动，适用本法。"从立法精神看，《信托法》区分民事信托与营业信托,目的是要将营业性信托机构经营信托业务的行为纳入《信托法》的适用范围。因此,民事信托与营业信托的区分标准应当是受托人是否为营业性信托机构。以营业性信托机构作为受托人所从事的信托活动,是营业信托;反之,以非营业性信托机构作为受托人所从事的信托活动,是民事信托。按此标准进行区分具有重要的法律意义:

第一,营业信托的受托人以经营信托业务为其营业,民事信托的受托人不能以经营信托业务为其营业。所谓"营业",是指以取得信托报酬为目的的经营信托业务。根据我国《信托法》的有关规定,民事信托的受托人也可以根据信托文件的约定取得报酬,但其从事的信托活动是针对特定委托人的委托而偶然发生的,并不能以获取报酬为目的而向不特定的委托人承揽信托,从而经营信托业务。

第二,营业信托的受托人采取信托机构的形式,其设立和经营信托业务的资格需要获得相关金融监管部门的批准。国务院办公厅下发的《关于〈中华人民共和国信托法〉公布执行后有关问题的通知》的规定:"未经人民银行[①]、证监会批准,任何法人机构一律不得以各种形式从事营业性信托活动,任何自然人一律不得以任何名义从事各种形式的营业性信托活动。"与此不同,民事信托的受托人不采取信托机构的形式,自然人、一般的法人和依法成立的其他组织均可充当民事信托的受托人,其从事信托活动的资格也不需要取得主管机关的许可和审批。

第三,营业信托活动要受到有关金融监管部门的监督管理。《信托法》第 4 条规定:"受托人采取信托机构形式从事信托活动,其组织和管理由国务院制定具体办法。"根据《关于〈中华人民共和国信托法〉公布执行后有关问题的通知》规定,在国务院制定《信托机构管理条例》之前,由中国人民银行、中国证监会分别负责对信托投资公司[②]、证券投资基金管理公司等机构从事营业性信托进行监督管理,并按照该两类监管机构根据《信托法》制定的有关管理办法执行。据此,我国目前从事营业信托活动的金融机构有两大类:一类是信托公司,属于"信托综合店",根据《信托法》和《信托公司管理办法》规定,可以开展各种形式的营业信托活动;另一类是基金管理公司,属于"信托专营店",根据《信托法》《证券投资基金法》和《证券投资基金管理公司管理办法》规定,只能开展公募的证券投资基金信托业务。

二、信托公司的主体管理制度

本部分从信托公司的主体资格与营业能力角度讨论信托业的主体监管问题。营业信托中的受托人应当按照我国《信托公司管理办法》成立信托公司取得受托人资格。设立信托公司,应当采取有限责任公司或者股份有限公司的形式。

设立信托公司,应当经中国银行保险监督管理委员会[③]批准,并领取金融许可证。未经中国银行保险监督管理委员会批准,任何单位和个人不得经营信托业务,任何经营单位不得在其名称中使用"信托公司"字样。法律法规另有规定的除外。

---

① 其金融监管职责现由中国银行保险监督管理委员会承担,下同。

② 2007 年以后,原中国银监会统一将"信托投资公司"改为"信托公司"。

③ 《信托公司管理办法》规定中国银行业监督管理委员会为信托公司的监管机构。2018 年国务院机构改革,将中国银行业监督管理委员会和中国保险监督管理委员会的职责整合,组建中国银行保险监督管理委员会。为便于表述,除特殊情况外,本书一般将中国银行业监督管理委员会、中国保险监督管理委员会和中国银行保险监督管理委员会统一表述为"中国银行保险监督管理委员会"或"银保监会"。

设立信托公司,应当具备下列条件:(1) 有符合《中华人民共和国公司法》和中国银行保险监督管理委员会规定的公司章程;(2) 有具备中国银行保险监督管理委员会规定的入股资格的股东;(3) 具有本办法规定的最低限额的注册资本;(4) 有具备中国银行保险监督管理委员会规定任职资格的董事、高级管理人员和与其业务相适应的信托从业人员;(5) 具有健全的组织机构、信托业务操作规程和风险控制制度;(6) 有符合要求的营业场所、安全防范措施和与业务有关的其他设施;(7) 中国银行保险监督管理委员会规定的其他条件。中国银行保险监督管理委员会依照法律法规和审慎监管原则对信托公司的设立申请进行审查,作出批准或者不予批准的决定;不予批准的,应说明理由。

信托公司注册资本最低限额为 3 亿元人民币或等值的可自由兑换货币,注册资本为实缴货币资本。申请经营企业年金基金、证券承销、资产证券化等业务,应当符合相关法律法规规定的最低注册资本要求。中国银行保险监督管理委员会根据信托公司行业发展的需要,可以调整信托公司注册资本最低限额。未经中国银行保险监督管理委员会批准,信托公司不得设立或变相设立分支机构。信托公司有下列情形之一的,应当经中国银行保险监督管理委员会批准:(1) 变更名称;(2) 变更注册资本;(3) 变更公司住所;(4) 改变组织形式;(5) 调整业务范围;(6) 更换董事或高级管理人员;(7) 变更股东或者调整股权结构,但持有上市公司流通股份未达到公司总股份 5% 的除外;(8) 修改公司章程;(9) 合并或者分立;(10) 中国银行保险监督管理委员会规定的其他情形。

《信托公司治理指引》主要从信托公司内部治理的角度对信托公司的架构以及业务操作提出了要求。

第一,信托公司应当建立合规管理机制,督促公司董事会、监事会、高级管理层等各个层面在各自职责范围内履行合规职责,使信托公司的经营活动与法律、规则和准则相一致,促使公司合规经营。信托公司应当按规定制订本公司的信托业务及其他业务规则,建立、健全本公司的各项业务管理制度和内部控制制度,并报中国银行保险监督管理委员会备案。

第二,股东。信托公司股东应当具备法律、行政法规和银保监会规定的资格条件,并经银保监会批准。信托公司股东应当作出以下承诺:(1) 入股有利于信托公司的持续、稳健发展;(2) 持股未满 3 年不转让所持股份,但上市信托公司除外;(3) 不质押所持有的信托公司股权;(4) 不以所持有的信托公司股权设立信托;(5) 严格按照法律、行政法规和银保监会的规定履行出资义务。信托公司股东不得有下列行为:(1) 虚假出资、出资不实、抽逃出资或变相抽逃出资;(2) 利用股东地位牟取不当利益;(3) 直接或间接干涉信托公司的日常经营管理;(4) 要求信托公司作出最低回报或分红承诺;(5) 要求信托公司为其提供担保;(6) 与信托公司违规开展关联交易;(7) 挪用信托公司固有财产或信托财产;(8) 通过股权托管、信托文件、秘密协议等形式处分其出资;(9) 损害信托公司、其他股东和受益人合法权益的其他行为。

第三,股东(大)会。股东(大)会定期会议除审议相关法律法规规定的事项外,还应当将下列事项列入股东(大)会审议范围:(1) 通报监管部门对公司的监管意见及公司执行整改情况;(2) 报告受益人利益的实现情况。信托公司股东单独或与关联方合并持有公司 50% 以上股权的,股东(大)会选举董事、监事应当实行累积投票制。股东(大)会会议记录应做到真实、完整,并自作出之日起至少保存 15 年。股东(大)会的决议及相关文件,应当报银保监会或其派出机构备案。

第四,董事、高级管理人员。银保监会对信托公司的董事、高级管理人员实行任职资格审查制度。未经银保监会任职资格审查或者审查不合格的,不得任职。信托公司对拟离任的董事、高级管理人员,应当进行离任审计,并将审计结果报银保监会备案。信托公司的法定代表人变更时,在新的法定代表人经银保监会核准任职资格前,原法定代表人不得离任。银保监会对信托公司的信托从业人员实行信托业务资格管理制度。符合条件的,颁发信托从业人员资格证书;未取得信托从业人员资格证书的,不得经办信托业务。信托公司的董事、高级管理人员和信托从业人员违反法律、行政法规或银保监会有关规定的,银保监会有权取消其任职资格或者从业资格。信托公司设立独立董事。独立董事要关注、维护中小股东和受益人的利益,与信托公司及其股东之间不存在影响其独立判断或决策的关系。独立董事人数应不少于董事会成员总数的 1/4;但单个股东及其关联方持有公司总股本 2/3 以上的信托公司,其独立董事人数应不少于董事会成员总数的 1/3。高级管理层应当为受益人的最大利益认真履行受托职责:(1) 在信托业务与公司其他业务之间建立有效隔离机制,保证其人员、信息、会计账户之间保持相对独立,保障信托财产的独立性;(2) 认真管理信托财产,为每一个集合资金信托计划至少配备 1 名信托经理。高级管理层应当设立合规管理部门,负责公司的合规稽核,对公司各部门及其人员行为的合规情况进行全程监控,协助高级管理层有效识别和管理信托公司所面临的合规风险。

第五,董事会。有下列情形之一的,董事会应当立即通知全体股东,并向银保监会或其派出机构报告:(1) 公司或高级管理人员涉嫌重大违法违规行为;(2) 公司财务状况持续恶化或者发生重大亏损;(3) 拟更换董事、监事或者高级管理人员;(4) 其他可能影响公司持续经营的事项。董事会应当向股东(大)会及银保监会或其派出机构及时报告一致行动时可以实际上控制信托公司的关联股东名单。董事会应当下设信托委员会,成员不少于 3 人,由独立董事担任负责人,负责督促公司依法履行受托职责。当信托公司或其股东利益与受益人利益发生冲突时,保证公司为受益人的最大利益服务。根据公司实际情况和需求,董事会还可以下设人事、薪酬、审计、风险管理等专门委员会。

第六,监事会。监事应当列席董事会会议。列席会议的监事有权发表意见,但不享有表决权;发现重大事项可单独向银保监会或其派出机构报告。监事会可以要求公司董事或高级管理人员出席监事会会议,回答所关注的问题。公司应将其内部稽核报告、合规检查报告、财务会计报告及其他重大事项及时报监事会。

另外,在信托产品以及信托公司管理方面,银保监会享有以下具体权力:根据履行职责的需要,可以与信托公司董事、高级管理人员进行监督管理谈话,要求信托公司董事、高级管理人员就信托公司的业务活动和风险管理重大事项作出说明。信托公司违反审慎经营规则的,银保监会应责令限期改正;逾期未改正的,或者其行为严重危及信托公司的稳健运行、损害受益人合法权益的,银保监会可以区别情形,依据《银行业监督管理法》等法律法规的规定,采取暂停业务、限制股东权利等监管措施。信托公司已经或者可能发生信用危机,严重影响受益人合法权益的,银保监会可以依法对该信托公司实行接管或者督促机构重组。银保监会在批准信托公司设立、变更、终止后,发现原申请材料有隐瞒、虚假情形的,可以责令补正或者撤销批准。

2020 年《信托公司行政许可事项实施办法》规定,信托公司应当自领取营业执照之日起 6 个月内开业。不能按期开业的,应在开业期限届满 1 个月前向拟设地银保监局提交开业延期报告。开业延期不得超过 1 次,延长期限不得超过 3 个月。筹建信托公司,应当由出资比例最大的出资人作为申请人向拟设地银保监局提交申请,由银保监局受理并初步审查、银保监会审查并决定。决定机关自受理之日起4个月内作出批准或不批准的书面决定。

我国《信托公司管理办法》对信托机构的营业范围作了较细致的规定。信托公司可以经营的业务包括资金信托、动产信托、不动产信托、有价证券信托、其他财产或财产权信托、作为投资基金或者基金管理公司的发起人从事投资基金业务、经营企业资产的重组、购并及项目融资、公司理财、财务顾问、受托经营国务院有关部门批准的证券承销业务、办理居间、咨询、资信调查等业务、代保管及保管箱业务、法律法规规定或银保监会批准的其他业务。此外,《信托公司管理办法》规定信托机构还可以开展公益信托。我国金融业实行分业经营,因此我国信托公司不能兼营其他金融业务。《商业银行法》也规定,商业银行在中华人民共和国境内不得从事信托投资和证券经营业务,不得向非自用不动产投资或者向非银行金融机构和企业投资。

三、信托机构市场退出

信托业市场退出包括狭义上的信托机构市场退出和广义上的信托机构市场退出。前者仅指信托机构主动或被动退出金融市场,从而消灭法人资格的行为;后者还包括信托业务的退出,在法律规定信托机构可以经营银行业务等其他金融业务的国家和地区,退出信托业务并不意味着信托机构完全丧失行为能力而消灭法人资格。本书主要讨论信托机构因消灭法人资格而退出市场的法律问题。从现有法律规定看,信托机构的市场退出主要有以下途径:

(一) 解散核准

信托机构主动申请解散的,应向监管机构提交解散方案和清结债务等证明材料。监管机关亲自或委托中介机构进行调查审计,确认各方当事人利益都得到合理安排且信托机构无违规行为后,取消其信托营业资格并进行公告。对信托机构的解散核准,最为重要的是对其管理的信托财产的安排进行监管,必要时应进行相应指导。《信托公司管理办法》第13条规定,信托公司出现分立、合并或者公司章程规定的解散事由,申请解散的,经中国银行保险监督管理委员会批准后解散,并依法组织清算组进行清算。解散核准始于信托机构主动提出申请,监管机关的主要任务是保证其程序的公正和信息的公开。

(二) 责令、指导整顿和重组

信托机构经营状况恶化,继续原有经营状态会导致更大损失的,监管机关有权责令其进行整顿或重组。整顿主要依靠信托机构自身力量,通过改组管理机构,转换经营战略和营销方式等手段力争改观局面;重组通过引入新的投资者收购股权等方式,来改变信托机构原有的经营理念和方式。二者联系紧密,都是为了避免问题机构亏损继续扩大而破产关闭的局面。在此过程中,监管者应当采取建议撤换高级管理人员、帮助筹资和寻找接洽重组方的方式,来指导整顿与促成重组。

(三) 接管

对于信托机构经营陷入困境,可能发生信用危机,影响其投资人利益的情况,监管机关对信托机构财产和经营管理实行统一接收管理。在法律上,实际上是信托机构的经营管理权被强制转移到监管机关或其代理者的名下。接管本身作为一种法律行为并不涉及对信托机构债权债务的改变,其任务主要是保全信托机构财产和经营状态,维护公众信心,力图扭转经营不佳的局面。

（四）撤销

撤销是指对于经营状况恶劣无法拯救的信托机构,监管机关强制取消其经营资格,命令其终止营业并解散的监管行为。撤销也是解散的一种,只不过撤销是监管机关的强制性措施,具有惩罚性质。

（五）破产申请的核准与破产清算监管

监管机关对信托机构破产申请进行审核,符合标准的,准予其向法院申请破产。根据《信托公司管理办法》第 14 条规定,信托公司不能清偿到期债务,且资产不足以清偿债务或明显缺乏清偿能力的,经中国银行保险监督管理委员会同意,可向人民法院提出破产申请。在法院宣告破产后,监管机关应当派员参加清算组,并继续对清算组工作进行监督。

第二节　信托经营及法律规制

一、信托公司业务分类

《信托业务监管分类说明(试行)》将信托业务分为八类,该八类信托业务基本上构成了信托公司所能展业的领域。

（一）债权信托

债权信托是指信托公司依据信托文件,将信托资金直接或间接投资运用于非公开市场交易的债权性资产的信托业务。

1. 分类

根据《信托业务监管分类说明(试行)》,债权信托分为信托贷款类债权信托和其他类债权信托。

（1）信托贷款类债权信托。信托贷款类债权信托是指信托公司发行集合资金信托计划或单一资金信托募集资金,并将委托人交付的信托资金用于向信托公司自行审核通过的主体或项目发放信托贷款。信托公司作为签约主体与借款人签署借款合同,借款人按照借款合同的约定向信托公司偿还本息,信托公司根据信托合同的约定,向受益人分配信托利益。信托贷款类是债权信托最直接和最重要的表现形式,也是传统融资类信托最主要的表现形式。

（2）其他类债权信托。其他类债权信托是指信托公司不直接向资金使用方发放信托贷款,但与资金使用方约定资金使用期限和收益,具有债权性资产特征的信托。此类债权信托,最典型的就是附回购交易,如应收账款买入返售、特定资产收(受)益权附回购以及各类资产投资附带回购(股权投资附带回购除外)等。

2. 监管重点

(1) 由于债权信托的主要风险是信用风险,所以除了信托公司计提损失准备外,还可能面临超过计提损失准备的风险,该风险需要用净资本来对冲。《信托公司净资本管理办法》对债权信托规定了较高的资本约束,因此开展债权信托需要较大的资本来支撑。

(2) 针对资金端和资产端进行穿透式审查。对于债权信托的资金端,应重点审核债权信托各期新签署的信托合同。对于非自然人类型的委托人,均应要求信托公司将上述合同报送监管机关进行审查,并对资金来源、资金性质进行层层穿透,如果发现违规问题,责令信托公司进行整改,性质严重的,对其进行一定处罚,确保资金来源合法、合规。

(二) 股权信托

股权信托是指信托公司依据信托文件的规定,将信托资金直接或间接投资于非公开市场交易的股权性资产等的主动管理类信托业务。例如,投资于非上市公司股权、私募股权投资基金、房地产、机器设备、交通工具、艺术品、知识产权、不附回购性质条款的各类资产收益权等信托产品。

1. 分类

根据《信托业务监管分类说明(试行)》,股权信托包括股权投资类股权信托和其他投资类股权信托。

(1) 股权投资类股权信托。股权投资类股权信托,是指信托公司根据信托文件的规定,将信托资金直接或间接投资于非公开市场交易的非上市公司股权、私募股权投资基金等股权资产的信托业务。

(2) 其他投资类股权信托。其他投资类股权信托,是指信托公司根据信托文件的规定,将信托资金直接或间接投资于非公开市场交易的物权、知识产权等债权、股权以外的其他产权的信托业务。其本质是对资产的投资管理,通过持有期间的运营管理,提升资产价值,取得持有期间的孳息和出售收益。

2. 监管重点

(1) 对于资金端,通过事前报备的全套已签署信托合同,进行投资者类型归纳以及穿透式审查,防止信托公司通过层层嵌套的交易结构变相突破合格投资者门槛限制及准入标准。

(2) 对于交易端,监管机构除了要求信托公司提供签署的全套法律文本(包括但不限于成立前签署以及信托存续期间签署的全套法律文本)外,还应对股权投资信托的交易结构进行审查,尽量防范信托公司通过层层嵌套或者名股实债模式在政策限制的领域违规开展股权投资业务或变相开展债权业务,从而达到规避监管的目的。

(三) 同业信托

同业信托是指依据信托文件规定,信托资金来源或运用于同业持牌金融机构的信托业务。其中,持牌金融机构是指由国务院金融监督管理机构依法监督管理并持有金融牌照的机构。目前,金融牌照具体为《金融许可证》《经营证券期货业务许可证》《保险公司法人许可证》《保险资产管理公司法人许可证》。

1. 分类

根据《信托业务监管分类说明(试行)》,同业信托分为金融机构被动管理类同业信托和投资非标同业类同业信托。

(1) 金融机构被动管理类同业信托。金融机构被动管理类同业信托,是指委托人为金融机构,信托资金投资于信托公司被动管理型信托产品的信托业务,典型的如银信合作、信保合作、证信合作等。同业信托的资金来源可以是金融机构的自有资金、理财资金和同业资金等。

(2) 投资非标同业类同业信托。投资非标同业类同业信托,是指信托资金通过信托产品投资于其他金融机构发行的非公开市场交易的主动管理型金融产品的信托业务。此类信托的委托人不限,可以是金融机构,也可以是非金融机构或个人。

2. 监管重点

对于同业信托要遵循穿透原则和实质重于形式的原则,识别信托业务类别并进行监管。对于同业投资类业务,应当关注:(1) 是否存在多层嵌套难以穿透到底层基础资产的情况;(2) 是否进行了严格的风险审查和资金投向合规性审查;(3) 是否将穿透后的底层基础资产纳入对应最终债务人统一授信管理和集中管控;(4) 是否按照实质重于形式的原则,根据基础资产的性质,足额计提资本和拨备。

(四) 标品信托

标品信托,是指信托公司根据信托文件规定,将信托资金直接或间接投资于公开市场发行交易的金融产品的信托业务。具体来看,标品信托可投资于股票、债券、证券投资基金、房地产投资信托基金、期货、金融衍生品等金融产品。

1. 分类

按照信托公司是否具有信托财产的运用裁量权,可将标品信托产品划分为被动管理型标品信托产品和主动管理型标品信托产品两大类型。标品信托不仅可投资于国内市场公开发行交易的金融产品,也可投资于国际市场公开发行交易的金融产品。

2. 监管重点

(1) 标品信托的底层交易品种必须是合法合规的、标准化的、有广泛流动性的产品。

(2) 标品信托的销售说明书及信息披露必须具体、准确地说明单一标品的集中度,比如单只股票、衍生品的投资份额等。

(3) 加强主动监管。被动管理型标品信托业务中,受托人不承担投资运用的实质风险,主要承担运营管理职责。而对于主动管理型标品信托,投资标的本身的市场波动、信用风险,以及产品的交易、处置、对冲、分散等风险处置措施都是需要关注的。特别要加强对于标品信托风控措施的监管,避免发生系统性风险。

(五) 资产证券化

资产证券化,是指信托公司作为受托人按照信托文件等规定,以资产支持证券的形式发行受益权凭证,以进行结构性融资活动为特定目的的信托业务。

1. 分类

根据《信托业务监管分类说明(试行)》,资产证券化包括信贷资产证券化和其他类。(1) 信贷资产证券化。信贷资产证券化是指根据《金融机构信贷资产证券化试点监督管理办法》,由商业银行、政策性银行、信托公司、财务公司、城市信用社、农村信用社以及银保监会依法监督管理的其他金融机构作为委托人和发起人,由信托公司作为受托人,在银行间市场发行信贷资产支持证券的业务。(2) 其他类。其他类是指信托公司参与的其他资产证券化业务,如交易商协会的信托型 ABN、双 SPV 架构下的企业资产证券化。

2. 监管重点

资产证券化以资产信用为基础,通过将基础资产转移给 SPV 实现破产隔离。资产证券完全由基础资产产生的现金流进行偿付,基础资产的质量将影响资产证券化的收益,因此,在对资产证券化进行监管时,应当注重对础资产的质量进行监管,尤其在资产证券化设立双 SPV 或出现其他嵌套多层信托的交易结构时,更应当注重对基础资产的质量进行穿透式监管。

(六) 财产权信托

财产权信托是指信托公司依据信托文件规定,以依法可以流转的非资金形式的财产或财产权设立信托,对信托财产进行管理和处分的信托业务。证券代持、股权代持、私募资产证券化、房屋代租、土地流转信托、以债权设立信托等都属于财产权信托。

对于财产权信托须注意两大风险:(1) 法律风险。穿透考察委托人是否具有财产权的真实处分权。首先,委托人必须合法拥有该财产权,无所有权也就无处分权,委托人不能用属于第三人的财产权设立信托。其次,财产权必须是可以流通和转让的,财产权不得具有人身专属特性,否则将面临一定的现实法律风险。(2) 信用风险。信用风险是财产权信托的主要风险,作为信托财产的财产权是否真实存在、来源是否合法、财产权是否特定,以及信托存续过程中财产权的管理等,都是需要注意和防范的风险。信用风险可能转换为受托责任风险和声誉风险。

(七) 公益(慈善)信托

公益(慈善)信托,是指信托公司根据《信托法》《慈善法》的规定,以公益(慈善)为目的开展的信托业务。2016 年《慈善法》施行后,公益信托之前面临的设立、监管、经营、操作等问题均得到一定程度的解决,进一步推动了信托公司公益慈善信托业务的发展。

(八) 事务信托

事务信托是指信托公司依据委托人的指令,对来源于非金融机构的信托资金进行管理和处分的信托业务。事务信托属于资金信托、被动管理型信托。事务信托由委托人驱动,作为受托人的信托公司一般不对信托财产进行主动的管理运用。事务信托利用信托灵活的交易结构安排,信托财产独立性带来的风险隔离和破产隔离等制度优势,为不同委托人提供符合其需求的、个性化的事务管理服务。

事务信托监管重点在于:(1) 严格监控管理风险。信托公司在执行委托人信托财产的管理意愿及收益分配等环节要充分履行谨慎、善管及信息披露等义务,完全按照信托合同约定履行事务管理人应当履行的各类管理职责与管理痕迹。(2) 监控合规管理风险底线。合规管理是信托公司开展事务信托业务需要考量的重要因素,因此加强对底层资产及资金来源的合规性管理显得尤为重要。首先,对委托人的资金来源按照反洗钱制度要求进行审查;其次,信托目的、信托财产管理运用方式符合监管层的刚性制度规定,与委托人之间的信托关系需建立在合法合规的前提之下;最后,信托财产管理以受益人利益最大化为原则,费用支付透明。信托财产的费用列支需经委托人同意,严防交易对手及信托利益当事人之间的利益输送问题。

二、信托业经营的模式及风险

在我国,信托资产的投向集中在工商企业、基础产业、证券投资、金融机构和房地产五大领域。在业务模式上,由传统的信托贷款升级为银信合作、政信合作、私募股权投资、证券投资、基金化房地产信托和财富管理等多种业务模式共同发展。本部分主要介绍银信合作业务模式、政信合作业务模式、房地产信托业务模式、证券私募类信托业务模式四种业务模式。

(一)银信合作业务模式

银信合作是信托公司的重要业务,银信合作的方式也多种多样,投资类主要包括上市公司股权收益权类投资、固定收益类投资、非固定收益类投资等,融资类包括信托贷款模式、票据业务模式。除此之外,还有集合资金信托计划代理业务、信托财产托管业务合作等类型。

按照银信合作的模式,银行理财主要以融资类信托展开合作,即信托资金主要投向信贷资产,这是目前信托公司做得最多的业务。该类信托突出的风险是信用风险,信托公司可能出现超过计提损失准备的风险,从而导致需要用资本来对冲、稀释。银信合作中,银行利用信托公司可以自由进入实业的优点,信托公司利用银行广阔的客户资源等优点。但由于投资实业风险大、银行与信托公司权责界定不清晰等原因,投资者的收益无法保证,甚至本金都会损失,使银信合作理财业务的信用风险不容忽视。

◎　**相关案例**

2015 年的"中信·古冶信托 1 号、2 号"延期兑付事件①

中信·古冶信托 1 号、2 号是中国工商银行(以下简称"工行")与中信信托公司(以下简称"中信信托")合作理财产品的简称,分别于 2012 年 3 月 8 日和 2012 年 3 月 31 日由工行设计发行,该理财资金投资给古冶集团,为其发放信托贷款。两期项目共募集资金 5 亿元,根据该产品信托计划,其兑付期限为 2+1 年。据中信信托披露,投向古冶集团的资金已经全部用于工程建设,且工程已经竣工。但受矿产品市场价格影响,古冶集团无法在规定时间变现,投资者在合同约定时间内无法获取收益,从而项目两期兑付均已违约。该案中,工行和中信信托就产品是否属于通道业务各执己见。通道业务指的是项目设计、发行以及资金投向、尽职调查、后期追踪管理等由银行主导,信托公司仅发挥通道作用、牌照优势,不能对理财产品的投资运营情况进行掌控。中信信托主张古冶集团由工行推荐,其仅发挥通道作用,不对兑付危机负责。而工行则持相反意见,双方就信托项目兑付不能相互扯皮。这主要是由于理财计划设计发行时没有具体明确约定风险担责主体,故在兑付风险发生时,解决方案迟迟不能落实,投资者的合法权益也无法保障。

---

①　本案例参见以下判决:(2018)晋 0106 民初 514 号;(2018)晋 0106 民初 515 号;(2018)晋 0106 民初 516 号;(2018)晋 0106 民初 517 号。

　　一般信托法律关系中,信托公司作为受托人负责对信托财产进行管理并且有责任保障资产安全及受益人的利益。而在银信合作法律关系中,信托公司虽依然是受托人,但整个理财产品的运营、理财资金的运用等都由委托人——银行掌控。信托公司作为受托人在整个项目投资过程中仅起到引导作用。实践中,银行代销信托产品频现纠纷。此种业务模式,由银行代表信托公司销售信托产品,相关项目的选择、尽调、审批及贷后管理都由银行负责,信托公司仅收取较低的通道费,信托公司承担名义上的主动管理职责,而代销银行附带隐性回购条款。信托公司接受银行的隐形担保,可能面临银行不能履约的风险。在风险处置过程中,双方互相推诿风险责任,容易激化投资者情绪,给金融市场稳定带来不利影响。而且相关信托公司对银行代销信托产品过程缺乏有效的管理和监督,对于部分银行销售人员可能存在的夸大或不实宣传等问题难以及时发现并取证,导致信托公司在处理投资者纠纷过程中处于不利地位。

　　目前,针对银信合作业务中的披露信息的义务没有强制性约束,所以银行大多数仅选择对自己有利的信息进行公示,夸大收益,有时甚至延迟披露。投资者对市场信息、金融知识缺乏了解,其合法权益极易受到侵害,也不利于金融市场的稳定发展。再者,银信合作业务的理财资金多投资于高风险行业,如房地产行业、煤炭行业等,其违约风险、刚性兑付现象频发。2005年《商业银行个人理财业务风险管理指引》规定了理财产品的起点金额,以期对没有相应风险承担能力的客户进行筛选。此后,2009年《信托公司集合资金信托计划管理办法》从个人收入水平界定了"合格投资者",但投资者的收入水平无从考证,其逐渐将一定数量的投资金额作为评判标准。这些衡量标准是远远不够的,要想综合评判投资者承受风险的能力,需综合考虑收入、投资经营、理财计划收益预期等多种因素。

　　另外,需要注意的是,现在银信合作业务不断升级,某些业务外观合规,但在多层嵌套之下,实质上实现了对现有政策的规避。近期在北京、上海出现了一种类资产证券化产品,由商业银行发起设立,以其债权类资产(包括贷款以及各类收益权等其他债权类资产)产生的现金流作为偿付支持。证券公司、基金管理公司子公司、信托公司成立特殊目的载体(SPV)受让基础资产,对基础资产现金流进行重组分层,按兑付顺序设置优先和劣后级,以达到增信目的。引入外部评级机构评定产品信用风险,由证券公司、基金管理公司子公司、信托公司发行,形式上为有价证券。此类业务不在银行间市场和交易所市场交易,缺乏有效信息披露,而且发行流程简化,由发起人即银行主导业务,在基础资产的选择上相对"灵活",甚至以进入资产证券化负面清单的地方融资平台融资形成的债权类资产为该类产品的基础资产。因为尽职调查和信息披露等环节的弱化,此类劣后级产品销售困难,导致发起人银行以理财资金购买全部劣后级产品。而考虑到个人理财"刚性兑付"现状,银行实际上自持了劣后级产品,在基础资产出表时承担了全部风险。因此银信合作产品的信息披露,应当穿透到底层资产,全面展现信托产品的真实交易框架,无论是对投资者保护,还是加强风险预防都是必要的。

(二) 政信合作业务模式

　　传统的政信合作业务主要是指信托公司与各级政府在基础设施、民生工程等领域开展的合作业务,主要包括信托贷款业务、股权类信托投资业务、权益类信托投资业务三类。这三种政信合作业务模式,都有资产作为抵押并由政府财政提供担保,政府往往以地方人大出具规范性文件的形式将该类模式的债务纳入当年的财政预算,或由当地政府、财政部门出具信托到期无条件清偿的保函。政府信用的加持让信托公司对地方融资项目有很大的偏好，政信合作业务因此一度成为信托公司的主业之一。但在实践中，信托公司过分看重政府信用背书，对于项目的尽职调查往往流于形式。地方政府债务扩张，也使得严重依赖政府偿债能力的政信合作产品风险徒增。

从 2009 年开始，监管机构发布了一系列的通知，要求政信合作业务要合规经营，信托公司加强对政信合作业务的风险管理，禁止地方政府违规担保行为。2014 年，《国务院关于加强地方政府性债务管理的意见》要求地方融资平台剥离政府融资职能，同时不得新增政府债务。由于大部分政信合作业务都是与地方平台合作，这对现行的政信合作业务模式产生了较大影响，也促使信托公司以 PPP、产业基金等新型模式开展基础设施类信托业务。

当前政信合作的存续业务潜在风险不容忽视。根据用益信托网 2019 年第 1 季度数据显示，政信项目增信措施以保证担保为主，95.23% 的项目落实了保证担保人；其次是土地及在建工程等抵押，占比 20.63%；其他增信措施包括应收账款质押或转让登记、股权质押等。2016 年《国务院办公厅关于印发地方政府性债务风险应急处理预案的通知》明确金融机构违规接受的地方政府担保无效，地方政府将不承担偿债责任。因此一旦地方政府融资平台履约不能，投资者想要依据政府担保文书获得赔偿将得不到法律支持。而且信政合作还面临着"集中到期风险"，2018—2020 年是信政合作的到期高峰，其间相继出现了信托逾期问题。2019 年 5 月，中泰信托"恒泰·18 号集合资金信托计划"被曝出现违约；2019 年 12 月 10 日，国元信托旗下名为"国元·安徽·201702045 号集合资金信托计划"出现逾期；与此同时，"国元·安盈·201705032 号""国元·安盈·201703003 号""国元·安盈·201602008 号"以及"国元·安盈·201702003 号"等地方政信类产品均出现延期兑付。另外，中融信托旗下的一款"中融—享融 188 号集合资金信托计划"也被曝出现延期兑付的情况。

传统的政信合作模式受到挑战，基础产业信托业面临着创新和调整，需要改变传统的产品模式，以提高自身的竞争力。2015 年信托业加大探索以 PPP 模式进入基础产业领域，支持实体经济发展。2015 年 7 月首单信托 PPP 项目落地，中信信托"唐山世园会 PPP 项目投资集合资金信托计划"正式成立，标的项目是"2016 唐山世界园艺博览会基础设施及配套项目"。该项目的交易结构为：中信信托作为受托人募集资金成立唐山世园会 PPP 项目投资集合资金信托计划，并与唐山市政府出资机构共同设立项目公司——唐山世园投资管理有限公司，具体负责唐山世园会基础设施项目建设和运营。中信信托持股 60%，而唐山市政府方面（南湖投资公司、世园管理公司）则持股 40%。该项目公司持有唐山 2016 世园会园区资产及特许经营权，项目投资所差资金由国家开发银行河北省分行提供中长期贷款，完成建设后以特许经营收益和政府差额财政补贴的形式，按股权分配给信托计划投资人收益。据了解，该信托计划预期社会资本投资回报率为 8%。

对中信信托而言，PPP 信托模式对其提出了较高的风险控制要求，且作为股权投资，信托计划本金以及收益的收取劣后于银行贷款的本利偿还。该信托项目投资期限较长，而由于可供信托产品转让的二级市场不健全，信托产品流动性较差。投资于基础设施的信托产品对于认购的投资者有较高的监管要求，一定程度上削弱了信托计划的资金来源。最主要的是，信托公司以社会资本的身份参与 PPP 项目，除了在投融资上给予项目专业的解决方案，在后期的运营以及管理中给予充分的支持也十分重要。信托公司负责 PPP 项目的人员，除具备金融、财务、法律方面的专业知识外，还需要具备相关基础设施项目的运营管理能力，并且能够较好地把握和预测 PPP 领域的相关政策。但目前,信托 PPP 模式尚处于初期发展阶段,具备基础设施运营管理经验和金融理论与实操能力的从业人员缺乏,这也限制了信托公司 PPP 业务的开展。虽然 PPP 模式受到中央和地方政府的重视,但就信托公司而言,其可援引的仍然只有《信托法》《信托公司管理办法》,在操作层面尚无针对 PPP 项目信托投资业务的规定出台。现阶段加快 PPP 领域的法律体系建设对信托 PPP 业务的开展至关重要。

(三) 房地产信托业务模式

房地产信托业务按照资金运用方式的不同,分为债权型信托、股权型信托和混合型信托三种。债权型信托表现为信托贷款融资模式,由信托公司向房地产企业的项目公司发放直接的信托贷款,到期由项目公司还本付息。股权型信托操作多样,目前运用较多的是股权投资型信托和信托受益权转让信托。股权投资型信托是指信托公司发行信托产品,将所募集的信托资金直接投资于房地产企业或项目经营管理,根据其所占的股权比例,将获得的经营所得作为偿还信托投资收益和本金的来源。信托受益权转让型信托是由信托公司募集委托人的投资资金,将其以股权投资的方式对房地产企业或项目进行投资,信托计划投资人即委托人作为信托计划受益人,对投资金额享有相应的受益权份额,通过设置信托受益权溢价回购条款确保委托人信托财产的偿还和信托收益的实现。混合型信托是融合债权和股权,在近年监管政策之下的一种尝试,也诞生了近年来的监管重点——明股实债。

◎　**相关案例**

新华信托诉湖州港城置业有限公司破产债权确认纠纷案[①]

原告新华信托与被告湖州港城置业有限公司(以下简称"港城置业")及其股东纪某、丁某签订合作协议,约定新华信托以"股权投资"的形式向港城置业提供不超过 2.5 亿元信托资金,其中 14 400 万元用于收购港城置业 80% 股权。与普通股权收购协议不同,该笔融资的分部分设置固定期限为 1.5 年、2 年、2.5 年。协议另外约定增信措施如下:(1) 港城置业提供土地抵押担保;(2) 纪某、丁某以其持有的股权作为质押担保;(3) 纪某提供连带责任担保。至信托计划到期日,被告未依约清偿信托本金及收益。被告破产之后,原告按普通借款债权申报破产清算,被告则认为应属于股权转让款,因新华信托也依约向港城置业指派了 2 名董事参与表决,所收款项的会计处理也是记录在"股本"一栏。法院考虑到对第三人的信赖利益保护,认为股东间明股实债的内部约定不能对抗外部关系。

而在相似案件"新华信托诉宁波强人置业公司案"中,法院则以实质重于形式的原则认定协议为借款合同,但合同约定的利率超过中国人民银行关于人民币贷款利率规定的部分没有获得支持。同一类案件出现截然不同的判决结果,根本原因在于目前为止对于"明股实债"法律法规尚无明确定义,因此也没有专门配套的监管措施,司法裁判的判例和具体依据也不尽相同。

---

① 参见浙江省湖州市吴兴区人民法院 (2016) 浙 0502 民初 1671 号判决书。

目前房地产已成为明股实债类资产的主要投资方向,这其中蕴含着不少风险。前述第一个案子中法院判定新华信托对港城置业不再享有破产债权,导致依附于债权的担保措施落空。虽然在后一案例中,法院支持了新华信托的债权,但因未明确约定收益,导致被作为利息处理,超过法定利率部分被认定为无效,信托公司得不到预期收益,这些都给权益的实现增加了不可确定的风险。除法律风险外,更重要是交易对手方自身的信用水平风险。在明股实债的案例中,大多会签订回购合同或约定回购条款,回购主体的信用风险表现为无法如约履行回购义务,因此对其信用风险评估需要考量经营能力、财务实力及其在集团或所在体系中的战略重要性。在回购主体信用水平并不是很值得信赖的情形下,需要另外增加差补方进行信用增进,就需要再增加对差补主体的信用分析。但是,一方面由于目前我国企业及个人信用体系尚不完善,信用信息的可信度与覆盖程度较低,一定程度上构成主体信用分析的阻碍因素;另一方面,客观的市场风险等不确定性因素造成项目一旦出现经营失衡等困难,很多企业会选择逃避债务。

穆迪投资者服务公司 2022 年 2 月发布的报告显示,与其他金融机构相比,信托公司对房地产业的敞口较大。2021 年前 11 个月房地产信托占违约信托计划的比例达到 60% 左右,总额达到人民币 700 亿元左右,导致投资者面临兑付延迟和损失金额不确定的问题。2020 年一季度之后,中国信托业协会停止了对这信托资产风险率的披露,多位业内人士称,部分信托公司频频爆雷,且金融风险的暴露往往存在滞后性,因此行业当下实际风险率将远高于 5%。

(四)证券私募类信托业务模式

根据《信托公司证券投资信托业务操作指引》第 2 条规定,证券投资信托业务是指信托公司将集合信托计划或者单独管理的信托产品项下资金投资于依法公开发行并在符合法律规定的交易场所公开交易的证券的经营行为。证券投资信托并非信托公司的自营业务,而是其他投资者希望借助信托通道进行证券投资。实践中,这以私募投资基金为主。非结构化阳光私募信托和结构化信托是证券投资信托的主要模式。此外,还有一种 TOT 模式,它是在前两种模式基础上的创新。

非结构化阳光私募模式下,计划参与者不做等级区分,收益同享,风险共担,投资顾问即使投入部分资本也是普通受益人。因此种产品在深圳市场发行较多,故称深圳模式。结构化信托模式中,对受益权进行分层,将计划参与者分为优先受益人和劣后受益人。前者是普通投资者;后者为投资顾问或其他投资人,其投入一定规模的自有资金保障优先受益人的利益,但同时也拥有提取超额收益的权利。实际上该模式中的投资顾问通常由劣后受益人担任。这两种产品都由信托公司担任受托人,主要由私募投资基金担任投资顾问,投资者(包括结构化投资者中的优先级投资者)必须是"合格投资者",并设置止损线。TOT 模式由专业机构募集资金成立母信托,再将母信托的资金分散到数只信托产品进行组合投资,投资对象不仅限于阳光私募,还包括其他公募基金甚至银行理财产品等。TOT产品投资目标一般设定为收益达到同类阳光私募产品收益率排名的前 1/3 水平之上,注重组合的风险控制。

证券私募类信托业务涉及的参与者可分为五个群体,托管银行与券商在其中的作用有限,以下主要分析销售方、信托公司、投资顾问三方职责情况下容易出现的违规之处:

销售方,除了信托公司直销以外,现在主要是银行、第三方财富中心代销。以银行为例,不少银行为完成理财产品的销售任务,将目标客户群的标准一降再降,也不提示风险,甚至有虚假宣传的成分,出现亏损时容易出现不作为。

◎ **相关案例**

在媒体曝光的"建信证大金兔增长集合资金信托计划(1期)"中,投资者投诉建行上海分行路演宣传的全是证大金牛系列产品过往的收益,但后来投资者购买产品为证大金兔,这说明路演只是走走形式,银行完全是为了销售业绩,并未考虑投资产品的风险。投资者之一吴先生在签合同前签署的一份《委托人问卷调查》中对可以承担的风险指数选择为"较低",信托合同明确说明,信托计划未设立专门的止损条款,在最不利的情况下,本信托计划收益率可能为零,但银行依然将此信托产品推荐给吴先生。而该计划的另一位投资者也表示,除第一期业绩报告外,再也没有看到过其他的业绩报告。

信托公司除担任受托人的角色外,也担任销售方角色。最近信托公司开始涉及微信、淘宝营销,通过网络方式进行营销以及募集资金,对其监管难度很大,在低成本和高回报的诱惑之下,很容易走进灰色地带。这一点可以借鉴美国做法:潜在投资者只有通过了推销阳光私募产品网站的前期资格审查,才能看的到相关阳光私募产品的信息。国内中信证券等大型的证券公司也开始推行此种做法。除此之外,在银信合作中容易架空对投资者的评估。"建津财富证券投资集合资金信托计划"中,投资人在第三次展期后才看到信托合同,其从未向信托公司提交任何财产证明。事实上,在理财计划面前,《信托公司证券投资信托业务操作指引》第7条、第8条的规定被架空,因为委托人是银行,银行不愿意将自己客户的信息告知信托公司。信息披露的不规范也是重要问题之一,根据《信托公司证券投资信托业务操作指引》第16条规定,信托公司办理集合管理的证券投资信托业务,应当按以下要求披露信托单位净值:(1)至少每周一次在公司网站公布信托单位净值。(2)至少每30日一次向委托人、受益人寄送信托单位净值书面材料。(3)随时应委托人、受益人要求披露上一个交易日信托单位净值。2022年初,投资人联合实名举报正心谷资本违规操作,称截至2021年12月31日,正心谷私募产品净值已下跌到0.66,300多亿的产品给投资者造成了百亿亏损。《中国基金报》2022年1月底对正心谷私募一事进行了报道:岁末年初某百亿私募遭投资者联名举报,引出私募机构在三方平台披露净值时报喜不报忧、任性披露的问题。私募机构对其投资人负有信息披露义务,但其在三方平台上的披露行为属于市场行为,其中存在诸多乱象,真实性难以保障。

实践中,私募基金担任证券投资信托的投资顾问,取代信托公司成为信托的实际操盘人。监管机构为了减少证券投资信托此种安排中的风险,强调了投资顾问的资质要求,但实际操作中常出现"偷梁换柱"的现象。

◎　**相关案例**

在"天信沐雪巴菲特一号证券投资集合资金信托计划"中,江苏沐雪为该信托计划的投资顾问,但江苏沐雪又聘用湖北精九和广东鸿远为江苏沐雪的投资顾问,实际操作均由湖北精九和广东鸿远来操作。而在"交银国信国贸盛乾一期证券投资集合资金信托计划"中,国贸盛乾是投资顾问,但实际操作人陈杰却并非国贸盛乾公司员工,况且国贸盛乾法人代表周卫军曾因操纵昌九生化股票价格而被判刑,实际操作人陈杰也因操纵市场被证监会处罚,却依然能够实际操作证券账户。这种私自更换实际操作人的行为,变相规避了银保监会关于投资顾问资质要求的规定。而且,实践中还存在投资顾问利用证券账户操纵证券市场或老鼠仓的事件。前述"交银国信国贸盛乾一期证券投资集合资金信托计划"中,实际操作人陈杰便利用自己控制的公司,收买证券公司研究员以证券分析师名义在参加的互联网、电视台栏目上荐股,荐股买入之后再卖出。

除此之外,在结构化信托中,最突出的便是突破杠杆比例、单一股票集中度等监管要求。2017年5月,天津银监局对北方信托连续作出了4份处罚决定,处罚原因之一就是"证券信托结构化比例超过监管部门规定上限"。2015年清理违规配资的行动,给股市以及股民带来了沉重的打击。此次行动看似打击结构化证券投资信托,实际上是为了清理配资公司引发的难以控制的杠杆。清理行动过后引发的一系列如合同违约、投资者诉讼等诸多问题,给信托公司的声誉带来了较大损伤。因此,在新一轮结构化证券投资信托兴起之际,更要牢牢把握好杠杆比例等风险预警线。

第三节　信托业监管及其具体制度

从上两节的内容可知,我国信托业的发展已经进入一个全新的阶段。从信托的发展历史来看,信托最终会走向财富管理、财产转移的业务。信托业在中国是一个独立的金融子行业,由银保监会作为其法定监管机构。对我国而言,独立的信托业承载着金融体制改革和促进社会经济发展的历史使命,蕴含着培育中国其他金融业态的种种可能。而要真正了解信托业监管的实质,首先需要对信托业监管的历史沿革进行梳理,对我国信托业监管进行历史的、具象的了解后,再对信托业监管的法学理论予以归纳总结。

一、信托业监管的历史沿革

我国现代信托业自1979年中国国际信托投资公司成立,只有40余年的发展时间。直到2001年我国《信托法》正式颁布实施,才标志着信托业有法可依,信托制度正式扎根中国。《信托法》颁布以来,为加强对信托业的监管,我国相关部门颁布了一系列相关规范(见表9–1)。同时,我国信托业还存在着信托文化普及和认知水平不高、行业制度规范还不健全、业务模式仍有一定不确定性、市场需求仍需激发等问题。结合发展时间和发展程度两方面因素判断,我国信托业仍处于行业生命周期的成长阶段。

表 9-1 《信托法》颁布以来我国信托业主要监管规范一览表

类别	名称	实施日期	编号
信托监管	中国银监会关于印发《信托登记管理办法》的通知	2017-09-01	银监发〔2017〕47 号
	银监会、民政部关于印发《慈善信托管理办法》的通知	2017-07-07	银监发〔2017〕37 号
	中国银监会、财政部关于印发《信托业保障基金管理办法》的通知	2014-12-10	银监发〔2014〕50 号
	中国银行业监督管理委员会关于印发《信托公司治理指引》的通知	2007-03-01	银监发〔2007〕4 号
	中国银行业监督管理委员会关于信托投资公司开展集合资金信托业务创新试点有关问题的通知	2006-08-15	银监发〔2006〕65 号
	中国银行业监督管理委员会办公厅关于加强信托投资公司部分业务风险提示的通知	2005-08-28	银监办发〔2005〕212 号
	中国银行业监督管理委员会关于印发《信托投资公司信息披露管理暂行办法》的通知	2005-01-01	银监发〔2005〕1 号
	中国银行业监督管理委员会关于进一步加强信托投资公司内部控制管理有关问题的通知	2004-12-18	银监发〔2004〕97 号
	中国银行业监督管理委员会加强信托投资公司风险监管防范交易对手风险的通知	2004-12-16	银监发〔2004〕93 号
银信业务	中国银监会关于规范银信类业务的通知	2017-11-22	银监发〔2017〕55 号
	中国银行业监督管理委员会办公厅关于规范商业银行同业业务治理的通知	2014-05-08	银监办发〔2014〕140 号
	中国人民银行、中国银行业监督管理委员会、中国证券监督管理委员会、中国保险监督管理委员会、国家外汇局关于规范金融机构同业业务的通知	2014-04-24	银发〔2014〕127 号
	中国银监会办公厅关于规范银信理财合作业务转表范围及方式的通知	2011-05-13	银监办发〔2011〕148 号
	中国银行业监督管理委员会关于进一步规范银信理财合作业务的通知	2011-01-13	银监发〔2011〕7 号
	中国银行业监督管理委员会关于进一步规范银行业金融机构信贷资产转让业务的通知	2010-12-03	银监发〔2010〕102 号
	中国银监会关于规范银信理财合作业务有关事项的通知	2010-08-05	银监发〔2010〕72 号
	中国银监会关于规范信贷资产转让及信贷资产类理财业务有关事项的通知	2009-12-23	银监发〔2009〕113 号
	中国银监会关于进一步规范银信合作有关事项的通知	2009-12-14	银监发〔2009〕111 号

续表

类别	名称	实施日期	编号
银信业务	中国银监会办公厅关于进一步加强信托公司银信合作理财业务风险管理的通知	2008-12-09	银监办发〔2008〕297 号
	中国银监会关于印发《银行与信托公司业务合作指引》的通知	2008-12-04	银监发〔2008〕83 号
房地产业务	国务院关于调整和完善固定资产投资项目资本金制度的通知	2015-09-09	国发〔2015〕51 号
	中国银监会办公厅关于信托公司房地产信托业务风险提示的通知	2010-11-12	银监办发〔2010〕343 号
	中国银监会办公厅关于加强信托公司房地产信托业务监管有关问题的通知	2010-02-11	银监办发〔2010〕54 号
	国务院关于调整固定资产投资项目资本金比例的通知	2009-05-25	国发〔2009〕27 号
	中国银监会关于信托公司开展项目融资业务涉及项目资本金有关问题的通知	2009-09-03	银监发〔2009〕84 号
	中国人民银行、中国银行业监督管理委员会关于进一步加强信贷结构调整促进国民经济平稳较快发展的指导意见	2009-03-18	银发〔2009〕92 号
	中国银监会办公厅关于加强信托公司房地产、证券业务监管有关问题的通知	2008-10-28	银监办发〔2008〕265 号
	中国银行业监督管理委员会关于进一步加强房地产信贷管理的通知	2006-07-22	银监发〔2006〕54 号
	中国银行业监督管理委员会办公厅关于规范信托投资公司办理业务中与房地产抵押估价管理有关问题的通知	2006-03-28	建住房〔2006〕8 号
信政业务	中国银监会关于加强 2013 年地方政府融资平台贷款风险监管的指导意见	2013-04-09	银监发〔2013〕10 号
	财政部、发展改革委、人民银行、银监会关于制止地方政府违法违规融资行为的通知	2012-12-24	财预〔2012〕463 号
	中国银监会关于加强 2012 年地方政府融资平台贷款风险监管的指导意见	2012-03-13	银监发〔2012〕12 号
	中国银监会关于切实做好 2011 年地方政府融资平台贷款风险监管工作的通知	2011-03-31	银监发〔2011〕34 号
	中国银监会关于加强融资平台贷款风险管理的指导意见	2010-12-16	银监发〔2010〕110 号
	中国银监会办公厅关于做好下一阶段地方政府融资平台贷款清查工作的通知	2010-10-11	银监办发〔2010〕309 号

续表

类别	名称	实施日期	编号
信政业务	中国银监会办公厅关于地方政府融资平台贷款清查工作的通知	2010-08-02	银监办发〔2010〕244号
	财政部、国家发展和改革委员会、中国人民银行、中国银行业监督管理委员会关于贯彻国务院关于加强地方政府融资平台公司管理有关问题的通知相关事项的通知	2010-07-30	财预〔2010〕412号
	国务院关于加强地方政府融资平台公司管理有关问题的通知	2010-06-10	国发〔2010〕19号
证券/股权类业务	中国银监会关于印发信托公司参与股指期货交易业务指引的通知	2011-06-27	银监发〔2011〕70号
	关于信托公司信托产品专用证券账户有关事项风险提示的通知	2009-08-18	非银部函〔2008〕113号
	中国银行业监督管理委员会关于印发《信托公司证券投资信托业务操作指引》的通知	2009-01-23	银监发〔2009〕11号
	中国银监会办公厅关于加强信托公司房地产、证券业务监管有关问题的通知	2008-10-28	银监办发〔2008〕265号
	中国银监会关于印发《信托公司私人股权投资信托业务操作指引》的通知	2008-06-25	银监发〔2008〕45号
资产证券化业务	中国人民银行、中国银行业监督管理委员会公告	2013-12-31	〔2013〕第21号
	中国人民银行、中国银行业监督管理委员会、财政部关于进一步扩大信贷资产证券化试点有关事项的通知	2012-05-17	银发〔2012〕127号
	中国银监会办公厅关于进一步加强信贷资产证券化业务管理工作的通知	2008-02-04	银监办发〔2008〕23号
	全国银行间债券市场进行质押式回购交易的有关事项公告	2007-09-30	中国人民银公告〔2007〕第21号
	信贷资产证券化基础资产池信息披露有关事项公告	2007-08-21	中国人民银行公告〔2007〕第16号
	财政部、国家税务总局关于信贷资产证券化有关税收政策问题的通知	2006-02-20	财税〔2006〕5号
	金融机构信贷资产证券化试点监督管理办法	2005-12-01	中国银行业监督管理委员会令2005年第3号
	资产支持证券交易操作规则	2005-08-01	\
	资产支持证券信息披露规则	2005-06-13	中国人民银行公告〔2005〕第14号

在我国信托发展的 40 余年间,前 28 年我国信托业处于一个低层次的往复过程中,即每隔 3—5 年就会有一次整顿,整个行业其实是在不断经历"一松就乱、一紧就死"的死循环过程中。经过 2007 年信托业整顿,整个行业的发展进入了新的质变区间。当前信托行业业务发展表现出较为突出的私募投行模式,在资金运用方面集中于债权融资业务,这种模式将会与经济周期形成较强的共振型和同步性,主要体现为在经济衰退时期,信托资产规模增速下滑、信托资产质量恶化、经营业绩不佳。

(一)探索时期

此阶段我国对于信托业监管的探索主要以整顿方式进行,共经历了六次整顿。

1. 第一次整顿

1979 年 10 月,国内第一家信托机构——中国国际信托投资公司宣告成立,此后,从中央银行到各专业银行及行业主管部门、地方政府纷纷办起各种形式的信托投资公司。信托业诞生不久,便迎来了信托史上的第一次整顿。1982 年,国务院针对各地将存在银行账户的专项基金存款转作地方"信托存款",导致各地基建规模过大,影响了信贷收支的平衡的情况,决定对我国信托业进行整顿。国务院于 1982 年 4 月 10 日发布了《国务院关于整顿国内信托投资业务和加强更新改造资金管理的通知》,规定除国务院批准和国务院授权单位批准的信托投资公司以外,各地区、部门均不得办理信托投资业务,已经办理的限期清理。

2. 第二次清理整顿

1985 年国务院针对 1984 年全国信贷失控、货币发行量过多的情况,出台《关于进一步加强银行贷款检查工作的通知》,要求停止办理信托贷款和信托投资业务,已办理的业务要加以清理收缩,次年又对信托业的资金来源加以限定,开启了第二次信托业大整顿。

3. 第三次整顿

1988 年,中国经济呈现高速发展的势头,经济过热现象一度加剧。同时,信托公司数量飞速增长,到 1988 年年底,全国信托投资机构数量达上千家。为回避央行对信贷规模的控制,银行纷纷通过各种方式向信托公司转移资金,导致固定资产投资失控。1988 年 8 月,央行依循撤并信托机构、压缩信托公司政策生存空间的模式,使信托机构在与银行竞争中失去利率优势。1988 年 10 月,国务院发布了对信托公司进行新一轮整顿的决定,次年发布了整顿通知,明确了金融业审批权的归属问题,规定由中国人民银行履行金融业公司的审批职能,负责信托公司的设立、监督等,其他任何地方政府无权设立信托公司。截至 1990 年 8 月,信托公司只剩下 339 家。

4. 第四次整顿

1992 年,中国迎来新一轮改革开放热潮,经济迅速回升并呈高速增长态势。发展过程中,个别信托公司与银行联手,违规揽存,违规放贷,并直接大规模参与沿海热点地区房地产炒作活动,再次充当加剧经济形势过热、扰乱金融秩序的角色。同时,信托公司的设立也处于混乱状态,严重扰乱了金融市场的秩序。于是,中国人民银行开始对其进行全面整顿,取消公司规模较小且业绩较差的公司的金融牌照。到了 7 月份,中国人民银行又发布了一项重要的决定,要求信托公司在设立之前先取得由中国人民银行核准和颁发的业务许可证,否则不允许设立新的信托公司。1994 年,中国人民银行又陆续出台了多项针对信托公司的资产负债比例和信贷资金等的实施细则,1995 年,国务院同意了包括中国工商银行在内的四家大型银行与信托公司分离的意见。本次整顿以法律形式确立了银行与信托分业经营的原则，同时对信托投资机构贷款规模加以限制。

5. 第五次整顿

由于许多信托公司对于公司业务的认识不够清晰，导致其缺乏对于风险的认识和控制能力，内部管理非常混乱，出现了巨额不良资产。1999 年 3 月，国务院宣布开始对信托业的第五次整顿，原则为"信托为本、分业经营、规模经营、分类处置"，目标是令信托业务回归本源。本着"坚决把信托办成真正的信托，不让有问题的公司留下来"的态度，监管层撤销了众多规模小、资不抵债的信托公司。此外，信托公司的存款与结算业务被叫停，证券经纪与承销业务被剥离，信托经营机构得到进一步清理。这是信托业一次脱胎换骨式的变革。

6. 第六次整顿

第六次整顿开始于 2007 年，主要针对信托业的监管问题。2007 年 3 月 1 日，《信托公司管理办法》《信托公司集合资金信托计划管理办法》正式实施，信托业第六次整顿正式拉开帷幕。具体内容体现在：首先，扩大信托经营的范围。有价证券信托类业务已经被允许在市场上经营。其次，对于信托公司的管理体系进行了完善。最后，在负债业务方面，禁止信托公司向其他金融机构借款，禁止以公司资产对外融资。经过这次整顿后，整个信托业步入财产管理的新航道。

（二）发展时期

2001 年《信托法》出台后，信托行业发展有法可依。2007 年，相关监管制度加快出台，逐步形成了相对立体化的监管体系，为信托业稳健可持续发展奠定了良好基础。2007 年至今，信托业监管可划分为两个阶段：第一阶段为建立基础监管规范的阶段，第二阶段为完善行业监管构架的阶段。

1. 建立基础监管规范阶段（2007 年至 2013 年）

这一阶段主要是确立信托业发展的基本规范，尤其是在银信合作、房地产信托等热点业务领域频繁出台了一系列监管措施，有利于强化信托公司稳健合规经营。在这一阶段，伴随着《信托公司集合资金信托计划管理办法》《信托公司管理办法》《信托公司净资本管理办法》等监管法规的颁布，正式确立了新时期信托业"一法三规"监管框架和体系，信托业发展进入一个新时期。《信托公司管理办法》对信托公司的经营范围进行了重新界定，将信托公司定位于"受人之托，代人理财"的专业化金融机构，更加明确了信托公司的发展目标。同时，在监管基本框架确立后，监管部门的注意力逐步聚焦于信托公司业务发展和规范，相继发布了《银行与信托公司业务合作指引》《信托公司参与股指期货交易业务指引》《信托公司证券投资信托业务操作指引》等相关信托业务监管制度，对于票据、银信合作、政信合作的窗口指导也开始增多，这表明监管部门开始更加注重微观基础业务的发展。《关于支持信托公司创新发展有关问题的通知》的发布表明监管部门也加大了对信托公司创新发展的支持力度。

2. 完善行业监管构架的阶段（2014 年至今）

这一阶段，信托业的监管体系发生了一次翻天覆地的变化。这源于监管理念的更新与重塑，主要体现在监管部门更加关注行业监管架构的完善，逐渐解决行业发展痛点，着眼于促进行业回归本源，实现健康、可持续发展。监管部门相继提出的行业八大机制、八大责任和八大业务等监管新理念,再次指引信托业监管体系发生重大变革。2014年至今,信托业监管政策较少聚焦业务层面,主要强化行业规范化建设和弥补行业发展短板,强化监管制度供给,推动行业做大做强。2014年、2016年,监管部门相继下发了《关于信托公司风险监管的指导意见》《关于进一步加强信托公司风险监管工作的意见》,聚焦信托业面临的突出风险问题,逐步深入公司治理、风险管理体系等方面,对于信托业风险管控具有深远意义。2014年下发的《信托业保障基金管理办法》,2017年下发的《信托登记管理规则暂行细则(征求意见稿)》,均聚焦行业基础设施建设。前者为防止行业发生系统性风险提供了保障,后者有利于解决信托业务透明性以及信托产品流动性不足的问题。信托公司监管评级和行业评级的开展,则有益于促进行业优胜劣汰,引导信托公司有序竞争。

二、信托业监管原则与现状

(一) 信托业监管原则

从金融监管理论上讲,解决信息不对称、维护金融系统稳定性、保障社会利益最大化等都是学界公认的理论基础。信托业作为金融行业的重要组成部分,自然为上述理论所覆盖。基于信托的灵活性,信托业务在经营过程中很容易出现问题,行业监管十分必要。同时,经营信托业务的机构以营利为目的,在受托人职责受托人自身利益存在冲突时,也应通过监管促进信托机构更好地履行受托人职责,维护委托人或受益人的利益。

本书认为信托业监管应当遵循以下原则:一是针对性原则。金融监管部门应根据不同金融子行业的经营模式特点,有针对性地进行监管。信托业管理信托财产,努力实现受益人利益最大化,监管部门就要对信托机构履职尽责以及受益人权益维护进行监管,促进信托经营机构提升资产管理能力。二是规制与促进双重目标原则。监管的目标不仅在于促进行业有序发展,还在于通过政策引导,推动行业提升发展水平,这对于信托业尤其重要。三是成本与收益分析原则。监管部门实施各种监管行为都是有成本的,包括金融机构的合规成本,应该确立成本与收益分析方法,最大化实现监管资源合理配置。

(二) 信托业监管的法律法规

相较于有《商业银行法》《银行业监督管理法》监管的银行业,有《证券法》监管的证券业,以及有《保险法》监管的保险业,《信托法》对信托业仅仅是框架性的规定,并不足以指导监管部门对信托业的监督管理。其余规范性文件的法律位阶不高,不能作为信托业监管的主要依据。因此,我国信托业需要一部专门针对信托业监管的《信托业法》,以匹配日益重要的信托业地位,保障信托业持续健康发展。

《信托法》第4条规定:"受托人采取信托机构形式从事信托活动,其组织和管理由国务院制定具体办法。"但迄今为止,国务院尚未就信托机构的监督管理制定行政法规,而授权相关金融监管部门进行监管,相应地,对信托业的管理法规主要表现为金融监管部门制定的部门规章。自《信托法》颁布实施以来,银保监会(银监会)颁布了一系列关于信托公司监督管理法规及其他各类规范性文件,主要有《信托公司管理办法》《信托公司治理指引》《信托投资公司信息披露管理暂行办法》《信托公司监管评级与分类监管指引》《信托公司净资本管理办法》《金融机构高级管理人员任职资格管理办法》《非银行金融机构行政许可事项实施办法》《关于进一步加强信托投资公司内部控制管理有关问题的通知》《关于支持信托公司创新发展有关问题的通知》等。

信托基本法只对信托活动共同遵循的一般准则加以规定,对于某些特定的信托活动,除了适用信托基本法的规定外,通常还需要予以特别规范。比如,对于证券投资基金,我国制定了专门的《证券投资基金法》;对于企业年金信托,制定了《企业年金办法》和《企业年金基金管理办法》等。关于信托公司的信托业务,制定了《信托公司集合资金信托计划管理办法》《信托公司受托境外理财业务管理暂行办法》《信托公司私人股权投资信托业务操作指引》《信托公司证券投资信托业务操作指引》《银行与信托公司业务合作指引》《信贷资产证券化试点管理办法》《保险资金间接投资基础设施项目管理办法》《信托公司参与股指期货交易业务指引》《关于加强信托公司结构化信托业务监管有关问题的通知》《关于加强信托公司房地产、证券业务监管有关问题的通知》等一系列文件。

(三) 信托业的监管体系

当前,我国信托业监管体系为"一体三翼"。"一体"是中国银保监会信托部,"三翼"分别是中国信托业协会、中国信托登记公司、中国信托业保障基金。中国银保监会信托部于2015年中国银监会内部监管架构变革时成立;中国信托业协会于2005年成立,是信托业的自律组织;中国信托登记公司于2016年成立,其业务范围包括信托产品、收益权信息及其变动情况登记,信托受益权账户设立和管理等;中国信托业保障基金成立于2014年,用于化解和处置信托业风险。在"一体三翼"的监管体系下,信托业形成了以监管部门为主体,行业自律、市场约束、安全保障为补充的监管体系。

三、我国目前信托业具体监管制度

我国目前对信托业的全流程监管制度已初步建立,本书主要将信托业务分成信托募集设立、信托投资、信托管理、信托产品退出及清算四个阶段分述监管要求和监管措施,该四个阶段的监管要求和监管措施共同构成了我国目前信托业的监管制度。

(一) 信托募集设立阶段

基于交付信托的财产形态可以将信托业务分成资金信托和财产信托两类。按照委托人的数量,可以将资金信托进一步分为单一信托和集合信托,信托募集设立阶段的监管主要针对的是资金信托当中的集合信托,即对委托人数量在2位以上的信托计划进行监管。根据《信托公司集合资金信托计划管理办法》的要求,信托产品在募集设立阶段应当满足以下条件:

第一,信托公司设立信托计划,应当符合以下要求:(1) 委托人为合格投资者;(2) 参与信托计划的委托人为唯一受益人;(3) 单个信托计划的自然人人数不得超过50人,但单笔委托金额在300万元以上的自然人投资者和合格的机构投资者数量不受限制;(4) 信托期限不少于1年;(5) 信托资金有明确的投资方向和投资策略,且符合国家产业政策以及其他有关规定;(6) 信托受益权划分为等额份额的信托单位;(7) 不得以任何名义直接或间接以信托财产为自己或他人牟利;(8) 中国银行保险监督管理委员会规定的其他要求。

第二,合格投资者,是指符合下列条件之一,能够识别、判断和承担信托计划相应风险的人:(1) 投资一个信托计划的最低金额不少于 100 万元人民币的自然人、法人或者依法成立的其他组织;(2) 个人或家庭金融资产总计在其认购时超过 100 万元人民币,且能提供相关财产证明的自然人;(3) 个人收入在最近三年内每年收入超过 20 万元人民币或者夫妻双方合计收入在最近三年内每年收入超过 30 万元人民币,且能提供相关收入证明的自然人。

第三,信托公司推介信托计划时,不得有以下行为:(1) 以任何方式承诺信托资金不受损失,或者以任何方式承诺信托资金的最低收益;(2) 进行公开营销宣传;(3) 委托非金融机构进行推介;(4) 推介材料含有与信托文件不符的内容,或者存在虚假记载、误导性陈述或重大遗漏等情况;(5) 对公司过去的经营业绩作夸大介绍,或者恶意贬低同行;(6) 中国银行保险监督管理委员会禁止的其他行为。

第四,信托计划文件应当包含以下内容:(1) 认购风险申明书;(2) 信托计划说明书;(3) 信托合同;(4) 中国银行保险监督管理委员会规定的其他内容。

认购风险申明书至少应当包含以下内容:(1) 信托计划不承诺保本和最低收益,具有一定的投资风险,适合风险识别、评估、承受能力较强的合格投资者;(2) 委托人应当以自己合法所有的资金认购信托单位,不得非法汇集他人资金参与信托计划;(3) 信托公司依据信托计划文件管理信托财产所产生的风险,由信托财产承担。信托公司因违背信托计划文件、处理信托事务不当而造成信托财产损失的,由信托公司以固有财产赔偿;不足赔偿时,由投资者自担;(4) 委托人在认购风险申明书上签字,即表明已认真阅读并理解所有的信托计划文件,并愿意依法承担相应的信托投资风险。(5) 认购风险申明书一式二份,注明委托人认购信托单位的数量,分别由信托公司和受益人持有。

信托计划说明书至少应当包括以下内容:(1) 信托公司的基本情况;(2) 信托计划的名称及主要内容;(3) 信托合同的内容摘要;(4) 信托计划的推介日期、期限和信托单位价格;(5) 信托计划的推介机构名称;(6) 信托经理人员名单、履历;(7) 律师事务所出具的法律意见书;(8) 风险警示内容;(9) 中国银行保险监督管理委员会规定的其他内容。

信托合同应当载明以下事项:(1) 信托目的;(2) 受托人、保管人的姓名(或者名称)、住所;(3) 信托资金的币种和金额;(4) 信托计划的规模与期限;(5) 信托资金管理、运用和处分的具体方法或安排;(6) 信托利益的计算、向受益人交付信托利益的时间和方法;(7) 信托财产税费的承担、其他费用的核算及支付方法;(8) 受托人报酬计算方法、支付期间及方法;(9) 信托终止时信托财产的归属及分配方式;(10) 信托当事人的权利、义务;(11) 受益人大会召集、议事及表决的程序和规则;(12) 新受托人的选任方式;(13) 风险揭示;(14) 信托当事人的违约责任及纠纷解决方式;(15) 信托当事人约定的其他事项。

第五,信托公司推介信托计划时,可与商业银行签订信托资金代理收付协议。委托人以现金方式认购信托单位的,可由商业银行代理收付。信托公司委托商业银行办理信托计划收付业务时,应明确界定双方的权利义务关系,商业银行只承担代理资金收付责任,不承担信托计划的投资风险。信托公司可委托商业银行代为向合格投资者推介信托计划。

信托计划推介期限届满,未能满足信托文件约定的成立条件的,信托公司应当在推介期限届满后 30 日内返还委托人已缴付的款项,并加计银行同期存款利息。由此产生的相关债务和费用,由信托公司以固有财产承担。

信托计划成立后,信托公司应当将信托计划财产存入信托财产专户,并在 5 个工作日内向委托人披露信托计划的推介、设立情况。

（二）信托投资阶段

我国《信托公司管理办法》以及《信托公司集合资金信托计划管理办法》对信托投资方式均有规定。根据《信托公司集合资金信托计划管理办法》，信托公司可以运用债权、股权、物权及其他可行方式运用信托资金。信托公司运用信托资金，应当与信托计划文件约定的投资方向和投资策略相一致。根据《信托公司管理办法》，信托公司管理运用或处分信托财产时，可以依照信托文件的约定，采取投资、出售、存放同业、买入返售、租赁、贷款等方式进行。中国银行保险监督管理委员会另有规定的，从其规定。信托公司不得以卖出回购方式管理运用信托财产。另外，信托公司固有业务项下可以开展存放同业、拆放同业、贷款、租赁、投资等业务。投资业务限定为金融类公司股权投资、金融产品投资和自用固定资产投资。信托公司不得以固有财产进行实业投资，但中国银行保险监督管理委员会另有规定的除外。除此以外，上述两个规范性文件还对信托投资作出了框架性的禁止性规定。《信托公司管理办法》规定信托公司不得开展除同业拆入业务以外的其他负债业务，且同业拆入余额不得超过其净资产的 20%，但中国银行保险监督管理委员会另有规定的除外。信托公司可以开展对外担保业务，但对外担保余额不得超过其净资产的 50%。《信托公司集合资金信托计划管理办法》规定信托公司管理信托计划，应当遵守以下规定：(1) 不得向他人提供担保；(2) 向他人提供贷款不得超过其管理的所有信托计划实收余额的 30%，但中国银行保险监督管理委员会另有规定的除外；(3) 不得将信托资金直接或间接运用于信托公司的股东及其关联人，但信托资金全部来源于股东或其关联人的除外；(4) 不得以固有财产与信托财产进行交易；(5) 不得将不同信托财产进行相互交易；(6) 不得将同一公司管理的不同信托计划投资于同一项目。

（三）信托管理阶段

本部分将信托管理分为两个板块分别论述：第一个板块是针对信托产品的管理制度；第二个板块是针对信托公司从事信托业务的管理制度。可以说，第二个板块的内容是为了确保信托业务符合第一个板块当中的各项要求而设定的，是对第一个板块内容的监督。对于信托产品的管理，主要集中在《信托公司管理办法》中，部分规定在《信托公司集合资金信托计划管理办法》中，与信托产品登记有关的规定主要存在于《信托登记管理办法》中。

1. 信托财产的保管

信托计划的资金实行保管制。对非现金类的信托财产，信托当事人可约定实行第三方保管，但中国银行保险监督管理委员会另有规定的，从其规定。信托计划存续期间，信托公司应当选择经营稳健的商业银行担任保管人。信托财产的保管账户和信托财产专户应当为同一账户。信托公司依信托计划文件约定需要运用信托资金时，应当向保管人书面提供信托合同复印件及资金用途说明。遇有信托公司违反法律法规和信托合同、保管协议操作时，保管人应当立即以书面形式通知信托公司纠正；当出现重大违法违规或者发生严重影响信托财产安全的事件时，保管人应及时报告中国银行保险监督管理委员会。信托财产的保管是信托财产获得独立性的事实基础，是信托财产管理当中必不可少的重要环节。

2. 经营规则

信托公司管理运用或者处分信托财产,必须恪尽职守,履行诚实、信用、谨慎、有效管理的义务,维护受益人的最大利益。信托公司在处理信托事务时应当避免利益冲突,无法避免的,应向委托人、受益人予以充分的信息披露,或拒绝从事该项业务。信托公司应当亲自处理信托事务。信托文件另有约定或有不得已事由时,可委托他人代为处理,但信托公司应尽足够的监督义务,并对他人处理信托事务的行为承担责任。

3. 财务账册要求

信托公司应当将信托财产与其固有财产分别管理、分别记账,并将不同委托人的信托财产分别管理、分别记账。信托公司应当依法建账,对信托业务与非信托业务分别核算,并对每项信托业务单独核算。

4. 开展业务当中的禁止性行为

信托公司开展固有业务,不得有下列行为:(1) 向关联方融出资金或转移财产;(2) 为关联方提供担保;(3) 以股东持有的本公司股权作为质押进行融资。信托公司的关联方按照我国《公司法》和企业会计准则的有关标准界定。信托公司开展信托业务,不得有下列行为:(1) 利用受托人地位谋取不当利益;(2) 将信托财产挪用于非信托目的的用途;(3) 承诺信托财产不受损失或者保证最低收益;(4) 以信托财产提供担保;(5) 法律法规和中国银行保险监督管理委员会禁止的其他行为。

5. 关联交易

信托公司开展关联交易,应以公平的市场价格进行,逐笔向中国银行保险监督管理委员会事前报告,并按照有关规定进行信息披露。

6. 人员要求

信托公司管理信托计划,应设立为信托计划服务的信托资金运用、信息处理等部门,并指定信托经理及其相关的工作人员。每个信托计划至少配备 1 名信托经理。担任信托经理的人员,应当符合中国银行保险监督管理委员会规定的条件。信托公司的信托业务部门应当独立于公司的其他部门,其人员不得与公司其他部门的人员相互兼职,业务信息不得与公司的其他部门共享。

7. 违反信托目的的法律后果

信托公司违反信托目的处分信托财产,或者因违背管理职责、处理信托事务不当致使信托财产受到损失的,在恢复信托财产的原状或者予以赔偿前,信托公司不得请求给付报酬。信托公司因处理信托事务而支出的费用、负担的债务,以信托财产承担,但应在信托合同中列明或明确告知受益人。信托公司以其固有财产先行支付的,对信托财产享有优先受偿的权利。因信托公司违背管理职责或者管理信托事务不当所负债务及所受到的损害,以其固有财产承担。信托公司违反信托目的处分信托财产,或者管理运用、处分信托财产有重大过失的,委托人或受益人有权依照信托文件的约定解任该信托公司,或者申请人民法院解任该信托公司。

8. 信托登记

信托机构开展信托业务,应当办理信托登记,但法律、行政法规或者国务院银行业监督管理机构另有规定的除外。信托登记信息包括信托产品名称、信托类别、信托目的、信托期限、信托当事人、信托财产、信托利益分配等信托产品及其受益权信息和变动情况。信托机构应当在集合资金信托计划发行日 5 个工作日前或者在单一资金信托和财产权信托成立日两个工作日前申请办理信托产品预登记(简称"信托预登记"),并在信托登记公司取得唯一产品编码。信托登记公司为符合条件的受益人开立信托受益权账户,配发唯一账户编码,并出具开户通知书。信托登记公司和信托受益权账户代理开户机构应当对所知悉的委托人或者受益人开户信息以及信托受益权账户信息依法保密。集合资金信托计划的信托登记基本信息应当在信托初始登记后 5 个工作日内在信托登记公司官方网站公示。信托登记基本信息包括集合资金信托计划名称、登记时间、产品编码、信托类别、受托人名称、预计存续期限、信托财产主要运用领域等内容,国务院银行业监督管理机构另有规定的除外。财产权信托进行受益权拆分转让或者对外发行受益权的,参照集合资金信托计划进行公示。

中国信托登记有限责任公司已经在上海成立,旨在建立统一的信托产品登记和信息公示平台。该系统将信托产品从发起阶段到清算阶段全部信息进行汇总和披露。该系统分别对监管层、委托人、受益人、社会公众设置不同的权限。向社会公众披露的信息,包括信托公司的整体经营情况、股东及股东权益变化、财务情况以及其他重大事项,以反映信托公司的经营管理能力和运行状态;向委托人或受益人披露的信息,除上述向公众披露的部分外,主要是所投资项目的运行情况,如担保措施是否持续有效,所投资的项目现金回流是否满足兑付的要求,对于发生的宏观、微观风险,受托人计划如何应对,对于已经造成的损失,受托人是否真正尽到了谨慎和忠实的义务。此外,披露重点还应包括信托资金运用情况、标的项目财务指标、负债率变化情况、受托人尽职管理情况、保管账户情况、投资项目运行情况、担保能力变化情况等全面反映信托财产风险状况的信息等。向监管部门披露的信息,应包括前述向社会公众、委托人及受益人公开披露的全部信息,使监管部门可以实时监控信托行业总体指标和信托业务的风险状况。除此之外,也可通过信托公司官网、信托公司营业场所、电子邮件、短信以及信函等方式披露相关信息,作为保障委托人或受益人知情权的信息披露的补充方式。

9. 赔偿准备金

信托公司每年应当从税后利润中提取 5% 作为信托赔偿准备金,但该赔偿准备金累计总额达到公司注册资本的 20% 时,可不再提取。信托公司的赔偿准备金应存放于经营稳健、具有一定实力的境内商业银行,或者用于购买国债等低风险高流动性证券品种。

10. 信息披露

信息披露制度是指规范特定市场主体以特定方式向其客户、公众、主管机关公开经营管理信息的法律规范的总和。信托公司应当依照法律法规的规定和信托计划文件的约定按时披露信息,并保证所披露信息的真实性、准确性和完整性。受益人有权向信托公司查询与其信托财产相关的信息,信托公司应在不损害其他受益人合法权益的前提下,准确、及时、完整地提供相关信息,不得拒绝、推诿。信托机构披露信息要注意为客户保密,特别是对于私募产品的有关交易信息更应最大限度地保密,信托公司应当完善其中的界定标准。同时,信托公司的信息披露要特别注意在公司内部设置分类级别,对综合统计的信息尽可能共享,而涉及具体特种业务的信息要注意内部信息的隔离。针对不同信托业务要有具体的披露要求,如房地产相关信息、年金信托、知识产权信托都要求有适合其业务特征的披露准则。最重要的是,信托信息披露应当以客户利益为核心,而出于保密、信息隔离等信托业的独有特点,信托业务中有些事项没有必要对其他部门、公众甚至监管者披露。对于客户,其有权知道信托机构一切总体运营状况和全部有关自己的投资的信息;对于监管者,其有权了解法定的一切事项。除此之外,信托机构对自身经营秘密特别是具体客户的信息,有权保密。

我国目前颁布的法律法规主要针对集合信托类项目的信息披露进行了规范,这些法律规范从披露的内容、形式、监管等方面进行了具体规定,提出了"诚信、真实、完整、准确、及时"的信息披露原则,对证券投资业务、受托境外理财信托业务、资产证券化等也规定了相应的信息披露义务。在上述规范性文件中,对信息披露并未进行明确、详细和统一的规范,尤其是对受托人违反信息披露义务后如何追究法律责任,如何进行民事赔偿,并未进行详细的规范。

以房地产、基础设施建设等固定资产项目为投资方向的集合资金信托产品为例,信息披露还应当包括:融资人的经营情况,特别是财务状况,这是信息披露的重点内容;担保方的财务状况和担保物的价值变动情况;项目公司的实际控制人等关联方的财务状况,其实际控制人可能控制其他公司并承担其他债务,因此要整体评估其财务状况。在信托计划存续过程中,当受托人将募集到的信托资金投资于不动产、股票、债券等后,这些资产的价值会随着市场行情的变化而变化。在持续性信息披露中,应当充分考虑市场行情的变化,让信托产品的价值评估能以公允市场价格的形式反映出来。对于证券类信托产品,因投资标的市场机制健全且交易频繁,可以参考其市场价格进行披露;对于股权、债券等无形资产,则应当披露其定价方法。

根据《信托投资公司信息披露管理暂行办法》第15条规定,只有重大关联交易才予以披露。所谓重大关联交易,是指"信托投资公司固有财产与一个关联方之间、信托投资公司信托财产与一个关联方之间、信托投资公司固有财产与信托财产之间、信托财产之间单笔交易金额占信托投资公司注册资本5%以上,或信托投资公司与一个关联方发生交易后,信托投资公司与该关联方的交易余额占信托投资公司注册资本20%以上的交易"。根据该规定,信托投资公司固有财产与信托财产之间、信托财产之间单笔交易金额占信托投资公司注册资本5%以下的交易将不必披露。而根据《信托法》第28条,受托人不得将其固有财产与信托财产进行交易或者将不同委托人的信托财产进行相互交易,但信托文件另有规定或者经委托人或者受益人同意,并以公平的市场价格进行交易的除外。因此,信托公司将其固有财产与信托财产进行交易或者将不同委托人的信托财产进行相互交易的,除信托文件另有规定外,需要委托人或受益人同意并以公平的市场价格进行。基于此,对于信托关联交易,无论交易数额大小都应当进行披露,公示其符合信托文件规定和价格公平的情况。

(四) 信托产品退出及清算阶段

此处信托产品退出,与前文信托机构退出不是同一个概念。信托产品退出指的是作为某个信托业务产品的信托计划终止。信托公司应当于终止后10个工作日内作出处理信托事务的清算报告,经审计后向受益人披露。信托文件约定清算报告不需要审计的,信托公司可以提交未经审计的清算报告。

清算后的剩余信托财产,应当依照信托合同约定按受益人所持信托单位比例进行分配。分配方式可采取现金方式、维持信托终止时财产原状方式或者两者的混合方式。采取现金方式的,信托公司应当于信托计划文件约定的分配日前或者信托期满日前变现信托财产,并将现金存入受益人账户。采取维持信托终止时财产原状方式的,信托公司应于信托期满后的约定时间内,完成与受益人的财产转移手续。信托财产转移前,由信托公司负责保管。保管期间,信托公司不得运用该财产。保管期间的收益归属于信托财产,发生的保管费用由被保管的信托财产承担。因受益人原因导致信托财产无法转移的,信托公司可以按照有关法律法规处理。信托公司应当用管理信托计划所产生的实际信托收益进行分配,严禁信托公司将信托收益归入其固有财产,或者为其他信托财产垫付信托计划的损失或收益。

四、我国信托业监管的困境

通过本书上文关于我国信托业四个阶段的法律规定和监管要求的介绍,可以看到我国信托业的理论和实践仍然存在较多问题。主要集中在以下四个方面。

(一)存在多监管主体

我国信托业目前的法定监管机构是中国银保监会,但实际上信托业还受到中国证监会的监管。原因在于市场上名目繁多的委托理财服务,尽管合同形式不同,但实质上都采用了信托架构,属于信托关系,比如信托公司的信托计划、基金公司的基金产品、保险公司的资产管理服务等。但实践中监管机构一般根据合同形式决定,导致了信托业为多家监管机构多头监管。多机构共同监管会导致很多问题:(1)不同监管机构面对实质相同的信托合同会依据本行业规则作出不同判断,致使"同案不同判",违背公平原则。例如在准入标准上,信托产品金额准入额是100万,基金是1 000元,银行理财则是5万元,导致了同为信托产品门槛却不同的情况,不利于市场公平竞争。(2)监管机构处于平行地位,彼此之间缺乏协调,各自监管目的也很难达成一致,致使信托业监管规则无法统一,产生冲突。(3)将造成各监管主体之间的竞争。多个金融监管机构共同享有金融监管权,不可避免地会产生监管机构之间的竞争。各监管主体为了各自监管对象的利益,制定出有利于自己监管对象的不同监管规则,将造成监管对象不公平竞争,不符合监管所追求的公平价值目标。

(二)监管范围不全面

当前我国信托业监管内容主要集中在准入资格、营业范围、合同合规性等方面,对信息披露、退出机制、从业人员等的监管缺乏应有的规制与关注。比如信托退出机制,如果单纯参照《企业破产法》等相关法律法规会使信托公司在退出时面临诸多特有问题,比如,信托公司进入破产程序时,由其担任受托人的信托业务可能尚未结束,此时会由新的信托公司作为受托人,但受托人的交接与切换会额外增加信托的运作成本,从而对投资者利益造成一定影响。再比如缺乏信息披露的监管,会导致投资人处于明显劣势地位,无法及时获知自己的资产情况,信托合同出现违约等情况也会难以被投资者及时知晓,必然会引起投资者不满乃至恐慌,进而影响信托业的长期发展。从业人员更是一个行业的基石,高素质的从业人员是保证信托业持续健康发展的根本,对其监管也有待加强。

(三)法律法规与信托产品创新脱节

近年来信托业务发展迅速,截至2021年末,全行业信托资产规模余额20.55万亿元[①]。

---

① 数据来源:《2021年4季度末信托公司主要业务数据》,中国信托业协会网站 http://www.xtxh.net/xtxh/statistics/47593.htm,2022年4月24日访问。

随着经济快速发展,人们手中的财富不断积累,对财产保值增值的需求也日益增长,信托业必将随着大势进一步发展壮大,信托产品也会以各种创新形式出现。同时也会存在理财市场混乱、各机构监管各行其道、面对新型产品无法可依、缺乏配套的法律法规等问题。从立法层面看,现行的《信托法》只是对信托在私法方面进行了框架性规定,其他法律法规亦无法对新型产品作出法律指引。从法律适用层面看,信托类金融案件一般具有金额大、范围广的特征,处理此类案件需要相关司法解释及案例指引进行指导,但相关司法解释和案例在实践中严重匮乏。

(四) 行业自律监管较弱

行业自律监管是信托业监管的重要组成部分,是政府部门监管以外最有效的监管手段。我国信托业协会对加入协会的会员进行行业自律监管,完善会员间的竞争规则,制定行业规范,对会员进行评级,促使会员合规经营,使会员在市场中能够更好地竞争,维护市场经济的秩序。实践中也存在一些问题:第一,信托业协会会员范围较窄,仅对加入协会的信托公司进行监管,对其他从事信托活动或信托业务的主体并没有约束力,导致信托业协会的自律监管局限在一个极小的范围内。第二,信托业协会并没有实用性的监管规则,中国信托业协会规约多是原则性规定,导致行业自律很大程度上变成了一句口号,不能发挥应有的效果。第三,中国信托业协会对信托公司从业人员管理不足。行业协会对从业人员的自律监管主要体现在规定普通从业人员的从业资格上。虽然中国信托业协会于 2013 年组织过信托从业人员培训并且进行了考试,但是在此之后信托从业人员资格考试并没有得到发展和推广,目前信托从业资格考试并不成熟,中国信托业协会依靠信托从业资格考试所能发挥的自律功能并不理想。

思考题

1. 简述营业信托与民事信托区别及其区分的法律意义。
2. 简述信托机构的市场退出途径。
3. 简述信托业监管原则。
4. 试论我国目前信托业具体监管制度。
5. 试述标品信托的概念。

本章思考题参考答案

周小明:《信托制度:法理与实务》,中国法制出版社 2012 年版。

赵廉慧:《信托法解释论》,中国法制出版社 2015 年版。

何宝玉:《信托法原理研究》,中国法制出版社 2015 年版。

王志诚:《信托法》,五南图书出版公司 2016 年版。

何宝玉:《信托法原理与判例》,中国法制出版社 2013 年版。

余辉:《英国信托法:起源、发展及其影响》,清华大学出版社 2007 年版。

张淳:《中国信托法特色论》,法律出版社 2013 年版。

钟瑞栋、陈向聪:《信托法》,厦门大学出版社 2004 年版。

卞耀武主编:《中华人民共和国信托法释义》,法律出版社 2002 年版。

赖河源、王志诚:《现代信托法论》,中国政法大学出版社 2002 年版。

孙宪忠:《中国物权法总论》,法律出版社 2014 年版。

张军建:《信托法基础理论研究》,中国财政经济出版社 2009 年版。

霍玉芬:《信托法要论》,中国政法大学出版社 2003 年版。

陈新民:《宪法基本权利之基本理论》,三民书局 1992 年版。

沈岿:《平衡论:一种行政法认知模式》,北京大学出版社 1999 年版。

梁慧星:《读条文学民法》,人民法院出版社 2014 年版。

于飞:《公序良俗原则研究——以基本原则的具体化为中心》,北京大学出版社 2006 年版。

谢哲胜:《信托法》,元照出版公司 2009 年版。

方嘉麟:《信托法之理论与实务》,中国政法大学出版社 2004 年版。

梅夏英、高圣平:《物权法教程》,中国人民大学出版社 2007 年版。

王泽鉴:《不当得利》,北京大学出版社 2009 年版。

王泽鉴:《债法原理》,北京大学出版社 2009 年版。

史尚宽:《债法总论》,中国政法大学出版社 2000 年版。

胡旭鹏:《信托财产独立性与交易安全平衡论——以信托外部法律关系为视角》,法律出版社 2015 年版。

宋刚:《信托财产独立性及其担保功能》,北京师范大学出版社 2012 年版。

张淳:《信托法哲学初论》,法律出版社 2014 年版。

余卫明:《信托受托人研究》,法律出版社 2007 年版。

林少伟:《英国现代公司法》,中国法制出版社 2015 年版。

江平主编:《民法学》,中国政法大学出版社 2007 年版。

徐孟洲主编:《信托法学》,中国金融出版社 2004 年版。

汤淑梅:《信托受益权研究:理论与实践》,法律出版社 2009 年版。

唐义虎:《信托财产权利研究》,中国政法大学出版社 2005 年版。

陈向聪:《信托法律制度研究》,中国检察出版社 2007 年版。

刘正峰:《美国商业信托法研究》,中国政法大学出版社 2009 年版。

楼建波:《信托财产的独立性与信托财产归属的关系——兼论中国〈信托法〉第 2 条的理解与应用》,《广东社会科学》2012 年第 2 期。

陈雪萍:《论英美欺诈性移转信托及对我国的借鉴》,《法学评论》2008 年第 6 期。

张淳:《无效信托论——来自信托比较法角度的审视》,《南京大学法律评论》(2009 年秋季卷),法律出版社 2009 年版。

倪斐:《公共利益的法律类型化研究——规范目的标准的提出与展开》,《法商研究》2010 年第 3 期。

于海涌:《论我国不动产登记制度中的主要缺陷——写在物权法通过以后》,易继明主编:《私法》(第 7 辑第 2 卷),华中科技大学出版社 2007 年版。

丛彦国:《股权信托合同法律问题研究》,《南方金融》2015 年第 5 期。

何孝元:《信托法之研究》,《中兴法学》1987 年第 1 期。

贾林青:《信托财产权的法律性质和结构之我见》,《法学家》2015 年第 5 期。

赵廉慧:《信托财产确定性和信托的效力——简评世欣荣和诉长安信托案》,《交大法学》2018 年第 2 期。

金锦萍:《论法律行为视角下的信托行为》,《中外法学》2016 年第 1 期。

窦冬辰:《借名买房中信托关系的法律发现》,《西部法学评论》2017 年第 3 期。

李岩:《公序良俗原则的司法乱象与本相——兼论公序良俗原则适用的类型化》,《法学》2015 年第 11 期。

陈雪萍:《论我国〈信托法〉对信托有效要件规定之完善——以英美信托法信托有效设立的"三个确定性"要件为借鉴》,《政治与法律》2018 年第 8 期。

高凌云:《收益权信托之合法性分析——兼析我国首例信托诉讼判决之得失》,《法学》2015 年第 7 期。

刘光祥:《收益权作为信托财产的有效性辨析——以安信纯高案为例》,王利明主编:《判解研究》(2015 年第 3 辑),人民法院出版社 2016 年版。

赵廉慧:《信托财产权法律地位新解——"双财团"理论的引入》,《中国政法大学学报》2016 年第 4 期。

黄泷一:《英美法系的物权法定原则》,《比较法研究》2017 年第 2 期。

温世扬、冯兴俊:《论信托财产所有权——兼论我国相关立法的完善》,《武汉大学学报(哲学社会科学版)》2005 年第 2 期。

于海涌:《论英美信托双重财产所有权在中国的本土化》,《现代法学》2010 年第 3 期。

楼建波:《信托财产关系与物权法原则的冲突——兼论信托财产关系的民法典表达》,《交大法学》2019 年第 2 期。

耿利航:《信托财产与中国信托法》,《政法论坛(中国政法大学学报)》2004 年第 1 期。

申建平:《论债权让与中债务人之抵销权》,《法学》2007 年第 5 期。

王庆翔:《二重性视角下信托公示制度之构建》,《中国政法大学学报》2019 年第 1 期。

《信托登记"铺路"信托制度改革》,《中国证券报》2006 年 6 月 23 日。

孟强:《信托财产的公示问题》,《广东社会科学》2013 年第 2 期。

王涌:《信义义务是私募基金业发展的"牛鼻子"》,《清华金融评论》2019 年第 3 期。

徐卫:《信托受益权:物权?债权?抑或新权利?》,《安徽大学学报(哲学社会科学版)》2006 年第 5 期。

张淳:《关于信托受益权的性质——对有关国家法学界的有关研究的审视与检讨》,《湖南大学学报(社会科学版)》2010 年第 5 期。

季奎明:《中国式信托登记的困境与出路:以私法功能为中心》,《政治与法律》2019 年第 5 期。

季奎明:《从合伙、公司到信托:英美商事信托的演进历程及其启示》,陈小君主编:《私法研究》(第 20 卷),法律出版社 2016 年版。

金锦萍:《论公益信托之界定及其规范意义》,《华东政法大学学报》2015 年第 6 期。

[英]D. J. 海顿:《信托法》,周翼、王昊译,法律出版社 2004 年版。

[日]能见久善:《现代信托法》,有斐阁 2004 年版。

[日]三渊忠彦:《信托法及信托业法》,日本评论社 1928 年版。

[日]道垣内弘人:《信托法》,有斐阁 2017 年版。

[日]新井诚:《信托法》,有斐阁 2002 年版。

[日]新井诚:《信托法》,有斐阁 2014 年版。

[日]新井诚:《信托法》,刘华译,中国政法大学出版社 2017 年版。

[日]中野正俊、张军建:《信托法》,中国方正出版社 2004 年版。